FACULTÉ DE DROIT DE PARIS.

THÈSE
POUR LE DOCTORAT

SOUTENUE PAR

AMÉDÉE DANGUILLECOURT

Avocat à la Cour d'appel

PARIS

TYPOGRAPHIE DE E. PLON ET Cⁱᵉ
RUE GARANCIÈRE, 8

—

1875

A LA MÉMOIRE

DE

M. LE VICE-AMIRAL COMTE CECILLE

HOMMAGE ET RESPECTUEUX SOUVENIR

DROIT ROMAIN
DES PÉRÉGRINS

DROIT FRANÇAIS
DE LA CONDITION DES ÉTRANGERS EN FRANCE

THÈSE
POUR LE DOCTORAT

SOUTENUE

Le jeudi 24 juin 1875, à une heure et demie

PAR

Amédée DANGUILLECOURT

AVOCAT A LA COUR D'APPEL

Né à Brest (Finistère)

Président : M. DE VALROGER, professeur.

Suffragants :
MM. CHAMBELLAN,
BUFNOIR,   professeurs;
GÉRARDIN,
ACCARIAS.   agrégé.

PARIS

TYPOGRAPHIE DE E. PLON ET Cie

8, RUE GARANCIÈRE.

1875

INTRODUCTION

Chez tous les peuples, quelle que soit l'époque que nous considérions, dans tous les pays, même parmi ceux dont l'histoire est plongée dans les ténèbres de l'antiquité, nous trouvons toujours dans leurs lois des dispositions concernant les étrangers. C'est qu'il en est des nations comme des hommes; de même que l'homme ne saurait vivre en dehors de la société, de même les nations, qui ne sont que des agglomérations d'hommes, ne sauraient vivre en dehors des autres nations. Le pays qui aurait la prétention de s'isoler complétement de ses voisins, qui élèverait sur ses frontières des remparts, des barrières que les étrangers ne sauraient franchir, ce pays ne tarderait pas à tomber dans la décadence, sa civilisation s'arrêterait, ferait de grands et rapides pas en arrière, et un état voisin de la barbarie serait bientôt pour lui le prix de son isolement. Qu'une nation au contraire ouvre ses portes aux étrangers, garantisse leur liberté, leurs biens, leur accorde aide et protection; cette nation verra bientôt son commerce s'étendre, son industrie s'accroître, ses richesses augmenter, sa civilisation, en un mot, faire de rapides et constants progrès.

Ce n'est donc pas seulement l'équité, l'humanité, mais encore l'intérêt qui convient, qui engagent les nations à traiter avec faveur les étrangers. Il semblerait dès lors qu'à toutes les époques nous devrions trouver dans les législations des différents peuples des principes tendant à assimiler, jusqu'à un certain point, les étrangers aux nationaux, et nous ne saurions comprendre au premier abord ces mesures vexatoires, ces rigueurs, ces cruautés même que nous voyons dans les anciennes législations. La raison en est pourtant bien simple ; car, comme on l'a dit, la législation d'un peuple à l'égard des étrangers est la juste mesure de sa civilisation, et un peuple qui est encore dans l'enfance, dont la civilisation est encore au berceau, ne saurait comprendre ces principes de fraternité et d'intérêt général. Son commerce n'existe point encore, son industrie n'a pas encore vu le jour, et le seul but auquel il puisse tendre, c'est sa propre constitution, c'est sa défense personnelle ; dès lors l'étranger ne saurait que lui inspirer de la méfiance, de la crainte, l'étranger ne saurait être pour lui qu'un ennemi. Ce n'est que plus tard, lorsque ce peuple s'est enfin constitué, que le trouble, le chaos, qui président toujours à la naissance d'une nation, se sont enfin dissipés, que l'ordre naissant est placé sous la protection et la garde d'une institution permanente, qu'un pouvoir public est établi assez fort, assez puissant pour se faire respecter et obéir, c'est alors seulement que le législateur commence à se préoccuper des étrangers, à ne plus les considérer comme des ennemis. Mais le préjugé est déjà invétéré dans les mœurs et ce n'est qu'avec les années, qu'avec les siècles que la condition de l'étranger finit par s'améliorer quelque peu ; cette condition doit suivre la marche lente et pénible de la société, les progrès de l'humanité ; elle doit subir toutes les vicissitudes de la civilisation.

Zénon, 300 ans avant Jésus-Christ, a pu poser cette grande et belle formule : « Si l'amour commence avec la mère, avec le père, il s'étend de la famille à la bourgade, à la cité, au peuple ; il devient le saint amour du monde. L'homme dès lors, par cela qu'il est homme, n'est plus pour l'homme un étranger. » Mais ce n'était là que le vœu généreux d'un philosophe, et il n'a pas fallu moins de dix-neuf siècles pour qu'il fût enfin consacré par nos lois, ce dogme d'humanité et de fraternité, que le Christ avait jeté par tout l'univers : Tous les hommes sont frères.

C'est la condition des étrangers à Rome et en France que nous allons étudier ici, c'est cette partie si intéressante de ces deux législations que nous allons nous efforcer d'expliquer dans ces quelques pages. Dans ce travail nous devrons bien souvent recourir à l'histoire, c'est elle qui devra nous servir de guide pour nous diriger dans toutes les difficultés qui s'élèveront sous nos pas. Ce travail sera donc principalement historique, car étudier la condition juridique des étrangers dans la législation romaine, qu'est-ce autre chose que faire l'histoire de la lutte de l'univers contre Rome, pour acquérir le droit de s'écrier : *Civis sum romanus*, pour conquérir ce titre de citoyen, qui seul alors pouvait donner une existence légale pleine et entière. Et quant à notre législation actuelle sur les étrangers, comment pourrions-nous bien faire ressortir la condition de ces derniers, comment pourrions-nous combler toutes les lacunes de nos lois en ces matières, si nous ne nous reportions aux errements du passé, aux décisions que donnaient nos anciens juris-consultes, aux principes sur lesquels ils fondaient ces décisions ?

Ainsi compris, et, nous le croyons, c'est la seule manière logique et véritable de le comprendre, ce sujet devient bien vaste, bien étendu, et pour rester dans les limites du cadre qui nous est imposé, il nous faudra, principalement dans la première partie de cette thèse, donner à notre pensée une forme bien concise, bien abstraite, affirmer souvent, sans apporter des preuves à l'appui de nos affirmations, supposer connus des faits, des points dont nous nous servirons pour en expliquer d'autres. Notre style en souffrira sans doute, ainsi contraint, il ne saurait avoir cette forme élégante et recherchée que nous sommes habitués à trouver dans les ouvrages d'aujourd'hui ; bien contre notre gré, il sera haché, coupé, martelé, mais c'est là un défaut qu'il est bien difficile, si ce n'est impossible d'éviter, quand, comme nous, on veut être complet et que l'on est obligé de resserrer dans un cadre aussi restreint un sujet qui embrasse tant de matières, qui comporte tant de vastes et larges développements.

DROIT ROMAIN

DES PÉRÉGRINS

CHAPITRE PREMIER.

DES DIVERSES MODIFICATIONS APPORTÉES A LA CONDITION DES ÉTRANGERS.

Si l'on s'attachait aux paroles de Cicéron : *peregrinus antea dictus hostis*, il faudrait dire qu'à l'origine, tout étranger était un ennemi; mais ce serait là commettre une grave erreur, car ces deux termes n'étaient pas d'abord synonymes. Rome, qui venait de naître, avait besoin de prendre des forces, elle devait nécessairement s'assimiler les peuples qu'elle subjuguait, elle devait largement distribuer ce titre de citoyen, dont plus tard elle sera si avare, lorsque, arrivée à l'âge de virilité, elle commencera la conquête du monde. *Hostis* signifiait d'abord égal : « *Ejus enim generis ab antiquis hostes appellabantur, quod erant pari jure cum populo romano atque hostire ponebatur pro æquare* », nous dit Festus. Ce n'est seulement que lorsque Rome a atteint une population et un territoire suffisants pour s'épandre au dehors, qu'elle n'a plus besoin d'appeler à elle les étrangers, que le mot *hostis* commence à signifier ennemi. *Hostis* est le peuple contre lequel on lutte; est-il vaincu, il devient *peregrinus*. Nous trouvons un troisième terme : *barbarus*, c'est l'individu qui, en dehors de la civilisation romaine, n'a point de relation avec Rome.

Ainsi trois termes : *hostis*, le peuple qu'il faut vaincre; *peregrinus*, celui que l'on a vaincu; *barbarus*, celui que l'on vaincra un jour, car chaque nouvelle conquête de Rome doit élargir le cercle d'abord si restreint de la civilisation romaine.

Quelle pouvait être la condition de ces étrangers? Il nous est difficile de pouvoir le dire d'une manière précise et complète, car les documents nous manquent presque absolument sur ces époques reculées, et pour pouvoir bien nous rendre compte, pour pouvoir comprendre l'ensemble des droits dont l'étranger était privé, bien saisir les progrès successifs que sa condition dut faire depuis l'origine de Rome jusqu'à la constitution de Caracalla, nous ne croyons pouvoir mieux faire que de rappeler en quelques mots ce qui constituait l'*optimum jus civis romani;* la condition des étrangers à ces époques reculées en pourra ressortir avec quelque clarté. L'*optimum jus civis romani* comprenait : le *jus civitatis,* c'est-à-dire les droits civils, et le *jus Quiritium,* c'est-à-dire les droits politiques. Le *jus civitatis* se composait du *commercium* et du *connubium;* le *jus Quiritium* du *jus suffragii* et du *jus honorum.*

Prenons successivement ces différents droits et demandons-nous si, d'après leur nature, ils étaient susceptibles d'appartenir aux étrangers. Commençons par le *jus commercii.* Tout d'abord qu'est-ce le *jus commercii?* C'est le droit d'acquérir la propriété romaine, le *dominium* et tous les actes qui s'y rapportent; le droit de figurer dans une mancipation, de recevoir par testament, *testamenti factio;* d'intenter une action ou d'y défendre. L'étranger peut-il avoir ce *jus commercii?* Évidemment non; le caractère propre et particulier à ce droit est de ne pouvoir appartenir qu'aux citoyens, et l'étranger ne saurait y prétendre à aucun titre. Comment en effet aurait-il pu acquérir la propriété? Par la *mancipatio*, mais il ne peut y figurer en aucune façon, il ne peut même y servir de témoin; par la *cessio in jure*, mais la revendication n'appartient qu'au citoyen romain; par l'*usucapio*, mais la lois des Douze Tables s'y oppose d'une manière formelle et expresse : « *Adversus hostem æterna auctoritas esto* », dit-elle en employant encore *hostis* pour désigner l'étranger.

Mais ce n'était pas seulement la propriété et les modes d'acquisition de la propriété qui étaient refusés à l'étranger, c'était également le droit d'être créancier, car les deux seules formes pour contracter alors en usage à Rome: la *mancipatio per æs et libram* et le *nexum*, lui étaient interdites. Il est évident en effet que du moment que pour la validité de ces actes était exigée la présence de cinq témoins et d'un libripens, qui tous devaient être Romains, c'est que les parties devaient, elles aussi, avoir la qualité de citoyen. Le *nexum*, enfin, avait pour conséquence naturelle de créer en faveur du créancier un droit éventuel à la propriété du débiteur, et à ce titre encore l'étranger ne pouvait y prétendre, puisqu'il ne jouissait en aucune façon du droit de propriété.

Nous arrivons au *jus connubii;* c'est le droit de contracter de justes noces, un mariage d'après le *jus civile;* il comprend : la *patria potestas*, l'*agnatio*, l'*hereditas*. L'étranger a-t-il ce droit? Non, et cela est logique, car, d'après les idées romaines, faire partie d'une famille, c'est acquérir un droit de propriété, soit sur les enfants comme père, soit sur la femme comme mari, soit sur les biens comme héritier, et, comme nous venons de le voir, la propriété est formellement refusée à l'étranger.

Quant au *jus suffragii et honorum*, est-il besoin d'en parler? N'est-il pas évident que l'étranger ne pouvait y prétendre à aucun titre? Dans toutes les nations, les droits politiques sont exclusivement réservés aux nationaux, et Rome n'était certes pas constituée de telle sorte qu'elle pût apporter une exception à cette règle.

Ainsi à ces époques de Rome, l'étranger n'avait ni le *jus suffragii et honorum*, ni le *jus commercii*, ni le *jus connubii*; mais quelle était alors sa condition? Elle était des plus dures, et M. Maintz l'a fort bien résumée dans son ouvrage sur le droit romain. « L'étranger, dit-il, ne pouvait point acquérir de droits d'après le *jus civile*, ni invoquer la protection qu'il assurait aux citoyens. On ne lui refusait pas, à la vérité, celle qui paraît être due à tous les hommes, abstraction faite de la législation particulière d'un État et qu'on croyait être fondée sur l'équité naturelle, *jus gentium;* mais on ne lui accordait rien de plus. »

La condition des étrangers, pendant les premières années de la fondation de Rome, était donc des plus précaires; et remarquons-le, cette condition était une, identique pour tous les étrangers; qu'ils fussent *peregrinus, hostis, barbarus;* qu'ils appartinssent à telle ou telle nation, on ne distinguait point et les mêmes règles leur étaient applicables à tous. Cette condition, du reste, ne tarda pas à s'adoucir; avec les guerres, les relations s'établirent peu à peu, le droit se modifia, les traités intervinrent et des concessions furent successivement faites aux différents peuples que Rome venait de vaincre et de mettre sous son joug. C'est vraiment à partir de cette époque que la législation romaine à l'égard des étrangers commence à prendre naissance; ce caractère d'unité qui jusque-là avait été un des côtés les plus remarquables de la condition de l'étranger disparaît complétement, et pour savoir quels sont les droits dont jouissent les différents peuples, il nous faut maintenant faire de nombreuses distinctions, nécessitées par les faveurs plus ou moins larges accordées par Rome aux peuples vaincus, il nous faut prendre séparément chacune des concessions qu'elle leur a faites.

Jus Latii. — Le Latium est le premier peuple qui se soit trouvé en contact avec Rome, c'est aussi le premier à qui Rome dut faire des concessions. La fédération latine, qui se composait de *triginta populi*, dont Albe était la capitale, ne tarda pas en effet à entrer en lutte avec Rome, qui commençait déjà à vouloir étendre son pouvoir. Albe fut vaincue et, à partir de sa chute, on peut dire que la grande œuvre des rois a consisté uniquement à remplacer la suprématie de cette ville par celle de Rome, à établir dans le Latium une véritable hégémonie. Mais cet état ne devait pas durer bien longtemps; l'œuvre des rois devait disparaître avec eux, car la révolution qui se fit alors dans le sein de Rome, les réformes qui eurent lieu dans sa constitution amenèrent des changements si sensibles, si absolus dans les rapports alors existants, que le Latium tout entier se souleva. La lutte fut longue et incertaine, elle se termina par la sanglante bataille du lac Régille; le Latium encore une fois était vaincu, mais comme, malgré sa défaite, il était encore redoutable, Rome crut prudent et nécessaire de lui faire de larges concessions. Le traité qui fut signé tend à faire disparaître l'hégémonie romaine, cette œuvre si ardemment poursuivie par la royauté; il établit l'égalité des droits entre Rome et les cités latines : le droit de paix et de guerre appartient à la fois aux Romains et aux Latins, et en cas de guerre fédérale, le contingent à fournir est le même pour l'une et l'autre nation; c'est au moins ce que disent Tite-Live et Denys d'Halicarnasse, c'est ce qu'affirme Polybe. Enfin, toujours d'après ces mêmes historiens, le commandement des armées aurait été donné alternativement à Rome et au Latium, et les terres conquises se seraient partagées entre eux d'une manière égale.

Tout ce que nous venons de dire jusqu'ici n'a encore rapport qu'au droit constitutionnel; arrivons maintenant au *jus civile* et voyons quelles étaient les règles de ce droit dont les Latins avaient la jouissance. Ils avaient le *commercium*;

Tite-Live nous l'apprend d'une manière implicite mais for
melle, lorsqu'il dit en parlant d'eux : *Liberos suos Romanis
mancipio dabant;* ils pouvaient donc acquérir le *dominium
ex jure Quiritium*, ainsi que recevoir et disposer par testament. Quant au *jus connubii,* il nous semble qu'aucun doute
sérieux ne saurait exister à cet égard, car si nous trouvons
quelques texte de Gaïus et d'Ulpien qui paraissent refuser
ce droit aux Latins, nous ne saurions y attacher la moindre
importance. Il est évident, en effet, que les dispositions que
nous voyons dans ces textes ne sauraient s'appliquer aux
Latini veteres, les seuls dont nous nous occupions ici, car
au moment où ces jurisconsultes écrivaient, les *Latini veteres* avaient disparu depuis longtemps. Laissant donc de
côté ces textes de Gaïus et d'Ulpien, nous dirons que les
Latins avaient le *jus connubii,* qu'ils pouvaient contracter
un mariage valable *ex jure civile*, produisant la *patria potestas* et l'*agnatio*, qu'ils étaient capables de succéder *ab
intestat.*

Mais si les Latins avaient le *jus commercii* et le *jus connubii,* ils n'avaient pas en principe le *jus Quiritium.* Par
exception, cependant, quelques villes avaient obtenu une
certaine participation aux droits politiques; leurs citoyens
avaient le droit de voter dans les assemblées du peuple con-
voqué par tribus, toutes les fois qu'ils se trouvaient à Rome
au moment du vote, et dans ce cas c'était le sort qui décidait de la tribu dans laquelle ils devaient exercer ce droit.

Enfin, et c'était là la faveur la plus grande accordée aux
Latins, de nombreuses voies leur étaient ouvertes pour arriver à la cité romaine. Tout Latin qui s'établissait à Rome,
pouvait se faire inscrire sur les tables du cens et par là devenir citoyen sous la seule condition d'avoir laissé dans sa
ville *stirpem ex se.* D'autre part également, l'exercice d'une
magistrature, dans une ville latine, donnait à celui qui avait
été revêtu de cette dignité le titre de citoyen, du jour même
où il sortait de charge. Mais cette faveur s'étendait-elle aux

enfants et à la femme de l'ancien magistrat ? Ce point, qui a donné naissance à une controverse assez vive, à cause d'un texte obscur de Gaïus qui y a trait, nous paraît avoir été résolu par la manière dont M. Mommsen reconstitue ce texte : « *Eo differunt majus et minus, quod majus Latium est cum non solum qui magistratum gerunt, sed conjuges et parentes et liberi etiam eorum qui magistratum gerunt, civitatem romanam consequuntur, minus Latium est cum si tantum....* » Ainsi reconstitué, ce texte de Gaïus n'offre plus aucune obscurité et établit d'une manière nette, précise que la faveur accordée au magistrat latin s'étendait également à toute sa famille. Enfin un dernier moyen était encore offert au Latin pour acquérir la cité romaine ; nous voulons parler de la faveur qui était accordée à celui qui pouvait convaincre un magistrat de concussion. Un Latin était-il assez heureux pour pouvoir faire cette preuve, il acquérait de plein droit le *jus Quiritium* dans toute son étendue ; c'est du moins ce que nous trouvons établi dans la loi Servilia *de repetundarum* (an 650) dont parle Cicéron dans son plaidoyer *pro Balbo*.

Ainsi on peut dire, en résumé, qu'à ces époques Latins et Romains étaient presque considérés comme citoyens d'un même État ; mais, on le comprend, ces règles ne durent pas subsister longtemps, car si elles se fussent maintenues dans leurs rigueurs primitives, elles auraient vite annihilé l'hégémonie romaine. Aussi Rome, peu de temps même après la signature du traité qui avait été signé à la suite de la bataille du lac Régille, fit-elle tous ses efforts pour éviter de remplir les engagements qu'elle avait pris, pour reprendre les droits qu'elle avait été en quelque sorte contrainte d'accorder, pour rétablir en un mot son ancienne suprématie. Ce fut d'abord l'égalité politique qui fut restreinte, et bientôt après, Rome reprend le commandement des armées : elle seule décide de la paix et de la guerre. Mais avec la puissance de Rome grandissante de jour en jour, diminuait la

concorde entre les alliés; la suprématie romaine devenait
de plus en plus lourde pour les Latins, qui supportaient
toutes les charges de la guerre, qui versaient leur sang pour
la gloire de celle qui les dominait. Aussi une nouvelle lutte
était-elle imminente, et les actes odieux d'injustice, dont
nous voyons Rome se charger à cette époque pour prévenir
et étouffer cette lutte dans sa naissance, ne firent qu'enve-
nimer la querelle et rendre les ressentiments plus forts. La
Guerre sociale éclata, courte et meurtrière; elle finit par le
triomphe de Rome. C'est ici qu'apparaît le génie politique
des Romains; ils sont vainqueurs, mais ils sentent que le
danger n'est que conjuré, ils veulent l'écarter à jamais et,
comme après le lac Régille, leur nouvelle victoire est mar-
quée par les plus larges concessions. Deux lois, lex Julia et
lex Plantia (an de Rome 664-665), accordent à l'Italie entière les droits de cité ainsi que les droits de suffrage, et l'on
peut dire qu'à partir de cette époque toute l'Italie, jouissant
des mêmes lois, ne fut plus qu'un seul État avec Rome pour
capitale.

Nous en avons fini avec le *jus Latii*; mais avant de quitter cette matière, remarquons bien que ce droit ne s'appliquait qu'aux *Latini veteres* et ne régissait nullement la condition des *Latini coloniarii* et, plus tard, des *Latini Juniani*.
Ces deux classes de Latins jouissaient en effet d'un droit qui
avait la plus grande analogie avec le *jus Latii*, mais qui
pourtant n'était pas ce droit; car si les droits qu'on leur
avait accordés avaient été réglés sur le même type, ils
l'avaient été avec de larges restrictions. Nous allons, du
reste, pouvoir nous en rendre compte en étudiant la condition de ces deux espèces de Latins.

Latini coloniarii. — La création de colonies n'est pas une
idée romaine; tous les peuples grecs, en effet, pratiquèrent
le système de la colonisation, qui était dans le génie ancien, mais Rome apporta son caractère tout particulier dans
l'organisation de ses colonies; elle était conquérante, elle

en fit un moyen de conquête. Rome est en effet la seule cité qui ait su par la guerre augmenter sa population, en faisant entrer dans son sein les vaincus, pour en faire peu à peu des Romains; et le moyen qu'elle employa pour arriver à ce but, ce furent les colonies. Sitôt en effet qu'un peuple était conquis, la république y envoyait des colons, et, pour nous servir d'une expression aussi imagée que juste, elle « semait Rome partout », car ses colons, tout en formant des cités distinctes, emportaient avec eux l'esprit et la discipline de Rome; ils subordonnaient leur politique à celle de la métropole et, par cette soumission à une main directrice, l'aidaient puissamment dans toutes ses guerres. Ce caractère conquérant et belliqueux des colonies romaines est du reste admirablement peint par Cicéron, lorsqu'il dit en parlant de Narbonne : « *Est in eadem provincia Narbo Marcius, colonia nostrorum civium, specula populi romani ac propugnaculum istis ipsis nationibus oppositum et objectum.* »

A l'origine, les colonies sont essentiellement romaines; aussi les appelle-t-on *coloniæ togatæ;* ce sont des reflets de la mère patrie, avec leur sénat et leurs consuls, et elles n'ont d'autre but que contenir les peuples impatients du joug romain. Il faut une loi ou un sénatus-consulte pour décréter l'établissement d'une colonie, et cet établissement le plus souvent est fixé dans le sein d'une cité dont la résistance a été trop longue au gré de Rome. Dans le principe, les colons se composaient de volontaires et de soldats désignés par le sort, dans le cas où le nombre des volontaires n'était pas suffisant; ce ne fut que plus tard que les colonies devinrent un débouché pour les citoyens pauvres que les lois agraires voulaient écarter de Rome. Du reste, dans tous les cas, ces colons gardaient leurs droits de cité, mais ces droits étaient illusoires dans leurs mains, car la distance qui les séparait de la métropole les empêchait toujours d'en jouir.

A mesure que Rome agrandissait ses conquêtes et assurait de plus en plus sa suprématie, à côté des colonies romaines, des *coloniæ togatæ*, vinrent se placer les colonies latines. Comme les précédentes, elles avaient pour but de pacifier les pays conquis, d'assurer la conquête, la domination de Rome; mais à leur différence, elles se composaient uniquement de Latins, et le citoyen qui voulait en faire partie perdait aussitôt ses droits de cité pour acquérir ceux de la nouvelle patrie qu'il adoptait. Ces colonies formaient des États autonomes; leurs habitants avaient le *jus commercii*, ils jouissaient donc de l'égalité la plus complète sur le terrain du commerce et des relations d'affaires; mais ils n'avaient pas le *jus connubii*, et la communauté des mariages, qui fut l'un des caractères essentiels de l'égalité civile entre les membres de la confédération latine primitive, leur était formellement refusée. C'était là, au reste, hâtons-nous de le dire, la seule différence existant entre les *Latini veteres* et les *Latini coloniarii*, car nous voyons que ces derniers pouvaient arriver au titre de citoyen par les mêmes modes que les *Latini veteres*.

Quelques auteurs, cependant, ont prétendu que les *Latini coloniarii* n'avaient pas toujours eu le *jus commercii*; ils s'appuient pour soutenir cette opinion sur un texte de Cicéron, qui dit : que Sylla donna aux Volaterrans le droit ancien d'Ariminum, c'est-à-dire le droit des « douze colonies », qui, sans posséder la cité romaine, avaient cependant le *commercium* avec les Romains. Qui ne voit qu'il ne faut pas raisonner ici par *a contrario* mais par *a fortiori?* C'est par Ariminum, en effet, que Rome, abandonnant le système des *coloniæ togatæ*, inaugure un nouvel ordre de choses moins libéral, et établit, pour la première fois, une colonie latine. Or, si Ariminum jouissait du *jus commercii*, n'est-il pas évident que les autres villes qui ont reçu la même concession, qui, comme on l'a dit, ont reçu la charte d'Ariminum, n'est-il pas évident qu'elles ont toujours joui du *jus commercii?*

En résumé, les *Latini coloniarii* avaient le *jus commercii*, étaient privés du *jus connubii*, ainsi que du *jus suffragii*, mais pouvaient acquérir ces droits par un des modes que nous avons énumérés quand nous avons étudié la condition des *Latini veteres*. Nous ne saurions trop appuyer sur l'ensemble de ces droits accordés aux *Latini coloniarii*, car ce sont ces droits qui devaient bientôt servir de type particulier aux diverses concessions qui furent faites plus tard et qui, sous le nom de *jus latinitatis* furent accordés aux villes, et même à des contrées entières situées en dehors du *Latium*. Ce *jus latinitatis* ne fut d'abord concédé qu'aux enfants des Romains et d'un peuple étranger, et encore sous la condition de l'établissement d'une colonie, mais bientôt cette condition ne fut plus exigée et le droit leur fut concédé sans aucune *deductio coloniæ;* enfin, plus tard, ce droit fut accordé indistinctement à toutes les villes, à des peuples entiers sous le bon plaisir de l'empereur. C'est ainsi que l'Espagne le reçut de Vespasien : « *Universæ Hispaniæ*, dit Pline, *Vespasianus imperator Augustus, jactatus procellis reipublicæ jus Latii tribuit.* Nous n'insisterons pas davantage sur ce *jus Latinitatis,* ni sur l'ensemble des droits qu'il comprenait, car il est calqué sur le droit des *Latini coloniarii.*

Latini Juniani. — Quoique ces Latins ne fussent pas, à proprement parler, des étrangers, nous croyons nécessaire de retracer ici en quelques mots leur condition; car du moment que le *peregrinus* est tout ce qui n'est pas *civis romanus,* il nous faut étudier la condition de tous ceux qui ne jouissent pas du *jus Quiritium.* Justinien a supprimé dans ses lois tous les textes qui traitaient des Latins Juniens, dont il ne s'occupe pas; mais il nous reste Gaïus et Ulpien. Ces deux jurisconsultes nous apprennent que les Latins Juniens ne pouvaient disposer de leurs biens par testament, ni recevoir à ce titre, lorsque la disposition faite en leur faveur était une institution d'héritier ou un legs, parce que ces dispositions étaient de droit civil, et que ces affranchis, n'étant pas citoyens, étaient incapables d'en recueillir le bénéfice. En revanche, une prérogative considérable était accordée aux Latins Juniens : ils pouvaient devenir citoyens romains par le bienfait de la loi, si je puis m'exprimer ainsi. C'est un point, du reste, sur lequel nous reviendrons avec plus de détails lorsque nous arriverons aux différents modes d'acquérir la cité.

Municipium. — Que faut-il entendre au juste par cette expression : *municipium?* Il nous est assez difficile de le dire d'une manière nette et précise, car la portée de cette expression a bien varié. Un passage de Festus, dans les extraits faits par Paulus, nous montre le mot *municipes,* habitants du *municipium,* appliqué, tantôt à celui qui jouit à son passage à Rome de tous les droits *prœterquam de suffragio ferendo aut magistratu capiendo;* tantôt aux habitants des villes qui ont accepté ou subi, la nuance est délicate, le droit de cité. Du reste, l'idée dominante du *municipium* nous paraît bien ressortir de ces paroles de Cicéron : « *Ego mehercle et Catoni et omnibus municipibus duas esse censeo patrias, unam naturæ, alteram civitatis.* » Nous dirons donc que le *municipium* était la ville à qui Rome avait donné le *jus civitatis,* sans pourtant lui accorder le *jus suffragii* et le *jus honorum,* tout en lui permettant de se gouverner d'après ses lois personnelles.

Au premier abord, on pourrait croire que ces villes ainsi admises au droit de cité, que ces municipes sont plus près de la cité complète que les villes latines autonomes; mais ce serait là une erreur, car cette supériorité existe plus dans les formes, dans les apparences que dans les faits, dans la réalité. S'il est vrai, en effet, que les habitants de ces municipes peuvent se dire citoyens romains, remarquons aussi qu'ils supportent toutes les charges civiques, et qu'ils les supportent sans en tirer aucune compensation : le recrutement, les impôts, sans compter les contributions extraordinaires pèsent sur eux, et comme, nous l'avons dit, ils ne jouissent en aucune façon des droits politiques et honorifiques de la cité, ils n'ont ni le suffrage, ni l'éligibilité; ils ont le *jus civile*, mais ils sont jugés par des juges romains; ils conservent à titre de coutumes locales leur droit provincial, mais ce droit ne leur est donné que dûment revisé; ils se gouvernent eux-mêmes, ils choisissent eux-mêmes leurs magistrats, mais le préteur romain leur envoie un préfet annuel qui, en ce qui le concerne, administre la justice. On le voit, la condition du *municeps* était loin d'être identique à celle du *civis romanus*, et il ne faut pas s'exagérer la portée de ce *jus civitatis* que Rome lui avait accordé. Ce fut Cæres qui, la première, en 103 an. de Rome, jouit de la faveur de ce nouveau régime; les Cœrites étaient soumis aux charges publiques, et il fallait qu'ils fussent inscrits sur un registre, indiquant leur fortune. C'est ce registre, appelé *Tabulæ Cæritum*, qui se confondit plus tard avec le registre où le censeur inscrivait : *Quos notæ causa suffrajiis privabat.*

Jusqu'ici, nous n'avons parlé que d'un seul régime pour les municipes; c'est qu'en effet dans l'origine, tous les municipes étaient régis de la même façon, avaient une condition une et identique; mais ce régime se modifia peu à peu, quelques municipes obtinrent des faveurs plus grandes, des concessions plus larges, et l'on finit par distinguer deux espèces de municipes : ceux qui sont Latins, ceux qui sont citoyens romains: les premiers ayant conservé le régime tel qu'il avait été établi dans le principe, les seconds jouissant du *jus civitatis* dans son expression la plus étendue. C'est dans la loi *Julia municipalis*, rendue sous Jules César, que nous trouvons les renseignements les plus précieux sur l'organisation municipale, renseignements qui, d'ailleurs, ont été rendus plus clairs et plus complets encore par la découverte faite en 1851 des Tables de Salpensa et de Malaga.

Nous voudrions pouvoir entrer dans quelques détails sur cette organisation, qui se rattache d'une manière si intime à l'histoire de notre pays, mais ce serait sortir du cadre dans lequel nous sommes contraint de nous restreindre, et nous nous contenterons de faire remarquer la distinction que l'on faisait dans les municipes entre l'habitant, le naturel du municipe, l'*incola*, l'étranger qui était venu y établir son domicile. La remarque est importante, car les mêmes règles ne s'appliquaient pas également à l'un et à l'autre, et l'*incola* était loin d'être traité avec la même faveur que le municipe.

Provinces. — A mesure que Rome étend ses conquêtes hors de l'Italie, elle partage les pays soumis en grandes divisions territoriales, elle les organise en provinces, avec un magistrat romain à la tête de chacune d'elles pour les administrer. Les *provinciales* sont de véritables *peregrini*, et sauf quelques concessions faites à certaines cités, ils ne sont pas propriétaires du sol : « *Quasi quædam prædia populi romani*, dit Cicéron, *sunt vectigalia nostra atque provinciæ.* » Ils n'ont sur le sol qu'une jouissance ou possession, que l'on pourrait qualifier du nom de propriété utile, ils ne sont en quelque sorte que des locataires et, à ce titre, ils sont soumis au payement d'une redevance annuelle ou vectigal.

Préfectures. — Nous trouvons sous ce nom des villes, des municipes ou même des colonies dans lesquels, sans leur enlever leur indépendance locale et leur administration intérieure, Rome envoyait, pour une ou plusieurs années, des magistrats, des préfets chargés d'y exercer la juridiction. Capoue est la première ville organisée sous la forme de préfecture, et ce qu'il y a de plus singulier, c'est qu'elle le fut à sa demande : travaillée par des dissensions intestines, en 431 ou 436, elle demanda à Rome de lui envoyer un préfet, pour mettre un terme à ses déchirements intérieurs. L'organisation des préfectures a de tels rapports de ressemblance et de similitude avec l'organisation des municipes que le plus souvent (sauf les cas, comme celui de Capoue, après sa trahison envers Rome, où la ville est traitée d'une manière plus rigoureuse), il est extrêmement difficile de distinguer une préfecture d'un municipe; aussi voit-on Cicéron appeler municipe Arpinium, qui, cependant, était une préfecture. Du reste, l'organisation des préfectures ne subsista pas pendant très-longtemps, et quoique Paul, dans ses ouvrages, nous en dise encore quelques mots, il est incontestable que les préfectures disparurent entièrement vers le troisième siècle.

Socii. — Par tout ce que nous avons dit sur les colonies, les municipes, les préfectures, il nous est facile de comprendre quel était l'esprit de la politique romaine à l'égard des peuples que Rome avait soumis, de voir que son principal objectif était d'assurer le triomphe de sa suprématie, tout en ayant soin de laisser à ces peuples une organisation propre et spéciale, une liberté apparente. Un exemple plus frappant encore de cette politique habile nous est donné par les peuples appelés : *fœderati* ou *socii*. On désignait sous ce nom les peuples qui, par un traité avec Rome, s'engageaient à lui fournir un certain contingent militaire, à aliéner une partie de leur indépendance pour conserver leur gouvernement, leur législation; car ces peuples, en entrant dans la domination romaine, avaient toujours la précaution de stipuler leur autonomie, qu'ils garderaient leurs magistrats, leurs institutions municipales. Rome ne faisait aucune difficulté, elle accédait facilement à leur demande, mais elle avait toujours le soin d'insérer dans le traité une formule qui assurait sa domination. Cette formule, elle nous a été conservée par Cicéron : « *majestatem populi romani comiter conservato.* » N'était-ce pas, dans les termes les plus larges, les plus énergiques, s'assurer la domination la plus complète, la plus effective? Aussi, ces villes, quoiqu'elles eussent stipulé leur autonomie, bien qu'elles eussent conservé le titre de villes libres, étaient-

elles en réalité aux ordres des proconsuls et des gouver-
neurs de province, qui recevaient les comptes de leurs
magistrats, les appels de leurs juges, et annihilaient, détruisaient en fait le régime municipal qu'elles étaient censées
avoir conservé. Que faisait Rome alors? Par quel régime
remplaçait-elle celui qu'elle détruisait? Était-ce par un
régime imposé et un gouvernement militaire? Non, Rome
ne le voulait pas, car cela n'aurait pu que lui créer mille
embarras qu'elle évitait par cette liberté fictive qu'elle
accordait. Leur donnait-elle ses lois? Pas davantage, car
si elle avait reconnu que ses lois étaient applicables à ces
peuples, elle aurait par là même reconnu qu'ils étaient
citoyens, le *jus Quiritium* ne pouvant en effet s'appliquer
qu'à des *cives*. Que faisait-elle donc? Elle traitait ces peuples comme pérégrins; ses sujets devenaient à ses yeux des
étrangers, et c'est sur ce principe que repose toute l'organisation municipale qu'elle leur accorde.

Le citoyen romain qu'elle envoyait dans une province
y représentait Rome, c'était Rome elle-même; aussi possé-
dait-il l'*imperium*; et c'est en vertu de cet *imperium*, de la
délégation de la souveraineté dont il était revêtu, qu'il
fixait les impôts, qu'il exerçait le pouvoir militaire, qu'il
rendait la justice. Quant aux lois qu'il devait appliquer,
rien de plus simple : ne pouvant résoudre des contestations
entre étrangers par la loi romaine, et lui-même, étant
citoyen romain, ne pouvant se soumettre à aucune autre
loi que celle de Rome, il en résultait nécessairement que
sa volonté seule faisait loi. C'est là, n'en doutons pas, l'origine de l'édit, et c'est ainsi que l'empire romain, comme le
remarque M. Fustel de Coulanges, présenta pendant plusieurs générations ce singulier spectacle : une seule cité
restant debout, conservant des institutions et un droit; tout
le reste, c'est-à-dire, plus de cent millions d'âmes, ou
n'ayant plus aucune espèce de lois, ou du moins n'en ayant
pas qui fussent reconnues par la cité maîtresse.

Populi fundi. Il ne faut pas confondre ces peuples avec ceux que nous venons d'étudier, avec les *socii,* car, bien qu'il n'existât pas de différences essentielles sur les lois qui les régissaient l'un et l'autre, sur les droits qui leur étaient accordés, ils se séparaient cependant sur un point important. Nous avons vu, en effet, que la condition des *socii* reposait ou du moins était censée reposer sur les traités qu'ils avaient faits avec Rome ; pour les *populi fundi* au contraire, point de traités, point d'engagements, ni d'un côté ni de l'autre ; ils adoptaient spontanément la loi romaine, ils se donnaient à Rome sans aucune restriction. Mais étaient-ils pour cela naturalisés par une espèce de bienfait de la loi, *beneficio populi romani?* Nous ne le croyons pas, malgré l'avis des meilleurs esprits, qui, disant avec Aulu-Gelle, que *fundus esse sententiæ* veut dire : faire sienne une opinion en l'acceptant, en concluent que le *populus fundus* est celui qui choisit et consacre librement la loi sous laquelle il veut vivre, c'est-à-dire, la nationalité qu'il préfère. Pour nous, nous pensons avec Festus, que : *fundus dicitur populus esse rei quam alienat, hoc est auctor ;* ce qui évidemment équivaut à une abdication pure et simple. Ce qu'il faut dire seulement, c'est que pour arriver au *jus civitatis,* il était nécessaire de devenir *populus fundus.* Cicéron nous fournit un argument considérable à l'appui de cette opinion, lorsqu'il nous dit d'une façon positive, que la loi Julia, qui avait accordé le droit de cité aux *socii* et aux *Latini,* y avait mis pour condition qu'ils deviendraient *populi fundi ;* cette condition, ajoute-t-il, suscita même à Naples et à Héraclée de violentes discussions, car la plupart des habitants refusaient de s'y soumettre. Cicéron va même plus loin, et il soutient que l'étranger individuellement ne pouvait obtenir le *jus civitatis* qu'autant qu'il appartenait à un *populus fundus factus.*

Jus italicum. — Pendant les guerres de l'Italie, mais surtout après la soumission totale de ce pays, certaines villes, alliées fidèles de Rome, mais alliées plus éloignées et par cela même moins utiles que celles du Latium, reçurent, comme récompense de leur fidélité, des concessions qui naturellement durent être moins larges que celles accordées aux villes latines. L'idée fondamentale de la constitution de ces villes, la base de leur organisation se trouvent dans l'indépendance locale et la liberté de se gouverner par des magistrats pris dans leur sein et élus par elles-mêmes. Le *dominium* leur fut accordé, et ce qu'il faut avant tout remarquer, c'est que ce fut au sol que fut accordé le *dominium ex jure Quiritium*. Le *jus italicum* est donc un droit territorial, comme l'a fort bien établi M. Savigny, en réfutant l'opinion longtemps accréditée de Sigonius, qui en faisait un droit personnel, conférant à ceux qui en jouissaient une position intermédiaire entre les Latins et les pérégrins.

Le *jus italicum* n'est qu'une communication à d'autres territoires du privilége de l'*ager romanus*, ce champ du droit civil, comme le dit M. Ortolan, le seul qui soit susceptible de l'application du droit romain, comme les enfants de Rome seuls sont les citoyens de l'empire. Les traités qui concédaient aux habitants d'une ville le droit de cité, le concédaient aussi quelquefois au sol sur lequel ils vivaient ; et comme le *solum italicum* est le premier qui fut assimilé, après la guerre sociale, à l'*ager romanus*, ce fut l'expression de *jus italicum* qui servit à désigner la communication du *jus civitatis* ou plutôt d'un de ses démembrements du *jus commercii*, même à un sol situé hors de l'Italie.

Le *jus italicum* conférait de nombreux avantages : les habitants ayant le *dominium ex jure Quiritium* n'étaient pas assujettis au payement de l'impôt foncier, *vectigal*, et du *tributum capitis*, auxquels étaient soumis les possesseurs d'un sol provincial, ils étaient recensés par leurs censeurs particuliers et non par des magistrats romains. De plus, le territoire recevait l'application de tous les modes d'acquisition et d'aliénation du droit civil dont les immeubles pouvaient être susceptibles : la *mancipatio*, l'*usucapio*, l'*in jure cessio*. La résidence sur le sol privilégié donnait encore le *jus liberorum*, exception de certaines charges, comme la tutelle, la curatelle, accordée à ceux qui avaient trois enfants à Rome, quatre dans l'Italie, cinq dans les provinces. Enfin comme dernier avantage en Italie, les *sponsores* et les *fidepromissores*, en vertu de la loi *Furia de sponsu*, étaient libérés *biennio* et n'étaient tenus que *pro partibus virilibus*, tandis que dans les provinces ils étaient tenus *in perpetuum* et *in solidum*.

Nous ne saurions terminer cet exposé des diverses concessions, que Rome fit successivement aux peuples avec lesquels elle était en relations, concessions, qui étaient l'unique base de leur condition, sans dire quelques mots de l'étranger à qui Rome n'avait fait aucune concession et qui venait s'établir dans cette ville. Pendant les premières guerres soutenues par la république, les étrangers venaient fort peu à Rome, mais ils y affluèrent bientôt lorsque la conquête de l'Italie vint assurer à son séjour une sécurité complète. Quelle était la condition de ces étrangers? *Usu urbis prohibere peregrinos sane inhumanum est*, disait Cicéron; aussi Rome ne fermait-elle pas ses portes aux étrangers; mais tout en les ouvrant devant eux, elle ne leur permettait pas non plus de jouir des droits civils romains, elle ne leur accordait aucune faveur, ne leur assurait aucune protection et leur enlevait même la libre disposition de leurs biens, car si ces étrangers venaient à mourir pendant leur séjour, leur succession retournait au fisc. La condition de ces étrangers était donc bien dure et bien précaire; ils avaient, du reste, un moyen toujours ouvert pour l'améliorer quelque peu : ils n'avaient qu'à demander l'autorisation de séjourner et à se placer sous la protection d'un patron, protection toujours bien facilement accordée, puisqu'elle donnait le droit de succéder à la place du fisc.

Nous en avons fini avec les grandes et principales concessions que Rome dut faire aux divers peuples qu'elle
avait soumis, concessions qui marquent chacune des étapes
de sa marche à la conquête du monde. Le tableau que
nous nous sommes efforcé d'en tracer, quoique esquissé à
grands traits, quoique bien rapide et succinct, suffit cependant pour faire ressortir toutes les différences qu'il y avait
entre la condition du Romain et celle de l'étranger, pour
mettre en lumière combien de distinctions il était nécessaire de faire dans la condition même de l'étranger. Maintenant que ces grandes distinctions sont faites, nous allons
pouvoir étudier cette condition au point de vue purement
juridique, entrer dans les détails des différents droits qui
sont accordés aux étrangers et de ceux qui leur sont refusés, des contrats qui leur sont permis, de ceux qui leur
sont interdits. Mais avant que d'entrer dans cette étude,
pour que les aperçus historiques que nous venons de
retracer soient complets, il nous faut dire quelques mots
de la célèbre constitution de Caracalla, car cette constitution n'est que le couronnement des diverses concessions
que la République et l'Empire avaient faites aux différents
peuples du monde.

Après la conquête de l'Italie, on avait étendu d'abord
aux étrangers provinciaux le *jus Latii*, puis à leur territoire
le *jus italicum*, et enfin on en était arrivé peu à peu à leur
concéder le *jus civitatis*. C'est César qui, le premier, accorde
la faveur de ce droit à la Gaule transpadane et à la Gaule
cispadane; ses successeurs imitèrent cet exemple, continuèrent cette habitude et surent se faire une source féconde
de revenus des concessions du titre de citoyens qu'ils faisaient à des particuliers. Il est curieux de remarquer quel
était l'état de ces particuliers qui possédaient le titre de
citoyen romain. En vertu du vieux principe, toujours observé
fidèlement par Rome, que l'on ne peut à la fois appartenir
à deux cités, il en résultait que ceux qui avaient obtenu le

titre de citoyen romain habitaient une ville aux lois de laquelle ils n'étaient pas soumis, qu'ils ne supportaient plus les impôts, qu'ils n'obéissaient plus aux magistrats élus par les habitants de cette ville, qu'ils étaient, au point de vue civil et politique, de véritables étrangers au sein de la cité où ils avaient pris naissance ; que même tous leurs liens de famille étaient brisés, qu'ils ne pouvaient hériter de leurs parents, la cognation seule pouvant exister entre eux. Cette condition n'est-elle pas singulière et n'était-il pas intéressant de la remarquer ? Mais revenons aux concessions faites par les empereurs. Marc-Aurèle fit plus que ses prédécesseurs, il accorda le droit de cité à tous ceux qui pouvaient payer une certaine somme, *data cunctis promiscue civitas romana ;* enfin Caracalla fit plus encore, il déclara que tous ceux qui vivaient sous la domination romaine, auraient par cela seul le titre de citoyens ; *in orbe romano qui sunt,* dit Ulpien, *ex constitutione imperatoris Antonini cives romani effecti sunt.*

Examinons cette constitution. Tout d'abord rectifions l'erreur dans laquelle Justinien est tombé, lorsque, dans une de ses novelles, il l'attribue à Antonin le Pieux. Cette erreur est manifeste, elle provient d'une fausse interprétation du texte d'Ulpien, que nous venons de citer, du terme : *imperatoris Antonini* dont se sert ce jurisconsulte. Ces mots, en effet, ne sauraient s'appliquer à Antonin le Pieux, car on ne donnait le titre d'*imperator* qu'à l'empereur sous le régime duquel on vivait ; et Antonin était mort depuis longtemps, lorsque Ulpien écrivait. Ce point, d'ailleurs, n'a pas grande importance ; laissons-le donc de côté et voyons quel a été le motif, le but, la portée de cette constitution. Est-ce un sentiment d'équité, d'humanité qui a inspiré Caracalla ? Évidemment non, et comme l'a fort bien remarqué son historien, Dion Cassius, la disposition prise par ce prince n'est qu'une pure mesure fiscale.

L'impôt établi par Auguste sous le nom de *vicesima*

hereditatis, impôt portant sur les successions et les affranchissements, avait d'abord, en effet, été changé par Caracalla en un impôt du dixième ; mais ne trouvant pas que cette mesure fût encore suffisante, ce prince chercha à l'étendre davantage, et c'est pour arriver à ce but, considérant que les citoyens romains seuls étaient soumis à cet impôt, qu'il imagina de donner le titre de citoyen romain à tous les habitants de l'empire, afin de faire porter cet impôt sur toutes les successions. Cette constitution n'était donc qu'un moyen indirect d'établir une augmentation d'impôt en la cachant sous le voile de l'humanité.

Quelle est au juste la portée de cette innovation de Caracalla ? S'appliquait-elle indistinctement à tous les habitants de l'empire ? Régissait-elle tous les peuples non encore soumis, à mesure qu'ils tombaient sous la domination de Rome ? On a beaucoup discuté sur ces points. Disons tout de suite, et cela nous pouvons l'affirmer sans crainte de nous tromper, disons qu'elle était inapplicable aux affranchis Latins Juniens et aux déditices. Justinien nous apprend, en effet, que c'est lui qui abolit d'abord les Latins Juniens et plus tard les déditices. *Sicut ex constitutione Antonini omnes ingenui qui sunt in orbe romano, cives romani sunt,* disait Cujas, *ita libertini omnes ex constitutione Justiniani cives romani facti sunt.* Aucun doute ne saurait donc exister à cet égard ; mais devrons-nous admettre la même décision pour les déportés ? Je le croirais volontiers, car il est peu probable que Caracalla ait poussé la cupidité, pour remplir les coffres de son trésor, jusqu'à relever des coupables des déchéances que leur peine leur avait fait encourir. Quant aux *Latini coloniarii,* il faut, je crois, reconnaître que la constitution de Caracalla les fit disparaître, car le seul argument que l'on invoque pour la négative est un texte d'Ulpien, antérieur à cette constitution, et qui, par conséquent, ne saurait avoir ici aucune valeur.

Ainsi, à cette question que nous nous sommes posée il y a

quelques instants : la constitution de Caracalla s'appliquait-
elle indistinctement à tous les habitants de l'empire? Il faut
répondre d'une manière négative, car il restait encore des
personnes libres qui n'avaient pas le titre de citoyen :
celles que leur affranchissement avait rendues Latins ou déditices, celles qu'une condamnation avait faites pérégrins.

La question la plus controversée et la plus difficile à
résoudre est celle qui se pose sur le point de savoir si les
populations qui n'étaient pas encore réunies à l'empire
obtenaient le *jus civitatis* par le seul fait de leur réunion.
Les anciens interprètes ont soutenu l'affirmative et ont
trouvé dans M. Ortolan un puissant auxiliaire; il faut pourtant, je crois, répondre négativement et dire avec M. de
Haubold que la constitution de Caracalla statua pour l'empire romain, tel qu'il existait au moment où elle fut édictée,
et qu'en conséquence le droit de cité fut acquis à toutes les
populations faisant alors partie de l'empire romain, y compris leur postérité, mais non aux populations que la guerre
pouvait plus tard faire entrer dans la civilisation romaine.
En effet, cette mesure, je ne saurais trop insister sur ce
point, est purement fiscale; ce n'est pas une loi qui veut,
à un point de vue élevé de l'humanité, régler la condition
future des étrangers, c'est un expédient de politique et de
finance au jour le jour, si je puis m'exprimer ainsi. Caracalla découvre un moyen de faire affluer l'or dans son
trésor, il l'emploie, mais il s'occupe fort peu du résultat qui
pourra en advenir pour ses successeurs; il ne voit que le
moment présent, il ne voit que l'augmentation immédiate
de ses revenus. Comment dès lors admettre que ce prince
ait accordé cette faveur du *jus civitatis* à des peuples qui
ne reconnaissaient pas ses lois et qui ne supportaient pas
ses impôts, à des peuples contre lesquels il luttait encore
ou contre lesquels il pouvait être appelé à lutter d'un jour
à l'autre? Comment enfin supposer qu'un empereur ait eu
la pensée de fixer d'une manière irrémédiable l'adjonction

future d'un territoire à l'empire romain? Tout cela est inadmissible et il est évident que la constitution de Caracalla était destinée à ne s'appliquer qu'aux habitants se trouvant dans l'empire romain au moment où elle a été édictée.

En résumé, il reste encore, sous Caracalla, des pérégrins, des Latins Juniens et des déditices; mais ces distinctions ne vont pas subsister longtemps après ce prince ; elles disparaissent avec Justinien, et à partir de ce moment nous ne trouvons plus que des citoyens, des esclaves et des barbares. Nous n'avons rien à dire des citoyens et des esclaves ; quant aux barbares, leur condition nous est révélée en partie par quelques dispositions du Code théodosien et du Digeste. Nous y voyons qu'il est défendu de vendre aux barbares de l'or, du fer, des pierres à aiguiser; que le Romain qui épouse une femme barbare est puni de mort; qu'enfin, en cas de guerre, tous les barbares trouvés sur le sol romain sont prisonniers, et qu'en tout temps, c'est au fisc impérial qu'appartient leur succession.

CHAPITRE II.

DES DROITS ACCORDÉS AUX ÉTRANGERS ET DE CEUX QUI LEUR ÉTAIENT REFUSÉS.

C'est, à vrai dire, l'histoire des étrangers, l'histoire de leur condition, plutôt que cette condition elle-même, que nous avons étudiée jusqu'ici; nous allons maintenant pénétrer plus avant dans l'étude véritablement juridique de la question que nous nous sommes proposé de traiter, et laissant de côté les différentes concessions, les diverses faveurs que Rome avait pu accorder; nous allons étudier la condition des étrangers en elle-même, voir quels étaient les droits qui, en règle générale, leur étaient accordés, ceux qui leur étaient refusés.

Pendant longtemps les rapports des citoyens avec les pérégrins avaient été excessivement restreints, mais à mesure que la domination de Rome s'assura davantage sur toute l'Italie, ces rapports s'accrurent dans de rapides proportions et il devint nécessaire de les régler, d'établir des règles de droit qui leur fussent applicables, de constituer une juridiction nouvelle, car il ne saurait y avoir de droit sans sanction et de sanction sans tribunaux. C'est de cette nécessité que naquit, en 507, une nouvelle magistrature, celle du *prætor peregrinus*, ainsi nommé « *quod plerumque jus intra peregrinos dicebat.* » Les fonctions de ce préteur étaient de trancher judiciairement toutes les contestations s'élevant entre les citoyens et les pérégrins, mais comme il ne pouvait appliquer le droit civil aux questions qu'il avait à résoudre, il dut puiser en dehors de ce droit les motifs de ses décisions, et c'est ainsi que se forma un droit nouveau, plus juste, plus équitable, le *jus gentium*, prenant sa source dans l'édit publié par le préteur à son entrée en fonctions.

Jusqu'à ce moment, les pérégrins avaient eu une condition des plus précaires, mais à partir de ce jour, cette condition fut précise et déterminée, ils eurent des droits et sur les biens et sur la personne; ces droits sans doute ne sont pas les mêmes que ceux des Romains, mais par une voie détournée, ils n'en conduisent pas moins au même résultat. Ce sont ces droits que nous allons maintenant étudier sous leurs deux points de vue.

Dans toutes les nations, la famille n'est pas largement ouverte aux étrangers; à Rome, elle leur était complétement fermée. C'est que la famille romaine, en effet, n'était pas une famille naturelle, mais une famille civile et, jusqu'à un certain point, politique; c'est qu'elle avait son fondement, non pas dans le lien du sang, mais dans la *puissance*, dans le principe de la propriété; c'est que d'elle découlait la transmission des biens, la possession du sol, cette principale source d'influence et de crédit. Les étrangers ne pouvaient donc prétendre y entrer à aucun titre, et ce n'était pas seulement les rapports, les droits de famille prenant leur source dans la loi elle-même, qui leur étaient refusés, c'était encore ces rapports de paternité et de filiation qui, avec le secours de certaines formalités, prenaient naissance dans un contrat; car l'adoption, produisant les mêmes effets que le mariage légitime, devait naturellement lui être assimilée.

Mais si les étrangers n'avaient pas le droit de contracter un mariage valable suivant le *jus civile* et produisant tous les effets des justes noces, il ne faut pas croire cependant qu'ils fussent entièrement privés de droits à cet égard, et il nous faut reconnaître l'existence d'un mariage du droit des gens, *matrimonium non legitimum* ou *sine connubio*, qui dut s'introduire à la suite des relations de plus en plus fréquentes entre les citoyens et les pérégrins. Ce mariage du droit des gens, d'après MM. Maury, Accarias et Labbé, supérieur au concubinat, mais inférieur aux *justæ nuptiæ*, constituait une union régulière, qui donnait certains avantages à ceux qui le pratiquaient. Le mari avait une action en adultère contre sa femme coupable; la femme pouvait se constituer une dot, qu'elle pouvait réclamer lors de la dissolution du mariage; la règle : *Pater is est quem nuptiæ demonstrant*, s'appliquait aux enfants issus de cette union, et ils n'étaient point considérés comme des enfants naturels; enfin le divorce était nécessaire pour rompre cette union du vivant des époux. Mais si, par ces avantages, ce *matrimonium sine connubio* se rapprochait à plusieurs égards des *justæ nuptiæ*, des différences profondes les séparaient aussi et marquaient l'infériorité de ce mariage du droit des gens vis-à-vis du mariage du droit civil. La femme, en effet, n'a plus ici le titre d'*uxor* qui appartient uniquement aux citoyennes romaines, elle est *uxor injusta;* elle garde son domicile antérieur au mariage au lieu de prendre celui de son mari, et enfin ce qui est le plus grave, le père n'acquiert pas sur les enfants la puissance paternelle du droit civil, la *patria potestas*. — Ce mariage du droit des gens, ce *matrimonium sine connubio* subsista longtemps à côté du mariage du droit civil, des *justæ nuptiæ;* ce ne fut qu'à partir de la constitution de Caracalla qu'il dut presque entièrement disparaître.

De ce que les étrangers ne pouvaient avoir une famille telle qu'elle était constituée d'après le *jus civile*, il en résultait, comme conséquence naturelle et forcée, que la succession *ab intestat* leur était interdite; c'était, en effet, un bénéfice accordé à la parenté civile, aux agnats, et les citoyens seuls pouvaient être agnats. Mais le préteur pérégrin sut apporter des adoucissements à la rigueur excessive de ce droit; et nous voyons à côté de l'agnation, de la parenté civile s'établir sous son influence une parenté natu-

relle : la cognation, que nous verrons, plus nous avance-
rons dans l'histoire, se rapprocher peu à peu de la parenté
civile, pour finir enfin par s'y confondre et disparaître l'une
dans l'autre.

Observons, du reste, que les provinciaux avaient une
capacité pleine et entière pour succéder entre eux d'après
leurs propres lois.

Quant à la capacité de recueillir soit la totalité, soit une
partie de la succession testamentaire d'un citoyen, elle
était formellement refusée à l'étranger, la *factio testamenti*
étant éminemment du *jus civile*, l'*institutio heredis* ne pouvant être faite qu'en faveur d'un citoyen. Tel était le droit
rigoureux; mais les Romains, toujours si habiles à éluder
les difficultés, sans violer le texte de la loi, ne tardèrent
pas à trouver un moyen qui permît à un pérégrin de recueillir la succession d'un citoyen : ce moyen, ce fut
l'hérédité fidéicommissaire. On instituait pour héritier un
citoyen, mais on le priait, en le faisant jurer par Jupiter,
par les lares, de restituer l'hérédité à celui à qui l'on voulait transmettre ses biens. Ce n'était là tout d'abord, qu'un
lien de conscience n'ayant de sanction que dans la religion
violée, mais Auguste, *quia et populare erat,* en fit un lien
de droit, rendit obligatoire l'engagement pris par l'héritier
institué et créa un préteur, *prætor fideicommissarius,*
ayant pour attributions de faire respecter et exécuter les
fidéicommis. Ainsi, à partir d'Auguste, quoique les étrangers n'eussent pas, d'après le *jus civile,* la *factio testamenti,*
ils n'en pouvaient pas moins, par ce moyen, recueillir la
succession d'un citoyen. Mais, sous Adrien, on fit un pas
en arrière, la condition de l'étranger rétrograda sur ce
point et un sénatus-consulte prononça la confiscation pour
le fisc de tous les fidéicommis faits en faveur des pérégrins.

Nous n'avons parlé que de la capacité de recueillir, mais
qu'arrivait-il pour la transmission des biens de l'étranger?
Sur ce point, le droit était des plus rigoureux, et il ne reçut

jamais d'adoucissement ; les biens que l'étranger laissait en mourant sur le sol romain ne pouvaient, en effet, être dévolus à ses héritiers naturels, auxquels les lois romaines sur les successions ne pouvaient s'appliquer ; ni à des légataires, puisqu'il n'avait pas le droit de tester ; ces biens à l'origine appartenaient au peuple et plus tard vinrent enrichir le trésor du prince par la confiscation édictée au profit de son fisc.

Que penser de la tutelle ? Il semble bien que ce soit une institution de droit naturel, celle qui a pour but de protéger l'enfance ou la faiblesse ; le droit romain cependant en a décidé autrement et l'a classée dans le *jus civile*, en faisant de ce droit une charge publique, un *munus publicum*. Cette anomalie s'explique d'ailleurs ; sa justification, jusqu'à un certain point, se trouve dans l'origine essentiellement quiritaire de la famille, et dans ce fait que, dans les premiers temps de la République, les Romains seuls avaient un domicile stable et fixe, qui pût donner une garantie à l'enfant ou à l'imbécile, dont on voulait assurer la protection. L'étranger ne pouvait donc être tuteur, ni curateur, car tout ce que nous venons de dire de la tutelle s'applique également à la curatelle. Quant à la tutelle des femmes, nous n'avons rien à en dire, car, du temps d'Ulpien, de Paul et de Papinien, depuis longtemps déjà elle était passée à l'état de fait historique.

Arrivons maintenant aux droits pécuniaires, c'est-à-dire à ceux dont l'ensemble constitue le patrimoine et que l'on peut diviser en droits de propriété et en droits de créance.

Relativement aux biens mobiliers, l'étranger est considéré comme capable d'en être propriétaire. Il peut posséder des esclaves : l'esclavage, en effet, est une institution du droit des gens, car, venant des mœurs et des usages des principales nations, il est marqué par la généralité même de son application, de ce caractère qui distingue le *jus gentium* du *jus civile*. « *Servitus est constitutio juris gentium, quâ quis dominio alieno contra naturam subjicitur,* » dit la célèbre formule des Institutes ; l'esclave, en tombant ainsi dans la propriété de son maître, devient une chose dont l'étranger peut être propriétaire. Ainsi l'étranger a le droit de propriété mobilière ; devrons-nous dire également qu'il a les droits de créance ? Ces paroles des Institutes ne peuvent nous laisser aucun doute à cet égard : « *Et ex hoc jure (jure gentium), omnes penè contractus introducti sunt, ut emptio, venditio...* » L'étranger a donc tous les droits de créance, puisque ces droits, au moins pour la plupart, prennent leur origine dans les contrats qui sont du *juris gentium.* En résumé, sous ces deux rapports : propriété mobilière et droits de créance, l'étranger est traité à l'égal du Romain ; il n'y a aucune différence entre eux ; ce sera seulement lorsque nous étudierons les divers modes d'acquérir ces droits que nous verrons que leur condition n'était pas tout à fait identique à cet égard, et que nous devrons faire quelques restrictions aux facultés accordées à l'étranger.

Mais si le droit de propriété mobilière fut toujours reconnu à l'étranger, il n'en fut pas de même du droit de propriété immobilière, car, pendant les premières années de la République, la propriété du sol italique lui était formellement refusée. Mais ici, comme dans toutes les autres parties de la législation romaine, les rigueurs primitives du droit durent disparaître peu à peu, et, sous l'influence du progrès de la civilisation augmentant tous les jours, faire place à des dispositions plus en rapport avec l'état de la société. Il est curieux de voir, de suivre les changements qui se firent dans cette partie du droit qui nous occupe. Tout d'abord la propriété commence par perdre son nom de *mancipium, manu captum ;* cette expression sauvage et vraiment quiritaire disparaît pour faire place au mot *dominium.* Mais le mot seul n'est pas changé, le fait l'est également, et *dominium* ne signifie plus, comme *mancipium,* une propriété une et identique ; il se divise en *dominium ex jure quiritium*, exclusivement réservé aux citoyens romains, et en *dominium bonitarium*, commun aux pérégrins et aux citoyens. Puis peu à peu, par la force même des choses, par son seul titre de propriété commune aux citoyens et aux étrangers, le domaine bonitaire se développe, ne laissant au domaine quiritaire qu'une existence fictive; et il se voit bientôt garanti avec autant d'efficacité que son ancien rival par l'introduction des actions fictices et *in factum*. Ces changements, ces améliorations progressifs ne sont-ils pas curieux à remarquer et ne peignent-ils pas à merveille cette histoire de Rome passant de l'état barbare à la civilisation la plus avancée?

Les droits dont les étrangers avaient la jouissance étant reconnus, passons aux modes d'acquérir ces droits qui étaient à leur disposition. Si la *mancipatio*, l'*in jure cessio*, l'*adjudicatio*, l'*usucapio* et la *lex*, étant des modes d'acquérir du droit civil, n'étaient ouverts qu'aux citoyens, les étrangers n'en pouvaient pas moins arriver au même résultat par la tradition, ce mode consacré par le *jus gentium* pour la transmission de la propriété. A l'origine, les fonds provinciaux qui n'avaient pas obtenu le *jus italicum* ne pouvaient recevoir l'application de ce mode de transmission, car ces fonds étaient censés appartenir soit au peuple romain, soit à l'empereur; mais au temps de Dioclétien cette fiction disparaît complétement, et l'on voit des particuliers propriétaires des fonds provinciaux. A ce sujet, remarquons un fait des plus curieux, auquel la logique romaine avait conduit les jurisconsultes; nous voulons parler du fait qui se manifeste après la disparition de la distinction entre les *res mancipi* et les *res nec mancipi* : à partir de ce moment, la *conditio peregrina*, soit de l'*accipiens*, soit du *tradens*, a pour résultat que la tradition a alors le même effet que la mancipation entre deux citoyens, et rien n'était plus logique, car le *peregrinus* ne pouvait avoir gardé le *nudum jus quiritium*, ni avoir acquis seulement l'*in bonis*, puisque, d'après l'expression de Gaïus, *apud peregrinos unum est dominium.* Dans le droit de Justinien, la tradition s'applique à toute chose corporelle qui se trouve dans le patrimoine. Quant à la quasi-tradition, nous croyons pouvoir affirmer qu'elle servait à pouvoir établir, en faveur des étrangers, des droits d'usufruit ou de servitudes sur les fonds provinciaux, droits qui trouvaient leur sanction dans le droit prétorien.

Enfin, comme dernier mode d'acquisition de la propriété mis à la disposition des étrangers, nous trouvons la *præscriptio longi temporis;* elle fut introduite, sous forme d'exception, pour repousser une action en restitution et s'appliqua aux possesseurs de fonds provinciaux, qui, ne jouissant pas du *jus italicum,* ne pouvaient usucaper. Cette prescription, qui produisait ses effets même entre un pérégrin et un citoyen, donnait, longtemps même avant Justinien, une action analogue à la revendication; nous trouvons en effet au Code, à propos de cette décision, ces paroles, qui ne sauraient nous laisser aucun doute à cet égard : « *Hoc enim et veteres leges (si quis eas rectè inspexerit) sanciebant.* »

Les mêmes principes d'équité, que nous venons de voir, régirent également les obligations, car sur ce point les rudesses primitives du droit civil durent s'adoucir peu à peu par le contact du droit des gens. A l'origine, l'obligation ne pouvait se contracter qu'au moyen de la formalité *per cæs et libram* et de la *nuncupatio* ou paroles solennelles; c'est le *nexum* primitif, emportant un droit de propriété éventuel sur la personne du débiteur, droit qui permet même de recourir à la force publique. Mais bientôt les paroles sacramentelles sont seules nécessaires, puis elles sont elles-mêmes remplacées par l'écriture sur un registre spécial, et enfin, bientôt après, le seul consentement suffit pour faire naître une obligation, cela, même entre citoyens et étrangers.

A la place du *nexum*, nous trouvons alors quatre classes de contrats :

1° Les contrats *re.* — Ces contrats font partie du droit des gens : ils se forment par le consentement des parties et par la tradition ou prestation des choses qui en font l'objet; mais remarquons que, si le concours de la volonté des parties est nécessaire à la formation de ces contrats, l'obligation principale, essentielle, qui les caractérise, ne peut prendre naissance qu'autant qu'il y a eu livraison, tradition de la chose.

2° Les contrats *verbis.* — Ce sont ceux, comme la *dictio dotis* et la *stipulatio*, prenant naissance dans certaines formules consacrées et nécessaires pour établir une obligation entre deux personnes. La *dictio dotis* devait être un contrat essentiellement civil, puisqu'il ne pouvait y avoir dot sans mariage légitime, et que le mariage lui-même rentrait dans le *jus civile*. Du reste, il ne faut pas en conclure que les étrangers ne pouvaient constituer une dot en se mariant; ils le pouvaient certainement, mais alors c'était le droit propre de leur pays et non plus celui des citoyens romains qui la réglait. Au surplus, cette forme de s'obliger, cette *dictio dotis*, tendit à disparaître d'assez bonne heure, et nous trouvons une constitution de Théodose et de Valentinien qui permit à toute personne de s'obliger, par un simple pacte, à fournir une dot au mari.

Nous venons de voir qu'en droit strict la *dictio dotis* était formellement refusée à l'étranger; il en était de même de la *stipulatio*, car c'était là une forme d'engagement éminemment civile réservée aux seuls citoyens. Mais ici encore les formes rudes et exclusives du droit quiritaire durent s'effacer peu à peu; on dut tenir compte des relations augmentant chaque jour, des principes d'équité naturelle, et l'on finit par reconnaître en partie la *stipulatio* à l'étranger. La forme *dari spondes? Spondeo* fut réservée aux seuls citoyens, mais à côté on établit pour les pérégrins une formule équivalente : « *Sed hæc quidem, dit Gaïus, verborum obligatio : dari spondes ? Spondeo, propria civium romanorum est, ceteræ vero juris gentium sunt : itaque inter omnes homines, sive cives romanos, sive peregrinos valuit.* »

3° Les contrats *litteris*. — Ce sont des contrats prenant naissance, non plus dans des formules solennelles prononcées par les parties, mais dans la constatation faite par écrit de l'obligation que les parties veulent contracter. Les *arcaria nomina* pouvaient servir à constater les engagements survenus entre pérégrins, car, comme le remarque soigneusement Gaïus : *numeratio pecuniæ creditæ facit obligationem ;* or, cette *numeratio* est du droit des gens. L'écriture n'intervenant ici que comme moyen de constater un fait ne saurait empêcher l'obligation de se former entre pérégrins. Il n'en est pas de même des *transcriptitia nomina*, car ils constituent par eux-mêmes une obligation littérale ; le fait générateur de l'obligation n'est plus ici une dation d'espèces, mais un écrit. Aussi, dans le principe, les citoyens seuls pouvaient figurer dans une *expensilatio ;* mais à l'époque de Gaïus, des doutes s'élevèrent à cet égard, une controverse très-vive s'éleva entre les jurisconsultes romains pour savoir si les pérégrins pouvaient s'obliger *per nomina transcriptitia*. Sabinus et Cassius firent une distinction : la *transcriptio* était-elle *a persona in personam ?* Le pérégrin ne pouvait s'obliger. Était-elle *a re in personam ?* Elle était applicable au pérégrin aussi bien qu'au citoyen. Nerva et les Proculéiens, au contraire, rejetaient cette distinction et s'en tenaient exclusivement au droit civil.

Du reste, il y avait déjà un contrat littéral beaucoup plus simple, c'est celui qui résultait des écrits appelés : *chirographa* et *syngraphæ*. Nous croyons, avec MM. Ortolan, Mainz, Demangeat et Labbé, en un mot avec toute l'école française, que ce sont là non des *instrumenta*, mais des formes particulières d'obligation. Si, en effet, Gaïus en parlant de ces sortes d'écrits ne dit pas : *litterarum obligatio fit,* mais *fieri videtur,* cela vient évidemment de l'origine même de ces *syngraphæ* et *chirographa,* de ce qu'à l'origine, employés seulement dans les relations entre les citoyens et les habitants des provinces, ils étaient des contrats éminemment du droit des gens et ne participaient pas à la nature du droit civil. L'obligation ne naissait pas de ces écrits, elle était seulement réputée en naître, *quod genus obligationis,* ajoute Gaïus, *proprium peregrinorum est.* Par ce moyen, les étrangers avaient la *condictio certi.* Sous Justinien, les *chirographa* et les *syngraphæ* ont disparu; une fusion s'est opérée entre le *chirographum* et le contrat *litteris,* c'est du moins ce que nous apprend cet empereur dans les *Institutes,* mais il ne nous dit pas comment cette fusion s'est opérée, et nous sommes réduits sur ce point à faire de pures hypothèses, car nous ne trouvons aucuns renseignements précis.

4° Contrats *consensu.* — Ces contrats, qui se fondent sur le seul consentement des parties, n'ont pas pris naissance dans les principes du droit quiritaire, c'est du droit des gens qu'ils sont dérivés, et c'est à ce droit que le *jus civile* a été les emprunter. Le droit civil, du reste, leur a donné accès tels qu'ils étaient et n'a pas effacé le caractère particulier que le *jus gentium* leur avait donné. Il est curieux de remarquer les différences existant entre ces contrats et ceux ayant pris naissance dans le pur droit civil. Ceux-ci ne produisent jamais d'obligation que d'un seul côté; ils sont unilatéraux, et leurs effets sont toujours déterminés par les principes rigoureux du droit : *ex stricto jure.* Ceux-là, au contraire, produisent des obligations réciproques; chacune des parties est obligée, et les effets qu'ils produisent sont toujours réglés d'après l'équité et la bonne foi : *ex æquo et bono.* Il va sans dire, du moment que ces contrats sont du *jus gentium,* qu'ils sont applicables aux étrangers, et que ceux-ci, aussi bien que les citoyens, peuvent vendre, louer, s'associer, donner et recevoir un mandat.

Que décider des obligations qui résultent d'un délit? A l'origine, l'action résultant des délits prévus par la loi des Douze Tables et par la loi Aquilia était civile, mais le préteur intervint et, par une procédure habile, parvint à donner à l'étranger non-seulement une action *in factum*, mais aussi une action *in jus*. Le procédé consistait à exprimer, dans la rédaction de la formule que l'on donnait, cette formule, comme si la qualité de droit civil existait dans la cause; en un mot, par l'action fictice, *civitas romana peregrino fingebatur : « Judex esto : si paret ope consiliove Dionis Hermæi filii furtum factum esse pateræ aureæ, quamobrem cum, si civis romanus esset, pro fure damnum decidere oporteret... »* Il en était de même pour l'action de la loi Aquilia; mais en dirons-nous autant de l'*actio injuriarum*? Évidemment oui; car si Gaïus ne nous dit pas que la règle que nous venons d'appliquer fût générale, il nous apprend du moins que l'action fictice devait s'appliquer à tous les cas où l'équité le demandait; or, la nécessité est ici la même que pour l'action résultant soit du *furtum*, soit de la loi Aquilia, et sans nul doute l'étranger devait dans ce cas être également protégé.

Nous ne saurions terminer la matière des obligations en ce qui concerne les étrangers sans dire quelques mots de leurs modes d'extinction. D'ailleurs, la règle que nous avons à suivre ici est des plus simples : *Nihil tam naturale est, quam eo genere quidquid dissolvere quo colligatum est;* nous appliquerons donc à l'extinction des obligations tout ce que nous venons de dire sur leur formation. Ainsi, il est évident que la formalité de la *mancipatio per æs et libram*, qui ne peut engendrer une obligation qu'entre citoyens, ne pourra jamais éteindre celle qui a été formée entre pérégrins. Remarquons, du reste, que l'*acceptilatio* était du droit des gens, et que la jurisprudence avait trouvé le moyen de l'étendre à toutes les obligations; il suffisait pour cela de transformer, par le moyen de la novation, l'obligation que l'on voulait éteindre en une obligation verbale que l'on pouvait toujours dissoudre par l'*acceptilatio*.

Nous avons déjà vu que les étrangers ne participaient à la jouissance d'aucun des droits politiques, nous n'y reviendrons donc pas; mais il faut remarquer ici que dans leur cité les provinciaux jouissaient de tous les droits civiques, qu'ils exerçaient toutes les fonctions *municipales*, même celle de juges. Gaïus nous apprend en effet que c'était un *judex peregrinus* qui tranchait toutes les contestations survenues entre pérégrins, et rien n'était plus juste; c'était même en quelque sorte forcé et nécessaire, car qui mieux qu'un habitant de la cité pouvait connaître les lois spéciales et personnelles de cette cité? Mais ce *judex peregrinus* pouvait-il être nommé pour le cas où une contestation s'élevait entre un pérégrin et un citoyen romain? Nous répondrons oui, hardiment, car d'un côté le texte de Gaïus nous y autorise, et de l'autre l'histoire, loin de s'y opposer, apporte au contraire un puissant appui à notre opinion. Gaïus, en effet, appelle l'instance dans laquelle intervient le pérégrin, soit comme juge, soit comme partie (*interveniente peregrini persona judicis aut litigatoris*), *judicium imperio continens*. Cette expression ne dit-elle pas d'une manière évidente que le *judex peregrinus* avait le pouvoir de juger même un citoyen? Qu'y aurait-il d'ailleurs d'étonnant dans ce fait, quand nous voyons l'histoire de ces époques nous montrer toutes ces différences, si tranchées d'abord entre Rome et ses sujets, s'affaiblir peu à peu, diminuer tous les jours, grâce aux idées philosophiques et surtout au césarisme, ce grand nivellement des conditions. Les droits politiques n'existaient plus, qu'importait alors dans les provinces qu'un individu fût citoyen romain ou provincial?

CHAPITRE III.

Pour bien faire connaître quelle était à Rome la condition des pérégrins, c'est-à-dire des étrangers, il ne suffit pas d'exposer les divers droits dont ils avaient obtenu la jouissance, de montrer les institutions romaines à cet égard, perdant peu à peu leur caractère étroit et égoïste et se développant chaque jour davantage d'après les principes de l'équité et de la justice naturelles, d'étudier les diverses concessions, les nombreuses faveurs que Rome avait cru devoir faire à certains peuples pour se les attacher, se les assimiler jusqu'à un certain point; du moment en effet que tout individu, par cela seul qu'il n'avait pas le titre de citoyen, était un pérégrin, un étranger, il est nécessaire, il est indispensable de voir, quand on était citoyen comment on naissait avec ce titre, comment on pouvait l'acquérir, comment on pouvait le perdre, comment on pouvait le recouvrer; c'est alors seulement que ce travail sur les étrangers pourra être considéré comme complet. Dans ce chapitre nous allons voir comment on naissait avec la qualité de citoyen ou de pérégrin.

Pour déterminer la nationalité d'un enfant, on peut prendre l'origine ou le lieu de la naissance. Qu'il nous soit permis ici d'anticiper légèrement et de voir comment cette question a été résolue en France. Notre ancienne jurisprudence donnait la nationalité française et à l'origine et au lieu de la naissance, indépendamment l'un de l'autre; était Français tout enfant né de parents étrangers en France ou de parents français à l'étranger. Aujourd'hui l'origine seule confère la nationalité; la circonstance qu'un enfant est né sur le sol de la France ne lui donne plus la qualité de Français; cependant l'ancien principe de notre jurisprudence n'est pas entièrement disparu, la loi du 7 février 1851 l'a rétabli sous une condition résolutoire en faveur de l'enfant qui est né en France d'un étranger qui lui-même y est né; cet enfant naît et reste Français, à moins que, dans l'année qui suit sa majorité, il ne réclame la qualité d'étranger. La naissance sur le sol français confère encore à l'enfant deux autres avantages : elle lui permet d'acquérir la nationalité française par le bienfait de la loi, et le fait présumer né de parents français lorsqu'il est né de parents inconnus.

A Rome, le principe est le même que celui de notre législation actuelle, l'origine seule confère la nationalité, mais la loi romaine, plus sévère que la nôtre, refuse toute influence à la naissance sur le sol romain ou sur un sol participant au *jus civitatis*.

D'où peuvent venir ces différences que nous apercevons dans ces trois législations? Pour nous, elles résultent de la constitution même des peuples. Sous l'empire de la féodalité absolue, l'immobilisation était générale : tout était immeuble par nature ou par destination; l'action attractive de la terre avait enchaîné la société entière à sa condition d'immuabilité, l'homme lui-même avait été partout immobilisé, la force avait universellement fait violence à la nature des choses. Aussi, n'est-il pas étonnant, qu'à une époque, où la terre faisait tellement la loi à l'homme, qu'elle divisait l'état indivisible des personnes (l'héritage roturier rendait son détenteur majeur à quatorze ans, le fief à vingt), n'est-il pas étonnant, dis-je, que le fait de naître en France, dût faire de l'enfant un Français?

La Révolution française, au contraire, brise tous les liens qui unissaient si fortement l'homme à la terre; elle le rend à sa personnalité, et, dès ce moment, l'origine devient tout. Mais à côté de ce principe vient s'établir aussitôt une restriction sous l'influence des idées philosophiques plus larges, s'inspirant de l'amour que l'on a pour le sol qui vous a vu naître ; à côté du principe de l'origine on donne, au lieu de naissance, une certaine part de la nationalité, lorsque cette affection présumée pour le sol natal se manifeste par des actes extérieurs.

A Rome, où la qualité de citoyen romain était au-dessus de tout, où elle donnait seule le titre de mari, de père, sans laquelle on ne pouvait être ni propriétaire ni héritier, il devait nécessairement, en vertu de cet esprit orgueilleux et exclusif de Rome, n'y avoir qu'un moyen d'entrer dans la société romaine : l'origine.

Après ces considérations générales, que nous avons cru bon de mettre en tête de la matière que nous traitons ici, arrivons maintenant à l'examen plus approfondi du droit romain. Nous venons de voir que la condition de l'individu se déterminait uniquement par son origine et qu'on n'attachait aucune importance au lieu de sa naissance. Le principe est donc des plus simples : l'enfant est-il issu de citoyens ? il est citoyen ; est-il issu de pérégrins ? il est pérégrin. Mais que faudra-t-il décider si les parents ne sont pas de la même condition, si le père est citoyen et la mère pérégrine, si le père est pérégrin et la mère citoyenne ? Il y a sur ce point une règle fondamentale, qui décide que lorsqu'il y a *connubium* entre les père et mère, l'enfant suit la condition du père ; que, dans le cas contraire, il suit la condition de la mère ; *connubio interveniente*, dit Ulpien, *liberi semper patrem sequuntur ; non interveniente, matris conditioni accedunt.*

Telle était la règle générale et absolue ; cependant une exception y était faite : *Lex naturæ hæc est,* ajoute en effet Ulpien, *ut qui nascitur sine legitimo matrimonio matrem sequatur, nisi lex specialis aliud inducit.* Quelle peut être cette *lex specialis ?* Pour le comprendre il faut se reporter à un autre texte d'Ulpien, où ce jurisconsulte entre sur ce point dans de plus amples développements : Un enfant est né *ex patre Campano et matre Puteolana*, il est *Campanus*, *nisi forte*, ajoute Ulpien, *privilegio aliquo materna origo censeatur; tunc enim maternæ originis erit municeps*. L'exception ne s'applique donc qu'au cas où il y aurait eu mariage entre citoyens de municipes différents. Ce privilége paraît d'ailleurs avoir été concédé à plusieurs municipes; *Pliensibus concessum est, ut qui matre Pliensi est, sit eorum municeps. Etiam Delphis... Ponticis*, dit encore Celsus, *ex beneficio Pompei magni competere ut qui Pontica matre natus esset, Ponticus esset*. Quelques auteurs ont prétendu que ce bénéfice ne s'appliquait qu'aux enfants *vulgo quæsiti*, mais cette opinion est évidemment erronée, elle ne peut soutenir le moindre examen, et deux mots suffisent pour la réfuter. Comment, en effet, aurait-on pris une disposition spéciale en faveur des enfants *vulgo quæsiti?* Pourquoi se serait-on donné la peine de formuler cette exception à leur égard? Ne suivent-ils pas toujours la condition de leur mère?

Laissons de côté cette exception en faveur des municipes, et revenons à notre règle. Suivant cette règle, l'enfant d'un pérégrin et d'une citoyenne romaine aurait dû être citoyen, il aurait dû suivre la condition de sa mère, puisqu'il était procréé en dehors de justes noces.

Mais la loi Mensia, *de natis ex alter utro peregrino*, loi dont MM. Haubold, Hugo et Puchta ont constaté l'existence et que nous croyons avoir été portée sous Auguste, décide que dans tous les cas, où des père et mère, l'un serait étranger, l'enfant le serait également : *ex peregrino et cive romana peregrinus nascitur, quoniam lex Mensia ex alter utro peregrino natum deterioris parentis conditionem sequi jubet*. Quelle est la portée de cette loi Mensia? Faut-il appliquer l'exception qu'elle consacre à tous les pérégrins indistinctement, faut-il l'appliquer aux Latins?

Je m'écarterai ici de l'opinion reçue par les interprètes, et ainsi formulée par M. Demangeat : « A mon sens, dit-il, la disposition de la loi Mensia concernait bien les *Latini veteres*, mais non les *Latini coloniarii*. C'est ce que décidait très-probablement le § 79 du Com. I de Gaïus, lequel, par malheur, ne nous est point parvenu dans son entier. Gaïus, dans ce § 79, compare entre elles plusieurs classes de Latins, et sans doute il parle de la loi Mensia lorsqu'il dit : *Ad alios Latinos pertinet, qui proprios populos propriasque civitates habebant et erant peregrinorum numero.* » Ainsi ces paroles de Gaïus, d'après M. Demangeat, s'appliqueraient aux *Latini veteres*; c'est là ce que je ne puis admettre.

D'abord, du temps de Gaïus, les *Latini veteres* n'existaient plus, et il est plus que probable que ce jurisconsulte ne pensait pas à eux; puis, sur quelles raisons fonder cet avantage accordé aux *Latini coloniarii?* Où voit-on qu'ils soient mieux traités que les *Latini veteres?* Partout, au contraire, nous apercevons que leur condition est bien moins avantageuse; c'est ainsi que l'exercice d'une magistrature par les *Latini veteres* leur donne, à eux et à leurs enfants, la cité romaine, tandis que la même magistrature exercée par un *Latinus coloniarius* ne donnait qu'à lui seul le *jus civitatis*; c'est ainsi que les *Latini coloniarii* n'avaient pas le *connubium* avec tous les droits qu'il entraînait : la *patria potestas*, l'*agnatio*, l'*hereditas*. Ce dernier point est des plus importants, et nous ne saurions trop y appeler l'attention, car du moment que les *Latini coloniarii* n'avaient pas le *connubium*, c'était à eux qu'il aurait été nécessaire d'appliquer la loi Mensia et non pas aux *Latini veteres*, puisqu'en vertu du *connubium*, l'enfant devait suivre la condition du père, et que par cela même peu importait que la mère fût *civis romana*.

La distinction établie par M. Demangeat n'est donc pas admissible, car d'une part il est peu probable, comme le reconnaît lui-même cet auteur dans une autre partie de son ouvrage, que Gaïus traite de Latins qui ont cessé d'exister longtemps avant l'époque où il écrivait, et, d'autre part, parce que cette distinction renverserait toutes les notions que nous avons sur les *Latini veteres* et les *Latini coloniarii*. Pour nous, l'antithèse qui ressort du texte de Gaïus n'a nullement trait à ces deux classes de Latins qui avaient cessé d'exister depuis longtemps, mais aux Latins qui avaient obtenu le *jus latinitatis* et aux affranchis latins, c'est-à-dire aux Latins Juniens. Comment en effet, pourrait-on appliquer les expressions de Gaïus : *qui proprios populos propriasque civitates habebant*, aux *Latini veteres* qui n'avaient aucune autonomie? Qui ne voit au contraire qu'elles conviennent à merveille à ces peuples, à ces villes qui avaient obtenu le *jus latinitatis* et le *nomen latinum?* Du reste, la pensée de Gaïus apparaît claire et précise, lorsqu'on arrive au § 80 qui commence par ces mots : *Eadem ratione ex contrario, ex Latino et cive romana qui nascitur, civis romanus nascitur*. Voilà l'antithèse véritable, voilà l'explication de ces mots : Sed etiam qui *Latini nominantur*, qui précèdent ceux : *Ad alios pertinet*. Gaïus appelle évidemment ici *Latinus* l'affranchi latin, et c'est lui qu'il oppose au Latin non affranchi. Aussi, ajoute-t-il, et notre antithèse en ressort-elle avec une force encore plus grande : *Hoc jure utimur ex senatu-consulto quo, auctore divo Hadriano, significatur ut omnimodo ex Latino et cive romana natus civis romanus nascitur*. C'est là la décision contraire à la loi Mensia, l'enfant *meliorem sequitur conditionem*. Ce sénatus-consulte était, comme l'explique Gaïus, nécessaire, car dans ce cas, le *connubium* étant accordé par les lois d'Ælia Sentia et Junia, l'enfant aurait suivi la condition de son père, il serait né Latin.

Ainsi compris, le texte de Gaïus devient clair et facile, tout se suit, tout s'enchaîne. Nous dirons donc en résumé, que la loi Mensia s'appliquait aux pérégrins proprement dits et aux Latins, c'est-à-dire à ceux qui avaient obtenu le *nomen Latinum ;* mais qu'elle ne s'appliquait pas aux affranchis latins, c'est-à-dire aux Latins Juniens.

Une question vient ici se poser naturellement : à quel moment faut-il s'attacher pour appliquer la règle que nous venons d'exposer ? Est-ce à l'époque de la conception ou bien à l'époque de la naissance ? La question est sans intérêt lorsque la condition du père et celle de la mère n'ont pas changé dans la période qui s'écoule entre ces deux époques ; mais lorsque pendant ce temps une variation est survenue dans l'état de l'une ou de l'autre de ces deux personnes, il y a alors un intérêt fort grand à trancher la question. Ulpien répond par une règle qui a été admise par tous les jurisconsultes : « *In his qui jure contracto matrimonio nascuntur, conceptionis tempus spectatur ; in his autem qui non legitimè concipiuntur, editionis.* » Ainsi, si l'enfant est né en légitime mariage, et, par ce seul fait, il doit suivre la condition du père, il prend sa nationalité au moment de la conception, peu importent les événements qui ont pu survenir dans l'état du père avant la naissance de l'enfant. Si, au contraire, l'enfant est né hors mariage et par mariage, il faut entendre : *justæ nuptiæ,* il suit naturellement la condition de sa mère et prend la nationalité que celle-ci possédait au moment de l'accouchement. M. Ortolan trouve que cette règle est inspirée par la nature même des choses : « Si, dit-il, l'enfant reçoit la condition de son père, il la reçoit au moment de sa conception, car une fois conçu, il est indépendant du père, celui-ci peut être malade, même mourir, l'enfant continue à se développer et à vivre ; de même le père est-il fait esclave, perd-il les droits de citoyen, l'enfant ne naîtra pas moins libre et citoyen. Au contraire, si l'enfant doit prendre la condition de sa mère, c'est au moment de la naissance. Pendant toute la gestation il suit tous les changements de la mère, dont il n'est qu'une partie ; souffre-t-elle, il souffre ; meurt-elle, il meurt le plus souvent ; de-

vient-elle esclave, perd-elle ses droits de cité, il naît esclave,
il naît pérégrin. »

Ces considérations physiologiques peuvent avoir une certaine force, mais la règle qu'elles soutiennent n'en est pas
moins bien peu philosophique, bien peu en harmonie avec
les principes qui déterminent la position de l'enfant conçu,
et malgré l'unanimité des jurisconsultes romains, malgré
l'autorité de M. Ortolan, je ne saurais admettre cette distinction qui n'est qu'une de ces subtilités trop fréquentes,
enfantées par la logique romaine. L'enfant conçu en effet
ne compte pas pour une personne différente de sa mère, et
se confond avec elle; il en fait partie, *viscerum ejus*. Tant
qu'il n'a point vu le jour il n'est rien dans la société
humaine, il est donc incapable d'aucun droit, il ne peut
être ni étranger ni Romain. Ce n'est que fictivement et en le
considérant comme né qu'il peut être le sujet d'un droit;
mais, qu'on le remarque, cette fiction n'est admissible que
dans l'intérêt de l'enfant, comme dans le cas où une succession vient à s'ouvrir, afin de lui permettre d'être héritier. Or, si cette fiction n'est introduite que dans l'intérêt
de l'enfant, qui ne voit qu'il n'y a pas de raison pour
l'admettre dans un cas plutôt que dans un autre? Il faut
nécessairement, si l'on veut être logique, reconnaître que
l'on pourra l'appliquer dans tous les cas, qu'il y ait mariage
ou non, ou bien toujours la refuser, ce qui, à mon avis,
serait préférable comme règle générale, car la difficulté de
savoir si le changement d'état qu'a subi le père ou la mère
est antérieur ou postérieur à l'époque mystérieuse de la
conception, ne saurait être qu'une source trop féconde de
contestations.

Quoi qu'il en soit, la règle était formelle; voyons quelques
unes de ses applications, elles nous sont fournies par Gaïus.

Une esclave conçoit d'un citoyen romain; elle est en suite
affranchie. L'enfant naîtra-t-il esclave ou citoyen romain?
Citoyen, car au moment de l'accouchement la mère est

citoyenne romaine et l'enfant n'est pas issu de justes noces.

Une citoyenne romaine encourt pendant la durée de la gestation la *media capitis deminutio, cui aqua et igni interdictum fuerit,* elle accouche. Les jurisconsultes distinguent et, d'après la règle, répondent : la mère étant citoyenne au moment de la conception, l'enfant naîtra citoyen, s'il est issu de justes noces avec un citoyen romain; étant pérégrine au moment de l'accouchement, il sera pérégrin, *si vulgo conceperit.*

Il faut faire la même distinction dans le cas où une citoyenne romaine devient esclave en vertu du sénatus-consulte Claudien; l'enfant naîtra citoyen ou esclave suivant qu'il aura été conçu *ex justis nuptiis* ou *vulgo.*

Une pérégrine, *quæ vulgo conceperit,* devient citoyenne romaine et accouche, l'enfant est évidemment citoyen; si au contraire l'enfant est le fruit de son union avec un pérégrin, union accomplie *secundum leges moresque peregrinorum,* il est pérégrin. Toutefois remarquons que, par une faveur accordée par un sénatus-consulte d'Adrien, il est citoyen si son père a obtenu la cité romaine.

Le principe que le titre de citoyen romain est un droit dont on ne peut être dépossédé, a fait naître ici une question des plus délicates. Nous venons de voir que l'enfant né *ex justis nuptiis* était Romain, quoique sa mère fût devenue pérégrine au moment de l'accouchement; mais si le père, refusant de le reconnaître pour sien, repoussait la présomption : *pater is est quem nuptiæ demonstrant,* et triomphait dans sa prétention, pouvait-on toujours dire que l'enfant devait prendre la nationalité du père, que cette nationalité devait être fixée au moment de la conception? Évidemment non; de même que cet enfant a été considéré comme légitime jusqu'au jour du désaveu, quoiqu'il ne le fût pas, de même jusqu'à ce jour il a été considéré comme citoyen romain, quoiqu'il ne pût l'être. Comment en effet au-

rait-il pu trouver le germe de sa nationalité dans sa conception, lorsque, cette conception était, si je puis m'exprimer ainsi, inconnue? Notre règle, reposant sur la différence du rôle du père et de la mère dans le fait de la géné-
ration, s'y oppose d'une manière formelle.

CHAPITRE IV.

Nous avons déjà eu l'occasion de parler plusieurs fois des divers modes d'acquérir le droit de cité; qu'il nous suffise ici, pour la clarté du sujet, de rappeler, en quelques mots, nos développements antérieurs.

La *manumissio* était le principal mode d'acquérir le droit de cité, et remarquons qu'il pouvait s'appliquer à toute espèce d'étrangers; en effet ceux-ci n'avaient qu'à se vendre comme esclaves et, une fois esclaves, à se faire affranchir pour acquérir par ce moyen la cité romaine. Mais indépendamment des étrangers proprement dits, il y avait encore deux classes de personnes à qui la *manumissio* pouvait s'appliquer et qui après leur affranchissement ne se trouvaient pas élevées au rang de citoyens, qui ne pouvaient invoquer que le droit des gens, ce sont les Latins juniens et les déditices. Nous allons nous étendre quelque peu sur la condition de ces personnes, car les détails dans lesquels nous allons entrer se rattachent d'une manière assez directe au sujet que nous traitons, pour que cette digression ne soit pas inutile.

A l'origine, *una erat libertas*, comme le dit Dosithée, la manumission ne faisait que des citoyens. L'esclave affranchi par l'un des trois modes solennels de manumission : la vindicte, le cens, le testament, acquérait la liberté et le droit de cité, si toutefois son maître avait sur lui la propriété reconnue par le droit civil, le *dominium ex jure Quiritium* et la capacité légale d'affranchir. La condition de l'affranchi est alors presque égale à celle de l'ingénu; dans l'ordre civil, il est privé seulement de quelques droits par rapport au *connubium* et au droit de tester; dans l'ordre politique, il était réparti dans l'une des quatre tribus urbaines; toutefois dans celle-là seule il pouvait voter, il avait le *jus suffragii et le jus tributorum*, mais on lui refusait le *jus honorum* et le *jus militiæ*; du reste, après la guerre sociale ce dernier droit lui fut concédé.

Il arrivait souvent, surtout lorsque, avec le nombre toujours croissant des esclaves, le nombre des affranchissements devint plus considérable, il arrivait souvent qu'au lieu d'employer les modes solennels d'un usage plus difficile, le maître se servait de modes privés plus simples, plus commodes : par exemple, le maître écrivait à son esclave de vivre en liberté, ou déclarait sa volonté en présence d'un certain nombre d'amis; c'était ce qu'on appelait les affranchissements *per epistolam* ou *inter amicos*. Mais dans ces cas où la cité n'était pas représentée, il ne pouvait y avoir introduction d'un nouveau citoyen dans le sein d'une société qui n'avait pas été partie; aussi l'esclave n'acquérait, au lieu de la liberté légale, qu'une liberté de fait, ou pour mieux dire, que l'exercice de la liberté. D'après le droit civil, l'esclave ne devenait pas libre, mais d'après le droit prétorien et conformément à l'intention du maître, il vivait en liberté. Ce n'était qu'une liberté de tolérance; aussi Dosithée nous dit-il : *Omnia tanquam servus adquirebat manumissori, vel si quid stipulabatur, vel mancipatione accipiebat, vel ex quacumque alia causa adquisierat, domini hoc faciebat; id est, manumissi omnia bona ad patronum pertinebant.*

Mais le préteur, fidèle au principe qui le dirige dans toute l'histoire romaine : faire respecter les conventions en éludant les rigueurs du droit civil, prit l'esclave sous sa protection, et en insérant une exception dans la formule de l'action en revendication, il parvint à faire considérer le patron comme lié par son engagement. C'était déjà là un progrès réel, mais l'affranchi n'en mourait pas moins encore véritablement esclave, car ses biens revenaient à son patron, *res eorum peculii*, dit Gaïus, *jure ad patronos pertinere solita est.*

Enfin la loi Junia Norbana portée probablement vers l'an 671 de Rome, vint régulariser la situation des esclaves affranchis *privata voluntate.* Ceux qui sont affranchis *inter amicos* acquièrent, à partir de cette loi, une liberté qui leur est propre et forment une classe particulière d'affranchis qui portent le nom de Latins juniens, *nunc habent propriam libertatem inter amicos manumissi et fiunt Latini juniani; Latini,* car ils sont assimilés aux *Latini coloniarii, junianii,* parce que c'est la loi Junia qui a fait cette assimilation.

Une nouvelle loi, la loi Ælia Sentia rendue sous Auguste, vint compléter la loi Junia. D'après ces deux lois il fallait que l'esclave affranchi satisfît à trois conditions pour être citoyen romain; il fallait : 1° qu'il fut affranchi par l'un des trois modes solennels; 2° que le maître eût le *dominium ex jure Quiritium;* 3° que l'esclave eût trente ans. A défaut de l'une ou de l'autre de ces conditions, l'esclave devenait bien libre, mais il n'était que Latin.

La loi Ælia Sentia qui avait, en imposant l'âge de trente ans, restreint le danger des trop nombreux affranchissements accordés à des jeunes gens, qui devenaient des auxiliaires dans les guerres civiles, voulut empêcher de donner la cité à des hommes dégradés, et dans ce but elle créa une troisième classe d'affranchis, les déditices. Sont déditices, d'après Gaïus, les esclaves qui, pendant leur servitude, ont été mis aux fers, marqués d'un fer rouge, soumis à la torture pour un délit dont ils sont demeurés convaincus, livrés pour les combats du cirque, jetés dans les prisons. Ils sont assimilés aux *peregrini dedittii,* peuples qui, après avoir lutté contre Rome, se sont rendus à discrétion, *qui ut victi sunt, se dediderunt.* Leur condition était fort dure, ils étaient au dernier degré des hommes libres, *pessima libertas :* Défense expresse pour eux de séjourner dans un rayon de cent milles autour de Rome, et, en cas de désobéissance, vente de tous leurs biens au profit du peuple et privation absolue de la faveur d'être affranchis. De plus, ils ne pouvaient rien recevoir par testament ni même par fidéicommis, ils ne pouvaient disposer de leurs biens par testament, et enfin ils n'avaient aucun moyen d'arriver à la cité romaine.

La condition des Latins juniens était donc bien supérieure et ne pouvait se comparer à celle des dédices, surtout lorsqu'on considère, comme nous avons eu déjà l'occasion de le dire, qu'ils avaient la prérogative considérable de pouvoir devenir citoyens romains par le bienfait de la loi. Ulpien nous cite en effet huit cas où ils pouvaient acquérir le *jus Quiritium.*

1° *Beneficio principali.* — D'après un édit de Trajan, l'empereur avait toujours le droit de donner le titre de citoyen à un affranchi, même sans le consentement et contre la volonté du patron. Toutefois, pour que le Latin junien pût acquérir un droit plein et entier, pour qu'il pût transmettre sa succession, le bénéfice accordé par le prince ne pouvait suffire, il fallait que le consentement du patron vînt s'y joindre, sans quoi le patron conservait toujours un droit sur la succession de son ancien affranchi.

2° *Liberis.* — Ce mode comprend la *causæ probatio* et l'*erroris causæ probatio.* La *causæ probatio* avait lieu pour le Latin junien qui avait épousé soit une *civis romana,* soit une *coloniaria,* soit même une Latine junienne, sous la double condition de la déclaration faite en présence de sept témoins citoyens romains et pubères, qu'il s'était marié *liberum quærendorum causa* et de la présentation d'un enfant, né de cette union, âgé d'un an, *anniculus.* Du reste, si le Latin venait à mourir avant que son enfant eût atteint trois cent soixante jours, la femme pouvait *causam probare* et par cela même devenir citoyenne romaine. Enfin lorsque, lors du mariage, il y avait eu erreur des époux sur leurs qualités respectives, lorsque, par exemple, une affranchie latine avait épousé un pérégrin qu'elle croyait Latin, ou lorsqu'un affranchi latin avait épousé, *ex lege Sentia*, une pérégrine qu'il croyait Latine ou citoyenne romaine, celui qui était tombé dans l'erreur pouvait, *filio nato* (remarquons-le bien, et non plus *filio anniculo*), prouver son erreur, et arriver par là à la cité romaine. C'est ce que l'on nomme l'*erroris causæ probatio*. Ce mode particulier s'appliquait aussi bien aux pérégrins qu'aux Latins.

3° *Iteratione*. — L'esclave affranchi par un maître qui n'avait pas le *dominium ex jure Quiritium*, ou par un *manumissor*, qui n'avait pas employé l'une des formes solennelles requises, n'arrivait qu'à la latinité. L'*iteratio* permet par un nouvel affranchissement, avec toutes les conditions voulues par le droit civil, de purger ce vice et de donner le droit de cité au Latin Junien ;

4° *Militiâ*. — Une loi Visellia, rendue probablement sous Tibère, accorda au Latin junien, qui avait servi pendant six ans dans les gardes de Rome, *inter vigiles Romæ*, le titre de citoyen romain. Cette faveur fut accordée ensuite par un sénatus-consulte, à ceux qui n'avaient servi que pendant trois ans ;

5° *Nave*. — Ce mode, d'après Suétone, établi par Claude, permet au Latin de devenir citoyen romain, en construisant un navire de dix mille mesures au moins, *decem millium modiorum*, et en transportant du blé à Rome pendant six ans ;

6° *Ædificio*. — 7° *Pistrino*. — Même faveur pour celui qui construit une maison à Rome, un moulin ou une boulangerie ;

8° *Senatus-consulto vulgo terenixa*. — D'après le texte d'Ulpien, il semblerait que l'on eût encouragé le relâchement des mœurs, en accordant le titre de citoyenne à la mère de trois enfants *vulgo concepti*. Il faut, je crois, admettre la correction de Schilling et de Puchta, qui remplacent, et selon nous à juste titre, *vulgo* par *virgo*. M. de Vangerow pense que c'est là un moyen donné à la femme pour remplacer la *causæ probatio*, dont elle ne pouvait user.

Les Latins juniens et les déditices disparurent avec Justinien, qui en fit des citoyens. A ces époques on ne se préoccupe plus du titre de citoyen, et cela devait naturellement exister, car le privilége du despotisme n'est-il pas de tout égaliser devant le maître absolu; les rangs n'existent plus, il n'y a que des esclaves et des favoris.

Fermons ici cette parenthèse, trop longue peut-être, que nous avons cru nécessaire d'ouvrir pour les Latins juniens et les déditices, et revenons aux différents modes d'acquérir la cité qui étaient accordés aux pérégrins. Après la *manumissio*, il faut citer les *liberi*: nous venons de voir que la *causæ probatio* ne s'appliquait qu'aux Latins, l'*erroris causæ probatio*, au contraire, s'appliquait également aux Latins et aux pérégrins; nous ne reviendrons pas sur ces points, nous croyons les avoir expliqués suffisamment il y a quelques instants. Les pérégrins acquéraient encore la cité par le bienfait de la loi; c'était ainsi que le droit de cité était accordé aux *Latini coloniarii* qui, laissant dans leur cité, *stirpem ex se*, venaient s'établir à Rome, aux magistrats d'une ville latine, qui sortaient de charge. Enfin les pérégrins pouvaient devenir citoyens par une concession individuelle ou générale. A l'origine, c'est-à-dire, sous la royauté et la République, ces concessions ne pouvaient se faire que par une loi spéciale ou par un sénatus-consulte, mais sous l'Empire, de simples rescrits impériaux suffirent.

CHAPITRE V.

Des trois éléments qui constituaient le *status* du citoyen :
1° la liberté, 2° la cité, 3° l'agnation, il n'y avait que la
perte des deux premiers qui enlevât au *capite minutus* le
titre de citoyen; la perte du dernier ne faisait en effet que
le faire sortir de sa famille sans lui ôter sa qualité de
citoyen; il nous suffira donc ici de voir comment un Romain
pouvait encourir la *maxima* ou la *media capitis deminutio*,
pour apprendre comment se perdait la qualité de citoyen.

A l'époque classique des jurisconsultes, la *maxima capitis
deminutio* était encourue dans une foule de cas; ainsi,
d'après la loi des Douze Tables, le vol manifeste, le défaut
de payer une dette dans un certain délai, l'oubli de se faire
inscrire sur les tables du cens, le refus du service militaire,
la faisaient encourir et réduisaient en servitude. Mais peu à
peu ces différentes causes disparurent, et Justinien, après
avoir abrogé le sénatus-consulte Claudien, qui déclarait
esclaves la femme et les enfants de cette femme qui, malgré
trois dénonciations, continuait à entretenir un commerce
avec un esclave, ne nous cite dans ses Instituts que trois
causes de servitudes. *Quod accidit :*

1° *In his qui pœnæ efficiuntur atrocitate sententiæ...* L'esclave
condamné *ad bestias* ou *in metallum* devenait *servus pœnæ*,
il n'avait d'autre maître que le châtiment auquel il était
réservé, *servus sine domino.* Justinien, du reste, supprima
plus tard dans une de ses Novelles cette cause de servitude.

2°*... Vel libertis, ut ingratis erga patronos condemnatis...*
C'est une constitution de Commode qui introduisit cette

cause de servitude que Néron n'avait pu faire admettre par le sénat. D'ailleurs la révocation de la liberté, pour cette cause, n'était pas laissée à l'arbitraire, elle ne pouvait avoir lieu qu'en vertu d'une sentence du magistrat.

3°... *Vel qui se ad pretium participandum venundari passi sunt...* Pour ce dernier cas, il fallait le concours de cinq circonstances : que celui qui se laissait vendre fût majeur de vingt ans, qu'il y eût mauvaise foi de sa part et de celle du vendeur, que l'acheteur fût de bonne foi, qu'il eût réellement payé le prix de la vente et qu'enfin le vendeur et le vendu eussent partagé le prix. C'est une Novelle de l'empereur Léon qui supprime cette troisième manière d'encourir la *maxima capitis deminutio.*

Arrivons à la *media capitis deminutio.* A Rome, comme on ne pouvait enlever à un citoyen ses droits de cité malgré lui, *quum hoc juris a majoribus proditum sit,* dit Cicéron, *ut nemo civis romanus, possit amittere, nisi, ipse auctor factus sit;* on le forçait à s'exiler en lui interdisant l'eau et le feu, *aquæ et ignis.* Cette peine fut remplacée en fait par la déportation *in insulam,* mais en réalité cette peine n'aurait pas dû produire le même effet que l'exil, car, dans ce cas la perte de la cité provenait de ce que l'on ne pouvait appartenir à deux États, tandis que dans celui-ci le condamné, étant déporté dans une île faisant partie de l'empire romain, n'appartenait pas à deux États différents; pourtant on n'en arriva pas moins, en se fondant sur l'identité des motifs, aux mêmes résultats dans l'un et l'autre cas. C'est encore en raison de ce même principe : que l'on ne pouvait appartenir à deux États, que le citoyen romain, *qui in latinam coloniam transmigrabat,* perdait le droit de cité en devenant Latin coloniaire.

Le *capite minutus,* dans le cas de la *maxima capitis deminutio,* devenait esclave, son mariage était dissous, sa personne juridique disparaissait complétement; dans le cas au contraire de la *media capitis deminutio,* il ne devenait que pérégrin et sa condition était régie d'après les règles applicables aux pérégrins : le mariage était dissous, car il n'y avait point *connubium* entre un pérégrin et une citoyenne romaine, la puissance paternelle disparaissait, car un citoyen romain ne pouvait être sous la puissance d'un pérégrin, les liens de l'agnation étaient rompus, car l'agnation ne pouvait exister qu'entre citoyens. Mais, malgré ce que nous dit Justinien, nous croyons que la cognation devait subsister encore, car étant une parenté purement naturelle, elle était indissoluble, comme toute parenté reposant uniquement sur la communauté du sang.

La cité perdue pouvait d'ailleurs être recouvrée, celui qui était devenu esclave pouvait toujours, par l'affranchissement, redevenir citoyen romain, et le déporté, par l'*indulgentia* de l'empereur, pouvait être *in integrum restitutus*. L'effet de cette *restitutio* nous est montré par ces mots, que nous trouvons au Code et qu'Antonin adressait à un déporté : *Restituo te in integrum provinciæ tuæ, et ut autem scias, quid sit in integrum restituere, honoribus et ordini tuo et omnibus cæteris te restituo.*

DROIT FRANÇAIS

DE LA CONDITION DES ÉTRANGERS EN FRANCE

Les institutions qui sont l'ouvrage et l'expression de l'homme ne sauraient manquer d'être intimement liées à la nature de leur auteur, d'avoir le caractère propre à l'espèce humaine; de même que l'homme, les institutions ne sauraient exister sans toujours garder la trace de leur origine, le vestige de la nature qu'elles avaient en naissant. Si nous prenons un homme, quels que soient les événements qui soient venus s'abattre sur lui, quelque situation qu'il ait occupée, par quelques crises qu'il ait dû passer, nous retrouvons toujours chez lui les traces visibles du caractère qu'il avait apporté à sa naissance; sa nature se sera peut-être changée, se sera peut-être modifiée sur quelques points, mais elle aura toujours les signes distinctifs et particuliers qui la caractérisaient dès le premier jour. Il en est de même des institutions : quelles que soient les époques par lesquelles elles passent, les bouleversements, les révolutions qu'elles aient à supporter, elles conservent toujours la marque des temps dans lesquels elles sont nées; elles peuvent se modifier, s'adoucir, s'améliorer; elles peuvent être détruites, mais, tant qu'elles subsistent, elles gardent toujours, comme un reflet de leur origine, la trace, l'empreinte ineffaçable des causes qui les ont fait naître, des mœurs de ceux qui les ont établies. Et même lorsqu'elles sont détruites, lorsque le législateur vient à établir de nouvelles lois, il ne crée rien de nouveau, car, suivant la belle expression de Portalis : « Les codes des peuples se font avec le temps, mais, à proprement parler, ils ne se font pas. » Le législateur ne fait que s'approprier les idées existant déjà; il ne fait que les mettre en rapport avec son temps, avec les mœurs, avec les besoins de son époque; il suit les progrès de la civilisation, mais il ne parvient jamais à s'isoler des lois antérieures.

Il est donc de la dernière importance, je dirai plus, il est nécessaire, lorsqu'on veut connaître, comprendre, expliquer une institution, de remonter jusqu'à sa création, de pénétrer, d'éclaircir les ténèbres qui obscurcissent ses origines. Pour nous, par exemple, pour le sujet que nous avons à traiter ici, comment pourrions-nous étudier notre législation actuelle sur la condition des étrangers, comment pourrions-nous apprécier, juger les changements, les améliorations de notre code, si nous ne connaissions les lois antérieures, si nous ne remontions jusqu'au droit d'aubaine? Et comment pourrions-nous comprendre ce droit si injuste, si cruel, ce droit barbare, si nous ne prouvions qu'il a pris naissance dans le sein de la barbarie? C'est seulement lorsque nous aurons montré que c'est du fond des forêts de la Germanie que nous est venu ce droit, que ce sont les Francs qui en ont déposé le germe sur notre sol, c'est alors seulement que nous pourrons nous expliquer toutes les cruautés, les rigueurs, les vexations auxquelles furent soumis les étrangers jusqu'en 89; c'est alors seulement que nous saurons justement apprécier, admirer l'œuvre de la Constituante, étudier enfin et expliquer notre législation actuelle.

Le plan que nous avons à suivre dans cet ouvrage nous

est donc tout tracé; il nous est, en quelque sorte, comme imposé par la nature même du sujet. Il nous faudra, tout d'abord, bien préciser quelles sont les origines de notre droit sur les étrangers, le voir prendre naissance dans la constitution des tribus germaniques, passer le Rhin à la suite des Francs, déposer ses racines dans notre sol et entrer de plus en plus dans les mœurs, dans les coutumes de nos pères; nous verrons ensuite les premières modifications que ce droit eut à subir sous les deux premières races de nos rois; les changements que le système féodal dut nécessairement y apporter. Puis nous arriverons à ce moment où ce droit devient domanial; nous étudierons les améliorations successives que les progrès de la civilisation y amenèrent sous notre monarchie; et lorsque nous aurons exposé l'œuvre de la Constituante, l'ère nouvelle qu'elle a créée, imbu de toutes ces notions historiques, fort de l'expérience de tant de siècles, nous pourrons enfin entrer véritablement dans le cœur de notre sujet, exposer avec confiance l'œuvre de nos législateurs et embrasser jusque dans ses moindres détails la condition des étrangers à notre époque.

PREMIÈRE PARTIE

CHAPITRE PREMIER.

DES ORIGINES DE NOTRE DROIT SUR LES ÉTRANGERS.

Au moyen âge, quelques jurisconsultes, aveuglés par leur admiration pour le droit romain, dont les textes originaux venaient d'être découverts et remis inopinément à la lumière, ont prétendu donner à la plupart de nos institutions des origines toutes romaines, n'ont vu, dans le plus grand nombre de ces institutions, que des souvenirs de Rome transmis par les barbares à la féodalité. C'est ainsi qu'ils ont prétendu, en ce qui nous concerne, que toutes nos dispositions à l'égard des étrangers nous sont venues uniquement du droit romain; mais c'est là une erreur trop visible, trop évidente, pour que nous ayons besoin de nous y arrêter bien longtemps. — Que l'on se rappelle, en effet, quel était le droit romain lorsque les barbares firent irruption dans la Gaule; que l'on se souvienne combien ce droit s'était adouci, modifié, et l'on ne pourra hésiter un seul instant à reconnaître qu'il y a un abîme entre la condition de l'étranger à Rome et les rigueurs excessives auxquelles étaient soumis les étrangers sur notre sol, rigueurs que nous voyons établies dès les deux premières races de nos rois.

Bien des années, bien des siècles s'étaient écoulés depuis l'époque où Rome était si fière, si peu prodigue de son titre de citoyen romain, déjà, sous la République, de nombreuses concessions au droit de cité avaient été faites; sous l'Empire, ces concessions n'avaient fait qu'augmenter et s'accroître, car ce n'était plus à des villes, mais à des nations entières qu'on l'accordait; et, lorsque Caracalla arriva à la pourpre impériale, déjà la plus grande partie de l'Empire jouissait de tous les avantages que la Rome antique avait réservés à ses seuls enfants. Ce prince fit plus encore; il acheva l'œuvre de ses prédécesseurs : entraîné par sa cupidité, ne songeant qu'à remplir les coffres du Trésor, il donna le titre de citoyens à tous ceux qui ne l'avaient pas, et par-là tous les peuples qui se trouvaient *in orbe romano* devinrent citoyens de Rome. Il n'y avait donc plus, à cette époque, que les barbares qui n'étaient point encore soumis, qui ne jouissaient pas des avantages que la loi de Caracalla venait d'accorder; eux seuls se trouvaient régis par le droit des gens. Mais ce droit lui-même s'était bien modifié; il avait bien perdu de cette rigueur extrême que Rome naissante avait donnée à toutes ses institutions; sous l'influence de sa grandeur toujours croissante, de ses richesses augmentant sans cesse, Rome n'avait point tardé à perdre cette austérité, cette rudesse qui avait fait toute sa force; ses besoins devenant plus grands chaque jour, son commerce dut s'étendre, ses relations avec les autres peuples se multiplier, et son droit dut naturellement se modifier. Ce qui, du reste, contribua pour beaucoup à donner à cette partie du droit romain une forme plus humaine, plus équitable, ce fut d'abord la philosophie stoïcienne, les nouveaux principes qu'elle exposait avec tant de vigueur, les droits naturels de l'homme qu'elle soutenait avec tant de courage et de grandeur d'âme; mais ce qui, enfin, plus que toute autre chose, dut amener le triomphe de l'humanité dans cette partie de la législation romaine, ce furent les idées nouvelles, ces idées de charité et de fraternité qui, sous l'influence du christianisme, pénétraient de plus en plus dans l'esprit de tous les peuples civilisés.

Je pourrais montrer ici, par de nombreux exemples, combien le droit des gens s'était adouci dans l'empire romain, et combien la condition de l'étranger à Rome était supérieure à la condition où nous trouvons les étrangers sous les premiers siècles de notre monarchie, combien la douceur du droit des gens de cette époque était éloignée des rigueurs excessives auxquelles étaient soumis sur notre sol les étrangers, et que nous attestent d'une manière si éclatante tous les documents de ces temps reculés. Mais les quelques raisons que nous venons de donner suffisent largement pour prouver le fait que nous tenons à constater, les changements essentiels qui s'étaient faits à Rome dans cette partie de la législation, la différence extrême qu'il y avait, sur ce point, entre les lois romaines et les usages cruels que nous allons voir établis sur notre sol dès les premiers siècles de notre histoire; aussi nous n'insisterons pas davantage sur ce point. Mais ce que je tiens à faire remarquer, — car, pour moi, c'est une preuve évidente que notre droit sur les étrangers ne saurait avoir une origine romaine, — c'est la différence qui existe entre le pérégrin et l'étranger en France. À Rome, en effet, qui est étranger? C'est un habitant de la province, c'est un sujet de la République ou de l'Empire. En France, au contraire, c'est l'individu n'ayant aucun rapport avec la nation, c'est l'individu appartenant à une nation indépendante. Devant une différence si essentielle, peut-on admettre que ce fût le même droit qui dût régir ces deux cas si opposés, même que l'un pût tirer son origine de l'autre? — Sans doute je sais que, pendant longtemps, on donna en France le nom d'*aubain* à l'individu quittant son diocèse pour venir s'établir dans un autre diocèse, dans une autre province où il n'avait aucune relation, aucun rapport juridique, et que cet *aubain* avait quelques ressemblances avec le pérégrin romain; mais ce qui prouve qu'on ne peut tirer contre nous aucun argument de ce fait, c'est qu'il disparut précisément au moment où le droit romain vint à reparaître en France; c'est précisément au moment de la restauration de ce droit, au moment où l'on tendait à tout régler par lui, que cette désignation tend à disparaître et à ne plus s'appliquer qu'aux individus d'une nation étrangère.

Au surplus, en admettant que cette différence si essentielle du pérégrin et de l'étranger n'existe que dans notre imagination, en admettant que cette distinction du citoyen et du pérégrin, qui avait eu une importance si considérable dans les origines de Rome, se fût maintenue dans toute sa rigueur primitive; en admettant que nous la retrouvions dans le bréviaire d'Alaric qui, comme on le sait, régissait à cette époque les Gallo-Romains, devrions-nous en conclure que c'est cette distinction ainsi conservée qui passa dans les usages des barbares et qui devint la source de notre droit d'aubaine? Évidemment non, car ce serait nier le caractère de la conquête des Francs. — Je n'ai pas l'intention de retracer ici la conduite des barbares vis-à-vis du peuple qu'ils venaient de soumettre, ni la faiblesse et l'impuissance des Gallo-Romains en présence de leurs vainqueurs et de leurs maîtres; c'est un point, du reste, sur lequel j'aurai à revenir plus tard lorsque j'aurai à préciser les changements qui durent se faire dans la condition des étrangers qui se trouvaient chez les barbares après leur établissement dans la Gaule; il me suffira ici de citer un passage d'un auteur de cette époque, qui, mieux que tout ce que je pourrais dire, fera ressortir la situation des Gallo-Romains vis-à-vis des barbares, et montrera l'inanité de la pensée de ceux qui pourraient prétendre que les vainqueurs se sont soumis à la loi des vaincus. Voici ce passage :

« Nous autres Lombards, de même que les Saxons, les
« Francs, les Bavarois, les Souabes et les Burgondes, nous
« méprisons si fort le nom romain que, dans notre colère,
« nous ne savons pas offenser nos ennemis par une plus

« forte injure qu'en les appelant des Romains ; car, par ce
« seul nom, nous comprenons tout ce qu'il y a d'ignoble,
« de timide, d'avare, de luxurieux, de mensonger, tous
« les vices enfin (1). » Est-il probable, lorsque nous voyons
de semblables paroles et le mépris si grand dont les Germains semblent flétrir à plaisir leurs anciens ennemis, est-
il probable que les barbares vont se mettre sous la législation des peuples qu'ils ont vaincus et s'inspirer de leurs
lois ? Et puis, sans parler de l'impuissance, ou pour mieux
dire de la bassesse des Gallo-Romains, à qui auraient-ils pu
appliquer le droit des gens ? A qui auraient-ils pu imposer
la condition si rigoureuse qu'ils faisaient, prétend-on, subir
aux étrangers ? — A leurs vainqueurs.

Je n'insiste point davantage et je crois avoir suffisamment prouvé que notre droit d'aubaine n'a aucun rapport
avec le droit des gens de Rome, et que ce n'est point dans
les institutions romaines que nous devons chercher l'origine
des pratiques que nous voyons suivies à l'égard des étrangers dans notre ancien droit. Quelques auteurs ont prétendu voir cette origine dans la féodalité même, dans les
luttes que la royauté soutint contre les seigneurs féodaux
pour s'attribuer le droit d'aubaine; mais je ne cite cette
opinion que pour mémoire, car elle ne peut soutenir un
examen sérieux. Qui ne voit, en effet, que si la royauté et
la féodalité soutiennent une lutte acharnée pour s'attribuer
ce droit, c'est que ce droit existait avant et ne saurait
avoir pris naissance dans des luttes qui ne font que constater, en résumé, son existence antérieure et donner une
preuve de plus de l'antiquité de son origine ?

C'est jusqu'à l'époque germanique qu'il nous faut remonter pour trouver les origines de notre droit sur les étrangers; c'est au milieu des forêts de la Germanie, dans les

___

(1) *Luitprandus, In legatione*, tome II, p. 481.

tribus germaines, que nous allons voir poindre ces usages
si cruels, ces coutumes si rigoureuses qui devaient, en se
modifiant, donner naissance à notre droit d'aubaine. Mais,
pour bien nous pénétrer de ces origines, il va nous falloir
peindre en quelques mots les mœurs, le caractère de ces
hordes barbares, retracer quelle était leur constitution
sociale, politique, voir quel était ce système de fidéjussion
et de garantie réciproque qui rattachait les uns aux autres
tous les membres de la même tribu. Nous n'avons sur ces
époques que bien peu de documents historiques, nous en
sommes réduits à quelques fragments de lois barbares, à
quelques pages de César et de Tacite; mais, grâce à tous
ces ouvrages remarquables, qui sont venus illustrer la
première partie de ce siècle, il nous sera facile de faire ressortir le point qui nous intéresse particulièrement, le système de fidéjussion qui existait dans toutes les tribus germaniques.

CHAPITRE II

Les différentes peuplades qui erraient sans cesse dans les plaines immenses de la Germanie étaient partagées en tribus qui, elles-mêmes, se subdivisaient en une multitude de petites associations qui prenaient le nom de canton : *gau*, en langue tudesque, *pagus*, dans la langue romaine. César semble avoir soupçonné l'existence de ces associations, et lorsqu'il s'exprime ainsi : « *Magistratus ac principes in annos singulos gentibus cognationibusque hominum, qui una coierunt, quantum et quo loco visum est, agri attribuunt* », tout porte à croire que toutes ces associations dont il parle ne sont que ces corporations, ces cantons, qui sont comme la base de l'organisation sociale de ces peuples. Le canton n'était que la réunion de plusieurs hommes libres, liés entre eux soit par des symboles grossiers, soit même par la foi du serment pour se soutenir et se protéger mutuellement, pour assurer et garantir leur vie et leur propriété. Le caractère essentiel, le principe particulier sur lequel repose chacune de ces associations est celui d'une responsabilité réciproque, d'une fidéjussion entraînant des obligations actives et passives : la corporation est responsable de la conduite de chacun de ses membres : l'un d'eux a-t-il attenté à la vie, à la propriété d'un des membres de la tribu et n'a-t-il pas une fortune suffisante pour payer la composition de son délit, c'est la corporation qui doit payer le *wergeld* à celui dont le droit a été violé, ou à sa famille en cas de meurtre; car, nous le savons, dans les mœurs germaniques, toute offense, quelle que fût sa gravité, est toujours vengée par le payement d'un *wergeld*.

Chaque homme libre avait le droit d'entrer dans une de
ces associations; mais, on le comprend, la responsabilité
qu'encourait la corporation en recevant un nouveau membre
dans son sein, avait pour conséquence nécessaire de forcer
celui-ci à donner des garanties suffisantes : il fallait que ses
biens fussent assez nombreux pour répondre des délits
qu'il pourrait commettre; il fallait qu'il obtint l'assentiment
unanime des membres de l'association, qu'il fût libre et
capable de porter les armes, afin de pouvoir défendre la
cause commune. « *Arma sumere non ante cuiquam moris
quam civitas suffecturum probaverit* (TACITE, *Germ.*, § 13). »

Les membres de ces associations ne portaient point un
nom qui fût commun à tous les peuples de la Germanie;
nous voyons, chez les Lombards, qu'ils s'appelaient *Arri-
mani* ou *Hermanni*; *Friborgi* chez les Anglo-Saxons, et
Rachimburgi chez les Francs. Mais quel que soit le nom de
ces associations, quoiqu'il soit différent suivant les peuples,
nous n'en retrouvons pas moins dans chacune d'elles le
même caractère distinctif et particulier, ce principe de
garantie réciproque, cette charité mutuelle entre les asso-
ciés, charité excessive, hostile même à l'égard de tous ceux
qui ne font pas partie de l'association (1).

Ce système d'organisation sociale a tout lieu de nous
surprendre, et au premier abord, toutes les dispositions,
les lois de ces époques nous paraissent bizarres et singulières; mais lorsque nous nous reportons à ces siècles reculés, lorsque nous nous rendons compte de l'état social de
ces temps, toutes ces institutions ressortent vivement en
lumière, nous paraissent pleines de sagesse et de prévoyance, et nous pouvons nous expliquer cette singulière
organisation. Dans une pareille société, en effet, l'autorité
publique n'existe pour ainsi dire pas encore; tout à la fois

---

(1) Aug. THIERRY, *Temps mérovingiens*, tome I, p. 205 et suivantes.

impuisante et inhabile, elle doit tendre à se débarrasser d'une partie de sa responsabilité, à se décharger sur les plus intéressés du poids d'un fardeau qu'elle est incapable de supporter à elle seule. Ne se sentant pas la force suffisante, se voyant dans l'impuissance de faire exécuter ses volontés, le pouvoir se repose sur les influences locales pour maintenir l'équilibre, n'étant point assez fort pour protéger chacun, assurer la paix et la tranquillité, il fait tous ses efforts pour que les hommes s'unissent, réunissent leurs intérêts en un seul faisceau, afin de se protéger eux-mêmes; convaincu de l'impuissance où il serait de punir le coupable, il préfère un système de responsabilité générale qui lui assure que le coupable ne saura échapper au châtiment.

Considérée à ce point de vue, toute cette organisation s'explique et se comprend aisément et ce qui prouve à l'évidence que c'est bien là la cause, la raison de tout ce système de garantie réciproque, c'est que nous retrouvons dans la constitution de la famille germanique, une organisation identique. Ainsi, le père de famille est responsable aux yeux de la loi, non-seulement de sa femme et de ses enfants qui vivent dans sa maison : *Et quilibet habeat familiam suam in propria sua fidejussione* (1); mais encore de ses esclaves : *Si quis servus furaverit quod valent XL denarii, castretur; dominus vero servi... capitale et delaturam in loco restituat* (2). Bien plus, le père de famille est tenu de répondre de toutes les personnes qui, de près ou de loin, se trouvent sous son autorité, qu'elles habitent dans sa maison ou qu'elles résident sur ses terres. Ainsi, nous le voyons, dans toutes les institutions de cette époque, le caractère dominant et pour ainsi dire unique, est une

---

(1) *Leg. Æthelredi reg.*
(2) *Leg. Sal. Antiq.*, XIII, 2.

garantie suffisante exigée de chacun, afin, autant que possible, d'assurer l'ordre et de protéger la propriété.

Je regrette d'avoir été obligé d'entrer dans d'aussi grands détails sur l'organisation sociale des Germains, mais il me paraissait indispensable de la préciser, pour bien faire comprendre quelle devait être la condition de l'étranger à cette époque. C'est cette condition qui va uniquement nous occuper. Cependant, avant que de la déterminer, constatons un fait qui me paraît évident : c'est le petit nombre d'étrangers qu'il devait y avoir parmi ces hordes barbares. Au milieu de ces masses sans cesse en mouvement, les voyageurs devaient être bien peu nombreux, et le commerce qui aurait pu amener parmi les Germains quelques marchands étrangers n'existait en aucune manière; car, loin de favoriser le commerce, les barbares, nous dit Montesquieu (1), ne le regardaient que comme un objet de leur brigandage; et quand ils venaient sur les côtes, ce n'était point pour recevoir les produits d'une industrie lointaine, mais pour piller les malheureux échappés au naufrage.

Ce fait étant établi, voyons enfin quelle pouvait être la condition des malheureux perdus dans les forêts de la Germanie. Le nom de *Warganeus*, *Gargangus*, que nous leur voyons appliqué à cette époque, suffit à lui seul pour nous expliquer le sort qui les attendait, car Grimm, dans l'étymologie qu'il nous donne de ce mot, nous apprend qu'il signifiait : proscrit, banni, vagabond. La condition des étrangers devait donc être des plus rigoureuses, et pouvait-il en être autrement? Nous avons vu quelles précautions extrêmes l'autorité avait été obligée de prendre, même à l'égard de ceux qui relevaient directement d'elle, qui se trouvaient immédiatement sous son pouvoir; quelles précautions ne devait-elle prendre, quelles lois ne

---

(1) *Esprit des lois*, liv. XXI. chap. XVII.

devait-elle porter contre ceux qui, libres de tout lien, ne reconnaissaient pas son pouvoir ? Concentrer tous les éléments mobiles et hétérogènes qui composaient cette société barbare, les rattacher à la famille, les retenir par l'intérêt, tel paraît avoir été le but des chefs de toutes ces tribus ; comment avec de semblables pensées auraient-ils pu protéger des individus qui, ne se donnant à personne, ne s'attachant nulle part, ne pouvaient être qu'un sujet de trouble dans le sein de la tribu ? Aussi voyons-nous toutes les lois barbares impitoyables pour tous ces gens sans aveu, et sans cesse occupées à les proscrire et à en débarrasser la société naissante. La crainte qu'ils inspiraient aux Germains était même poussée si loin, que nous voyons ceux-ci mettre en état de suspicion tous ceux qui n'appartenaient à personne, et édicter contre eux des lois les plus rigoureuses : *Et statuimus de hominibus domino carentibus* A QUIBUS NULLUS JUS SUUM OBTINERE POTEST, *ut oretur cognatio eorum ut eos ad jus gentium adducant et dominus iis inveniant in conventu populi ; et si hoc tunc adquirere nolint vel non possint ad hunc terminum, tunc sit postea fugitivus et pro fure eum capiat quisquis in eum inciderit. Et si quis, hoc non obstante, illum hospitio excipiat, compenset eum capitis ejus estimatione vel ipsum hoc modo excuset* (1). Je ne saurais trop insister sur ce texte, et sur l'idée qu'il contient, car c'est à elle que je rattacherai toutes les dispositions des lois barbares sur les étrangers, c'est à elle que je rattacherai l'origine de notre droit d'aubaine.

Il est évident, en effet, que toutes ces lois, ces dispositions rigoureuses que nous voyons édictées contre ces gens sans aveu, contre ces hommes *a domino carentes*, devaient également s'appliquer aux étrangers. Car, par le seul fait que le *Warganeus* ne pouvait entrer dans l'une de ces associations qui formaient la base de toute l'organisation

______

(1) *Leg. Æthelstani*, 2.

sociale de la Germanie, il devait arriver nécessairement qu'il n'avait droit à aucune garantie, qu'il ne pouvait prétendre à aucun des droits civils et politiques, qu'il ne pouvait jouir de la protection que donnait tout le système de fidéjussion que nous avons vu établi. N'offrant aucune garantie, n'ayant personne pour répondre de lui, le *Warganeus* ne pouvait être qu'un objet de crainte et de méfiance et lorsque nous songeons au caractère farouche et superbe, aux mœurs guerrières et indomptées des Germains, nul doute que la vie du *Warganeus* devait compter pour bien peu de chose, lui qui n'avait pas de juge pour lui servir de protecteur, lui dont la mort n'entraînait pas le payement d'un *wergeld*, puisqu'il ne faisait pas partie des *Raschimburgi*. Ce n'est pas que je veuille dire que le *Warganeus* dût nécessairement être mis à mort; mais, en admettant même qu'il parvînt à avoir la vie sauve, nul doute qu'il ne devait devenir la proie du plus fort et tomber en esclavage; faible, isolé devant la force brutale, il ne devait avoir d'autre ressource pour échapper à la mort qu'à se livrer à merci, qu'à se faire esclave, qu'à acheter la vie au prix de sa liberté.

Que l'on ne croie pas, du reste, que ce soient là de simples conjectures, de pures hypothèses que nous faisons à plaisir; cette condition si rigoureuse des étrangers ne nous est que trop bien prouvée par les quelques documents de ces époques; et les quelques lois de ces temps reculés qui sont arrivées jusqu'à nous, nous montrent que chez les Francs il fallait être admis parmi les *Raschimburgi*, si l'on voulait éviter le sort réservé aux serfs de la glèbe. Un passage de l'agiographe Meginhard nous montre qu'il en était de même chez les Saxons : *Peregrinum qui patronum non habebat vendebant Saxones* (1). Enfin, les lois de Canut le

***

Grand ne peuvent nous laisser aucun doute à cet égard,
car, de toutes les lois qui nous sont parvenues de ces temps
reculés, ce sont bien celles qui reflètent le mieux les institutions des vieilles tribus germaniques, et voici ce que nous
y trouvons : *Volumus ut quilibet homo in centuriam et de-
cemviratum conferatur, qui excusatione vel capitis æstima-
tione dignus esse velit, ut quilibet in centuriam et ad fidejussionem ducatur et fidejussionem ibi servet et ad quod cumque
ducat* (1).

Tous ces textes sont certainement bien positifs, et quand
nous les rapprochons des mœurs de cette époque, de l'organisation sociale des Germains, ils nous attestent d'une
manière bien évidente cette condition si rigoureuse de l'étranger, que nous avons essayé de dépeindre, cette condition
tendant à disparaître dans l'esclavage. Cependant, il faut
l'avouer, il existe quelques textes qui paraissent démentir
le système que nous venons d'exposer, et qui semblent
établir que nulle part les étrangers n'étaient mieux accueil-
lis, n'étaient traités avec plus de considération que chez les
Germains. Un passage, en effet, de Tacite, ainsi qu'un
fragment de la loi des Burgondes, semblerait donner quelque fondement à cette opinion : mais ces textes tout opposés qu'ils nous paraissent, ne sauraient guère nous embarrasser. Voici ce que nous dit Tacite : *Convictibus et hospitiis
non alia gens effusius indulget ; quemcumque mortalium arcere
tecto nefas habetur..... Notum ignotumque, quantum ad jus
hospitii, nemo discernit* (2). Ce texte est, je l'avoue, aussi
formel que possible, mais il ne saurait me convaincre, car,
en pareille matière, on ne saurait mettre trop de réserve
à accepter l'opinion de Tacite. Que l'on se souvienne,
en effet, quel était le principal but que se proposait
dans tous ces écrits l'immortel peintre de la décadence

____

(1) *Lois de Canut le Grand*, cap. XIX.
(2) *Germanie*, § 22.

romaine; que l'on se souvienne qu'il ne cherchait qu'à stigmatiser les vices qu'il avait sous les yeux, à faire tous ses efforts pour régénérer cette société corrompue, et l'on pourra admettre, sans trop de crainte de se tromper, qu'en faisant une pareille peinture de l'hospitalité germaine, Tacite n'avait d'autre but que de faire un contraste humiliant, pour faire mieux ressortir les vices de la Rome impériale. Du reste, il faut bien se garder de croire que toutes les lois germaniques étaient uniformes sur les pratiques à suivre à l'égard des étrangers et que ceux-ci y étaient également traités avec la même rigueur; nous allons voir, au contraire, dans quelques instants, les traces d'un droit bien moins haineux, même de faveurs fort grandes accordées à l'étranger, et il est possible que, trompé par les dispositions des anciens codes barbares sur les émigrants, Tacite n'ait fait que prendre l'exception pour la règle, quelques cas isolés pour une habitude, une coutume générale.

Je laisse donc de côté ce passage de Tacite que l'on peut interpréter de bien des manières, et auquel, selon moi, on a donné beaucoup trop d'importance, pour arriver tout de suite à un second texte qui paraît en opposition avec les idées que nous avons émises : je veux parler de la loi des Burgondes. Cette loi, en effet, dans son titre XXXVIII § I, prononce une amende de trois sous d'or contre quiconque a refusé son toit à un étranger. Mais l'objection qui paraît ressortir de cette disposition n'est point, en vérité, sérieuse, et ce texte, loin de nous être défavorable, est une preuve de plus du fait que nous avons avancé, du manque complet d'hospitalité qui existait chez les Germains, car si cette hospitalité si grande, cette vertu si en honneur dont nous parle Tacite avait été réellement dans les mœurs de nos ancêtres, quel besoin, quelle nécessité y aurait-il eu de faire des lois à cet égard, de prendre à ce sujet des dispositions aussi sévères? Cette loi, inspirée sans doute par les idées de

christianisme naissant alors chez les Barbares, ne nous
paraît avoir qu'un seul but : détruire précisément ces coutumes déjà ancrées dans les mœurs de nos ancêtres, empêcher que l'*advena* ne devînt la proie du premier occupant,
et ce qui nous le prouve à l'évidence, c'est l'*additamentum
secundum* de cette loi, disposition qui, certes, n'a pas besoin
de commentaires et qui est ainsi conçue :

« Tout étranger qui viendra dans notre pays avec dessein
« d'y fonder son habitation, pourra le faire où bon lui sem-
« blera; et qu'aucun ne s'imagine avoir le droit de faire un
« esclave de cet étranger, ou même n'ose nous demander
« de le déclarer son esclave ».

Je n'insiste pas; cette disposition suffirait à elle seule
pour établir et soutenir tout le système que nous avons
exposé.

Ainsi nous pouvons, sans crainte de nous tromper, poser
en principe ce fait général : l'étranger, dans ces époques
barbares, n'est et ne peut être qu'un esclave. Maintenant
que cette règle générale est bien établie, disons quelques
mots des exceptions qu'il pouvait y avoir, car, comme nous
avons eu déjà l'occasion de le faire remarquer, les lois germaniques n'étaient pas uniformes en cette matière, et quelques exceptions semblent être venues adoucir la rigueur du
droit ou plutôt du fait avec lequel les étrangers étaient
traités. Ces exceptions ne sont, d'ailleurs, que la conséquence nécessaire des rigueurs établies contre les *advenæ*.
— Quelle était, en effet, la cause de toutes ces rigueurs ?
Nous l'avons vu expliqué d'une manière formelle dans le
texte de cette loi d'Æstheltani que nous avons déjà citée;
la cause en était uniquement que l'étranger, n'ayant personne qui pût répondre de lui et de ses actes, était en
quelque sorte en dehors de la loi et de la société. Mais que
cet étranger parvînt à trouver un répondant, un garant qui
pût payer le *wergeld*, un hôte sous l'avouerie duquel il se
place, l'autorité n'a plus rien à craindre, ses rigueurs n'ont

plus lieu d'exister. Aussi voyons-nous que du jour où l'étranger est parvenu à trouver un patron parmi les membres de la tribu, de ce jour, la loi cesse de le traiter en ennemi : *Et ad majorem securitatem fovendam ordinavit insuper et præcepit quod nullus extraneus in forensecum capitis villæ aut in suburbio hospitetur, nisi hospes ejus pro eo voluerit respondere* (1). Du moment que l'étranger s'est mis sous l'avouerie d'un hôte, sa faiblesse ne court plus aucun danger, l'hospitalité le couvre de son égide, lui assure aide et protection. Maintenant, à quelles conditions cette avouerie avait-elle lieu? Comment se faisait-elle? C'est ce que nous ignorons, car nous ne trouvons sur ce point aucun document qui puisse nous éclairer; tout ce que nous savons, c'est que le Germain qui recevait pendant plus de trois nuits un étranger, le prenait par ce seul fait dans son avouerie, et répondait de lui : *Si quis advenam tribus noctibus hospitio exceperit in propria sua domo mercatorem aut alium qui extra limitis advenerit et cum ibi suo cibo aluerit et is tum alicui, malefecerit, ipse alterum illo judicio sistat aut rectum perdat* (2). Il paraît même ressortir d'un passage de la loi salique, qu'il n'était pas toujours nécessaire que l'étranger eût trouvé un garant parmi les membres de l'association, il suffisait qu'il eût séjourné sur le territoire de la tribu pendant un an et un jour, sans l'opposition d'aucun des membres de cette tribu; mais dans ce cas, la volonté d'un seul suffisait pour le contraindre à partir : *Si quis admigravit et ei aliquis infra duodecim menses nullus testatus fuerit, ubi admigravit, securus alii vicini consistat* (3).

Il ne faut pas non plus se faire illusion sur ces dispositions favorables accordées à l'étranger, et croire, parce qu'il n'est pas réduit en esclavage, que sa condition est identique

---

(1) *La Heta*, LI, cap. xxiv, § 24.
(2) *Loi d'Edric*, § 15.
(3) *Lex Salica*, tit. XLV, *De migrantibus*, 2.

à celle de l'homme libre de la tribu germanique. Il s'en faut de beaucoup; car, bien qu'il ait un patron, il ne fait pas partie de l'association et ne peut porter les armes, la framée, cet apanage de l'homme libre, du *bene Francus*. — D'autre part, il n'est pas compté parmi les membres de la tribu pour la distribution de la terre et des biens que les chefs font chaque année; il ne peut pas posséder cette terre salique, *quam homo potest in lecto suo languens legare ;* il ne peut pas jouir des modes de transmission de biens en usage à ces époques; il ne peut pas s'unir en légitime mariage avec une femme germaine.

Telle est, en quelques mots, la condition la plus favorable que l'étranger pouvait acquérir au milieu de ces hordes barbares : ce n'est plus l'esclavage, mais ce n'est pas encore la liberté, car il ne jouit d'aucun des avantages de l'homme libre.

CHAPITRE III.

On pourrait croire que l'établissement des Francs dans la Gaule dut amener de nombreuses et sensibles modifications à la condition que les étrangers avaient de l'autre bord du Rhin, que les changements que la conquête a faits dans les mœurs, le caractère, les institutions de nos pères, durent également se faire dans cette partie de leurs coutumes, mais il n'en est rien, car les préjugés que nous avons vus établis dans le sein de leurs tribus étaient trop invétérés pour qu'ils pussent ainsi disparaître tout d'un coup; et si nous apercevons quelque adoucissement dans les rigueurs avec lesquelles ils traitaient les étrangers, ces adoucissements sont plus apparents que réels, existent plus dans les lois que dans les faits. Pouvait-il, du reste, en être autrement, dans ce chaos de tous les éléments, dans l'enfance de tous ces systèmes, dans ces luttes sans cesse renouvelées et sans but apparent? Ce n'était certainement pas au milieu de cette transition laborieuse de la vie errante à la vie sédentaire, des relations personnelles aux relations combinées des hommes et des propriétés (1), que l'étranger pouvait espérer faire sa condition meilleure. Aussi, malgré toutes les lois de faveur et de protection dont les rois de la première et de la deuxième race semblent avoir voulu les entourer, nous allons les voir dans une situation à peu près identique à celle où

----

(1) Guizot, *Histoire de la civilisation en Europe.*

nous les avons vus lorsque les Francs n'avaient point encore passé le Rhin.

Nous n'avons pas à considérer ici quel fut le caractère réel de la conquête des Francs; car pour le sujet que nous avons à traiter, il nous importe peu de savoir si les barbares n'entrèrent et ne s'établirent en Gaule qu'en acceptant l'alliance et la domination de l'Empire, ou s'ils ne s'y fixèrent que par droit de conquête; aussi passerions-nous certainement ce fait sous silence si Canciani et Montesquieu (1) n'avaient prétendu y voir l'origine de notre droit d'aubaine. Ces auteurs, en effet, prétendent qu'en s'établissant dans la Gaule, les Francs s'emparèrent de toutes les terres, et que s'ils en laissèrent une partie entre les mains des Gallo-Romains, ce ne fut qu'à titre de *dominium in bonis,* et comme conséquence nécessaire, sous l'obligation de n'en point disposer par testament et de ne les laisser qu'à leurs enfants légitimes. C'est dans ce fait que ces auteurs prétendent voir le premier germe de notre droit d'aubaine, car, selon eux, les Gallo-Romains n'auraient été, aux yeux des barbares, que des étrangers, et en cas de mort sans descendance légitime, leurs biens seraient revenus au fisc.

Nous espérons avoir assez bien montré quelles sont les origines véritables de ce droit pour qu'il nous soit nécessaire de nous arrêter et de réfuter un système si étrange, si en opposition avec toutes les notions, tous les documents de ces époques; car, en admettant que le fait sur lequel repose tout ce système soit exact, nous ne saurions y voir que l'application d'un principe déjà connu chez les barbares : que toute propriété vient de l'État et qu'elle doit retourner à l'État quand elle est vacante. Nous voyons, en effet, dans

---

(1) *Canciani-Barbaro leg. Ant.,* vol. V. *Monitum,* p. 7. MONTESQUIEU, *Esprit des lois,* liv. XVI, chap. XVII.

la loi Salique et dans la loi des Ripuaires, que les biens en déshérence revenaient au Roi (1).

Mais revenons à l'établissement des Francs dans la Gaule. Tant que les Francs étaient restés dans la Germanie, ils n'avaient pour ainsi dire pas connu la propriété, s'arrêtant là où ils trouvaient une nourriture facile pour leurs familles et leurs troupeaux; ils y restaient jusqu'au jour où leur humeur vagabonde et nomade les poussait vers de nouveaux pays; mais quand ils eurent pénétré dans la Gaule, quand ils eurent vaincu les Gallo-Romains, ils semblent vouloir s'arrêter, vouloir s'établir; ils se partagent leurs nouvelles conquêtes, ils deviennent propriétaires; et à la place de cette ancienne institution par associations, qui tend peu à peu à disparaître, vient se substituer une organisation nouvelle fondée uniquement sur la propriété; le chef s'établit sur les terres qui lui sont échues dans le partage, autour de lui viennent se ranger ses anciens compagnons, maintenant ses leudes, et un nouveau lien vient les rattacher les uns aux autres. C'est le principe de la féodalité qui, apporté de la Germanie, commence à pousser ses racines sur notre sol.

Les Francs, en pénétrant dans la Gaule, s'étaient trouvés en présence d'une nation arrivée à un degré de civilisation déjà fort avancé, ayant une organisation des plus complètes, jouissant de tout un système de lois des plus remarquables; aussi ne purent-ils avoir la pensée de détruire ou tout au moins d'expulser tous ces habitants qu'ils avaient trouvés sur le territoire dont ils venaient de s'emparer; ils se contentèrent de leur enlever une grande partie de leurs possessions territoriales et leur laissèrent la complète disposition de tout ce qu'ils n'avaient point pris; ils leur accordèrent la faculté de se régir d'après les lois qui les avaient

---

(1) *Loi Sal.,* tit. LXV et LXXIII. *Loi des Rip.,* liv. LVII et LXI.

6.

régis jusqu'à ce jour. Les vaincus continuèrent donc à former une nation à part, à conserver leurs libertés et leurs lois : le système de la personnalité des lois venait de s'établir sur notre sol. Ce système, qui devait avoir une si grande influence sur nos institutions à ces époques, ne pouvait manquer de prendre une grande et rapide extension, et la soumission des Burgondes, des Goths, de toutes les nations, en un mot, qui se trouvaient en Gaule lors de la conquête des Francs, ne firent qu'y apporter une force nouvelle et le faire pénétrer de plus en plus dans les mœurs et les coutumes de nos ancêtres; aussi voyons-nous que ce système était encore dans toute sa vigueur dans le septième siècle, si nous nous en rapportons au formulaire que Marculf met dans la bouche d'un de nos rois : « Tu commanderas tous les peuples qui existent dans ton comté, mais tu auras soin de ne faire appliquer à aucun une autre loi que la sienne. » Si nous envisageons maintenant quelles étaient les conséquences de ce système, nous voyons que c'était non pas à la loi territoriale, mais à la loi du possesseur qu'étaient soumises toutes les propriétés, l'alleu étant naturellement mis de côté, puisque le Franc seul était capable de le posséder. Quant à la capacité et aux droits de chaque individu, ils étaient régis par la loi de sa nation : les Francs par la loi Salique, les Gallo-Romains par la loi romaine, les Wisigoths, les Burgondes, les Allemands par leur droit national. Il y avait donc autant de lois que de peuples; mais il ne faut pas croire que tout individu pût choisir à son gré la loi sous laquelle il voulait se placer, qu'un étranger, qu'un Scott, par exemple, pût invoquer sa loi naturelle où tout au moins pût venir se mettre sous la loi des Burgondes et exiger qu'on lui appliquât les dispositions de cette loi. Plusieurs auteurs cependant, Muratori entre autres, ont prétendu que tout individu pouvait choisir la loi sous laquelle il voulait vivre, que le système de la personnalité des lois était général et ne supportait aucune exception. Ces auteurs croient voir la preuve de leur opinion dans ce qui se passait en Italie. Dans ce pays, en effet, la personnalité existait comme dans la Gaule, mais y trouvait une application beaucoup plus difficile, et cela par la raison même de la multiplicité des peuples qui avaient envahi cette malheureuse contrée. Le premier soin dans chaque contestation était de déterminer la nationalité de chacune des parties, afin de savoir exactement quelle était la loi qu'on devait appliquer. Chacune des parties devait justifier de sa nationalité et indiquer la loi qui la régissait; mais, on le comprend, au milieu de toutes ces invasions, de tous ces événements, il n'était pas toujours facile de bien savoir sous quelles lois on vivait, et nous voyons, en 814, Lothaire demander aux Romains sous quelles lois ils voulaient vivre : *Volumus ut omnis senatus et populus Romanus interrogetur quali vult lege vivere et sub ea vivat.* C'est sur ce capitulaire que se fondent ces auteurs pour prouver que chacun, en Italie, pouvait choisir la loi qui lui convenait, et sur ce texte de la loi Salique : *Si quis ingenuus Francum aut hominem qui lege Salica vivit occiderit,* pour soutenir que ce système était suivi en France.

Ces auteurs me paraissent s'être singulièrement mépris sur le sens et la portée de ce capitulaire que nous venons de citer. Qu'on le considère, en effet, attentivement; qu'en ressort-il? Que ce n'est pas à un individu, mais à une nation entière qu'il s'adresse; que l'on ne dit pas, — comme l'a fait si bien remarquer M. de Savigny (1), — que l'on ne dit point aux Romains : Choisissez sous quelles lois vous voulez vous placer, mais bien : De quelle nation êtes-vous? Quelle loi faut-il vous appliquer? — Fatigué, sans doute, de toutes les variations qui se faisaient à Rome, Lothaire ne veut que mettre un terme aux difficultés cons-

---

(1) SAVIGNY, *Histoire du Droit romain au moyen âge,* tome I, p. 164 et suivantes.

tantes auxquelles devaient donner naissance toutes ces variations, toutes ces incertitudes; il n'accorde pas un droit d'option aux Romains, il veut seulement qu'ils fassent le choix d'une loi unique.

Quant au texte de la loi Salique, il est aussi peu concluant, car, pour lui donner une valeur, il faut interposer le mot *barbarum;* ce n'est qu'alors qu'on peut y trouver la preuve de trois classes de personnes : le Franc, le barbare, l'homme : *qui lege salica vivit.* Mais ce n'est pas avec une interpolation, quand tout au contraire semble s'y opposer, que l'on peut fonder et soutenir un semblable système. Et nous croyons pouvoir affirmer, sans crainte de nous tromper, que le système de la personnalité des lois ne s'appliqua jamais qu'à ceux qui étaient déjà établis en Gaule lors de la conquête; qu'il avait été concédé à des peuplades entières et jamais à des individualités.

Le fait principal qui ressort de ce que nous venons de voir jusqu'ici, c'est le changement qui dut se faire dans l'esprit des Francs sur la qualité même d'étranger. Jusqu'à ce jour, les Francs avaient considéré comme étranger l'individu ne faisant pas partie de leurs associations, de leur *gau;* mais du moment qu'ils se furent établis, qu'ils eurent acquis un territoire, qu'un État eut commencé à se former, ils ne purent voir des étrangers dans ceux-là mêmes qu'ils venaient de soumettre, dans ces peuples dont ils venaient de prendre le territoire. Pour eux, à partir de ce jour, l'étranger ne fut plus l'individu ne faisant pas partie de l'une de leurs associations, mais l'individu n'appartenant à aucune des nations établies dans la Gaule, à aucun des peuples qui, quoique soumis aux Francs, avaient conservé leurs lois personnelles.

Le sens du mot *étranger* était changé; en était-il de même de sa condition? Non; nous allons retrouver dans cette époque les mêmes vexations, les mêmes rigueurs que nous avons vues établies dans l'époque précédente. Du

reste, on s'occupe encore rarement de l'étranger individuellement; les documents historiques ne parlent que de grandes
masses, d'Écossais, d'Espagnols, de pèlerins, de marchands;
il n'y a pas encore de lois sur l'étranger, ce n'est toujours
qu'une coutume, ce n'est toujours que la vieille tradition
germanique transplantée dans la Gaule; la condition de
l'étranger est toujours le servage. Au milieu de cette confusion générale de peuples, au milieu de ce conflit de situa-
tions, de principes, de races et d'intérêts différents, l'étranger devait naturellement être sacrifié; dans cette société
fondée principalement sur l'esclavage, où l'esclave ne
cherche qu'à briser ses chaînes et le maître qu'à l'y retenir, il dut forcément y avoir une présomption légale
d'esclavage contre l'individu sans famille, contre l'étranger
isolé et sans appui. L'étranger ne pouvait être considéré
que comme un esclave fugitif et était traité en conséquence;
on commençait par le mettre à la torture : *Disculiendum
judici præsentet ut cujus sit adhibitis tormentis fateatur* (1);
puis on le réduisait à la condition d'esclave, de colon ou
de serf de la glèbe.

Cependant, à côté de ces textes nous attestant d'une
manière si positive la condition abjecte de l'étranger, nous
en trouvons d'autres, au contraire, qui semblent nous
montrer un droit bien moins rigoureux. C'est, d'abord,
cette même loi des Burgondes dont nous venons de parler
il y a quelques instants : elle punit d'une amende celui qui,
au lieu de donner l'hospitalité à un étranger, lui indique
la maison d'un Romain : *Si in causâ privata iter agens ad
Burgundionis domum venerit et hospitium petierit, et ille
domum Romani ostenderit, inferat illi cujus domum ostenderit, solidos tres; et multæ nomine solidos tres* (2). C'est

---

(1) *Loi des Burgondes*, tit. XXXIX, § 1.
(2) *Loi des Burgondes*, xxxviii, 6.

encore la loi des Bavarois (1), dont la disposition est reproduite dans un capitulaire de Dagobert de 630, qui punit les injures faites à un étranger, ou le meurtre d'un étranger, d'une peine double de celle infligée pour les mêmes crimes commis contre un indigène ; enfin, nous retrouvons de semblables dispositions dans les lois des Francs saliens et des Ripuaires (2). — Faut-il conclure de tous ces textes que toutes les anciennes idées germaniques étaient disparues et qu'un droit plus clément venait enfin briller pour les *advenæ* ? — Nous ne le croyons pas, et c'est dans l'état social de cette époque que nous allons trouver le caractère véritable de ces institutions.

Les rois Francs, en pénétrant dans la Gaule, se laissèrent aller rapidement à l'influence des idées romaines ; comprenant la valeur des maximes et des principes du gouvernement impérial, ils essayèrent de continuer en leur faveur tout le système qu'ils avaient trouvé établi dans la Gaule. Leur premier soin fut de résister aux institutions germaniques, de mettre un frein à cette liberté effrénée des Francs, qui ne pouvait être pour eux qu'un obstacle, qu'une menace. Ne cherchant qu'à augmenter son pouvoir, à en reculer les limites, à en faciliter l'exercice, la royauté mérovingienne ne vit, pour arriver à ce but, de moyen plus sûr que la codification des lois barbares ; et, sans nul doute, c'est sous son influence que nous voyons les lois saliques et ripuaires remaniées, changées et recevant toutes ces modifications altérant l'ancien droit germanique. Sous l'influence des idées romaines et du christianisme, la royauté semble vouloir réagir contre la barbarie, contre les vices mêmes de sa constitution, elle s'efforce de mettre l'ordre par tous les moyens possibles (3) ; elle ne se con-

---

(1) *Loi des Bavarois*, liv. III, chap. xiv, §§ 1, 2, 3.
(2) *Loi Salique*, 43, 7. — *Loi des Ripuaires*, 36, 3.
(3) Décret de Childebert II, de l'an 596.

tente pas d'édicter les peines les plus sévères pour mettre un terme aux homicides, aux rapts, aux vols qui, jusqu'à ce jour, n'avaient donné lieu qu'à une composition, elle punit encore ceux qui maltraitent les malheureux sans aveu; sentant le besoin, la nécessité de s'appuyer sur des hommes libres, elle veut arrêter l'esclavage, elle fait tous ses efforts pour arracher l'étranger à la servitude. Mais les guerriers Francs se montrèrent bien plus rebelles que leurs rois à l'influence des idées romaines; conservant toujours leur fière et dédaigneuse indépendance, ils semblent regretter, au sein de leur conquête, cette vie sauvage qu'ils avaient jusqu'alors menée, ils tâchent d'en reproduire l'image en perpétuant dans la Gaule leurs pillages et leurs dévastations. Frissonnant sous le joug que leurs rois semblent vouloir leur imposer, c'est à peine si quelques milliers de Francs reçoivent le baptême avec Clovis; le plus grand nombre se refuse de se plier aux idées du christianisme et se renferme dans le paganisme le plus grossier. Ils s'indignent de tous ces décrets qui viennent leur enlever ces anciens priviléges qu'ils avaient exercés sans scrupule dans leurs forêts d'outre-Rhin; ils résistent et s'attachent de plus en plus à ces vieilles coutumes qu'ils avaient apportées avec eux. Les rois avaient bien édicté de nouvelles lois, mais, comme ces lois n'avaient pas été proposées au *Maalberg*, qu'elles n'avaient pas été faites dans une de ces réunions périodiques de la nation, sous les yeux et avec le concours de tous, les Francs refusaient de les reconnaître et n'en persévéraient pas moins dans leurs anciennes coutumes. Les rois, pour protéger les étrangers, avaient pu faire des lois pleines de douceur et d'humanité, les Francs n'en continuaient pas moins leurs cruels et barbares usages.

Ce qui prouve encore d'une manière plus péremptoire cette lutte constante entre l'opinion et le législateur guidé par un principe d'humanité, ce qui fait encore mieux ressortir cette condition de l'étranger garantie par l'autorité et sans cesse menacée, attaquée par le préjugé national, ce sont les lois postérieures, ces dispositions que les rois de la seconde race sont obligés de prendre pour venir au secours des malheureux *advenæ*. Nous trouvons, en effet, une loi que Louis le Débonnaire est obligé de faire pour protéger les Espagnols qui, chassés par les Musulmans, étaient venus chercher un refuge en France et qui n'y avaient trouvé que la servitude : *Ita ad omnium vestrum nostitiam pervenire volumus quod eosdem homines sub protectione et defensione nostra receptos in libertate conservare decrevimus* (1). C'est encore le même motif d'humanité et de protection que nous trouvons dans un capitulaire de Charles le Chauve, de 853 : *De advenis qui oppressione nortmannorum vel britannorum in partes istorum regni ·), confugerunt statuerunt seniores nostri ut a nullo reipublicæ ministro quamcumque violentiam vel oppressionem aut exactionem patiantur; sed liceat eis conductum suum quærere et habere, donec ipsi redeant ad sua loca, aut seniores illorum eos recipiant. Nullus autem eos invenire præsumat, eo quod loco mercenarii apud aliquem manserint, nec censum aut tributum exigere. Quod si inventus fuerit ex reipublicæ ministris aut aliis quibuslibet contra hoc pietatis præceptum facere aut fecisse, bannum dominicum exinde componat* (2). Nous pourrions encore citer bien d'autres textes dans ce sens, mais ceux-ci suffisent largement pour nous prouver que même à cette époque où les Francs étaient définitivement établis sur leur conquête, où une nouvelle organisation était venue remplacer leurs anciennes institutions, ils n'avaient rien changé à leur manière de traiter les étrangers. A quoi bon, en effet, toutes ces dispositions législatives, si

---

(1) BALUZE, tome I, p. 500.
(2) BALUZE, 2, 66, 9.

— 91 —

la coutume de réduire les *advenæ* en esclavage n'existaient
pas encore à cette époque?

Mais ce n'est pas seulement sur ce point que les anciennes
idées germaniques s'étaient perpétuées sur le sol de la
Gaule, nous les retrouvons encore dans un autre point non
moins important : nous voulons parler des *recommandations*.
Nous avons vu qu'en Germanie le seul moyen qu'eût l'étranger d'éviter l'esclavage, était de trouver un patron dans
le *pagus*, de se mettre sous l'avouerie d'un guerrier; il en
est de même en Gaule : si l'étranger veut conserver sa
liberté, il doit se mettre sous la recommandation d'un
Franc; le nom est changé, mais l'institution est toujours la
même. De même que l'avouerie avait été le seul refuge de
l'étranger isolé et sans appui, pour se mettre à l'abri des
rigueurs grossières et farouches des Germains, de même la
recommandation est le seul refuge des faibles pour se sauver
de l'abus des forts et de la famine. C'est dans les lois de
Charlemagne, dont, certes, on ne peut contester la bien-
veillance pour les étrangers, que nous trouvons l'attestation
de ces recommandations : *Volumus ut, cum missi nostri ad
placitum nostrum venerint, habeant scriptum quanti adventitii sunt in illorum missatico et de quo pago sunt et nomina
eorum et qui sunt seniores eorum* (1). Et encore : *Ut nullus
comparet caballum, bovem et jumentum vel alia, nisi eum
cognoscat qui eum vendidit, aut de quo pago est, vel ubi
manet vel quis est ejus senior.* N'est-il pas curieux de retrouver dans ces textes jusqu'à l'ancienne expression germanique
pagus? Les associations par canton n'existent pourtant plus
et, cependant, l'influence de l'idée germanique est encore si
forte que c'est précisément l'ancienne expression dont on
se sert. Mais si l'institution germanique avait pris racine
dans notre sol, il faut bien remarquer aussi qu'elle s'était

____

(1) *Capit. car. mag.*, an 806.

singulièrement modifiée, et ces textes que nous venons de citer, nous montrent l'innovation considérable que la royauté semble y avoir apportée. En Germanie, l'avouerie ne s'était introduite que par le besoin de protection que ressentaient les faibles; elle n'était point imposée à l'étranger, c'était seulement un secours qu'on lui offrait; la recommandation, au contraire, semble être imposée par le législateur; c'est un moyen d'ordre et de répression, c'est un moyen de diminuer le nombre des vagabonds et des étrangers, car, à cette époque, ces deux termes ne faisaient encore qu'un. Le dernier texte de Charlemagne que nous avons cité fait bien sentir cette nécessité où l'étranger se trouvait de reconnaître un *senior*, de se mettre sous sa recommandation; cette obligation, il est vrai, ne lui est pas imposée, mais, s'il ne le fait, sa situation est telle, sa condition est si dure, qu'il y est, en quelque sorte, contraint.

Il y a encore une innovation qui semble remonter à ces époques et à laquelle il nous paraît que l'on n'a pas assez donné d'importance, car, selon nous, elle est la première application du principe qui, plus tard, devait donner naissance au droit d'aubaine. Jusqu'à ce jour, l'étranger n'avait pu éviter l'esclavage qu'en se mettant sous l'avouerie ou la recommandation d'un guerrier franc; nul autre moyen, nulle puissance ne pouvait le protéger et garantir sa liberté; mais, du jour que la royauté eut acquis un pouvoir réel et effectif, elle semble prendre l'étranger sous sa protection immédiate, le mettre sous son avouerie directe; c'est du moins ce qui paraît ressortir de cette loi de Rotharis : « *Si quis liber homo migrare voluerit aliquo, potestatem habeat intra dominium regni nostri cum fara sua migrare quo voluerit : sic tamen si a rege ei data fuerit licentia* (1). » Ainsi,

_____

(1) *Edict. Roth*, 77.

l'étranger n'a plus besoin de se recommander à tel ou tel seigneur; il lui suffit de se mettre sous la protection du roi, d'obtenir des lettres royales. C'est un principe nouveau qui paraît surgir et qui devait recevoir une application plus rigoureuse à mesure que la royauté tendait à devenir plus puissante; elle semble déjà vouloir réclamer l'étranger comme lui appartenant. Qu'était-il en effet? Un individu sans aveu, sans famille et dont, à ce titre, le *mundium* et la composition ne pouvaient appartenir qu'au roi. Cette face nouvelle sous laquelle la condition de l'étranger ne nous était pas encore apparue, disparaît pendant toute l'époque féodale; mais c'est elle que nous retrouverons aussitôt que la royauté sera assez forte pour faire valoir ses droits; c'est elle qui reparaîtra et qui, après cette lutte acharnée entre la royauté et les seigneurs féodaux, deviendra, sous la monarchie, le principe de la législation à l'égard des étrangers.

Il est probable que c'est à ce principe nouveau que la royauté venait essayer de poser, qu'il nous faut rattacher l'habitude que nous trouvons à cette époque de faire le dénombrement des étrangers. Cet usage existait certainement avant Charlemagne, mais ce prince paraît l'avoir régularisé : « *Volumus ut cum missi nostri ad placitum nostrum venerint, habeant scriptum quanti adventitii sunt in illorum missatico* (1). » Le but de cette tentative d'administration générale et de police vient concorder à merveille avec le principe que la royauté semble mettre en avant, car nous serions tout portés à croire que ces recensements n'avaient d'autre raison que d'assurer une redevance annuelle que les étrangers devaient payer au roi, comme nous le verrons dans les siècles suivants.

En résumé, malgré les lois pleines de sagesse et d'hu-

---

(1) *Capit. car. mag.*, ann. 806.

manité de quelques rois de la première et de la seconde
race, la condition de l'étranger est encore, comme dans la
Germanie, l'esclavage ou la servitude de la glèbe, à moins
qu'il ne soit mis sous l'avouerie royale ou, tout au moins,
sous la recommandation d'un *senior*. Et si nous considérons
maintenant quelle est la condition de l'étranger ainsi recom-
mandé, nous voyons qu'elle est encore presque identique à
celle qu'il avait dans la Germanie. En effet, l'étranger ne
peut pas paraître aux assemblées générales de la nation,
aux *placita;* il ne peut pas porter les armes et, comme conséquence naturelle, posséder l'alleu ou même le recevoir en
succession; car : « *Ad quemcumque hereditas terræ perven-*
erit, ad illum vestis bellica ant lorica debet pertinere (1). »
Il était également frappé de l'incapacité absolue de transmettre par testament ou *ab intestat;* nous en trouvons la
preuve dans la loi des Lombards : « *Si legitimos filios habue-*
rint, heredes eorum in omnibus, sicut et filii Longobardorum,
existant; et si filios non habuerint legitimos, non sit illis potes-
tas absque jussione regis res suas cuicumque thingare aut per
quotlibet ingenium aut per quemlibet titulum alienare (2). »
Si ce texte pouvait laisser subsister quelque doute sur
l'existence de cette incapacité à cette époque, ce doute ne
pourrait résister à l'examen de la « *Charta divisionis regni*
Francorum » de l'an 806. Qu'y voyons-nous, en effet? Que
Charlemagne, en partageant son empire entre ses trois fils,
a bien soin d'établir dans le paragraphe 9 que, malgré
cette division, les hommes libres obéissant à l'un de ses fils
pourront succéder aux biens situés dans l'un des deux autres, quoiqu'ils ne soient pas les sujets de ce royaume.
N'est-ce pas dire d'une manière évidente que pour succéder aux biens situés dans un royaume, il fallait être citoyen

---

(1) *Loi des Allamans*, tit. VI, § 5.
(2) *Loi des Lombards*, liv. III, tit. 15.

de ce royaume et que l'étranger ne pouvait y prétendre ?
Enfin, comme dernière incapacité à ces époques, nous
voyons que l'étranger ne pouvait contracter mariage avec
une femme d'origine franque, ni avoir des enfants légitimes d'après la loi des Francs; c'est du moins ce qui semble
ressortir de cette même *Charta divisionis* que nous venons
de citer à l'instant; nous y voyons, en effet, que la femme
habitant sur l'un des trois royaumes pouvait épouser un
individu appartenant à l'un des deux autres sans perdre les
biens qu'elle avait dans le royaume qu'elle quittait; ce qui
prouve qu'il n'en était pas ainsi lorsqu'elle épousait un
étranger et qu'elle devait perdre tous ces biens comme
sanction de la défense qui était faite de s'unir à un étranger.

N'est-il pas curieux de voir toutes ces incapacités de succéder, se perpétuer? Toutes celles que nous venons d'énumérer n'étaient autres que celles que nous avions trouvées
dans la Germanie, et ce sont elles encore que nous allons
voir dans l'époque féodale; elles auront, il est vrai, changé
de nom, mais c'est à peine si nous trouverons une seule
différence.

CHAPITRE IV.

Les rois de la première et de la seconde race avaient essayé d'apporter quelque adoucissement à la condition des étrangers, et Charlemagne surtout, dans sa tentative d'unité, d'administration centrale, semble avoir accordé à l'étranger une protection égale à celle de l'habitant de la cité, semble même lui avoir donné droit à la justice publique. Mais Charlemagne avait devancé son siècle : ces idées d'unité, de protection, d'assimilation des étrangers aux nationaux étaient trop neuves pour ces époques; il avait pu, sous sa main puissante, contenir un instant tous les éléments opposés et hétérogènes qui existaient alors, mais son trop vaste empire ne pouvait subsister; comme toutes les créations de la force qui ne peuvent exister que sous la main qui les a faites, l'empire de Charlemagne devait tomber avec Charlemagne lui-même. Avec lui toute unité, toute autorité disparaît pour ainsi dire; on voit s'élever de tous côtés une multitude de petites sociétés obscures, isolées, incohérentes; c'est une société nouvelle qui commence, c'est la féodalité, c'est le pouvoir de l'individu sur l'individu, la domination de la volonté personnelle, capricieuse d'un homme (1). Tout devient serf, et l'étranger qui avait vu briller quelques jours plus prospères, va tomber dans une condition encore plus rigoureuse : il va être taillable et corvéable à merci.

---

(1) Guizot, *Histoire de la civilisation en Europe.*

C'est vers ces époques que nous voyons donner à l'étranger le nom d'aubain; du moins, c'est dans une charte de Louis le Débonnaire, de 820, octroyée à l'évêque Ynchadus, que nous trouvons pour la première fois le mot aubain : « *Et nullus comes neque ulla potestas judiciaria, in terra Sanctæ Mariæ, ullum censum accipiat, nec de familia ipsius ecclesia, neque de aliis liberis hominibus vel incolis quæ rustice albani appellantur, in ipsa terra Sanctæ Mariæ manentibus* (1). »

Quelle peut être l'étymologie de ce mot? On a longtemps prétendu voir dans aubain la contraction d'*alibi natus;* mais de Laurière ayant démontré combien cette étymologie était absurde, l'ayant qualifiée de jeu de mots ridicule, on la laissa de côté et l'on flotta entre les diverses opinions jusqu'alors émises. Cujas faisait dériver aubain d'*advena;* d'autres, comme Nicod, de l'ancien mot français *hober*, se transporter d'un lieu dans un autre; d'autres, du mot latin barbare : *albanagium*, *all* étranger, *mann* homme, *agion* bien; *albanagium* aurait été le bien d'un étranger, et le *jus albanagii*, le droit d'aubaine. Enfin, de nos jours, Sapey fait venir aubain de l'*album* sur lequel le collecteur des mortes-mains inscrivait le nom des étrangers. Ce système est, certes, fort ingénieux; mais comme en réalité rien ne prouve l'existence de cet album, on s'en tient communément aujourd'hui à l'étymologie de Laurière, qui prétend que le mot aubain vient d'*Albani :* Écossais. Quelques peuples, en effet, ont eu l'usage de donner le nom générique d'une nation à tous les étrangers qui venaient dans leur pays : c'est ainsi que les Juifs appelaient les étrangers des Grecs, que les Irlandais leur donnaient le nom de Gaulois, les Orientaux, le nom de Francs, parce que nos pères se trouvaient en majorité dans les rangs des croisés : selon de

______

(1) BALUZE, tome II, p. 1118.

Laurière, il en aurait été de même en France et l'on aurait donné le nom d'Albani aux étrangers, parce que la plupart de ceux qui venaient en France étaient des Écossais, des Albani. Cette étymologie est, certainement, bien séduisante et paraît avoir tous les caractères de la vérité; cependant, elle ne saurait nous convaincre, car le motif sur lequel elle repose ne nous semble guère concluant, et nous n'y apercevons pas la trace de l'origine, de l'histoire de notre droit d'aubaine. Nous croirions plutôt que le mot aubain ne serait que la contraction d'*alius banni*, que l'étranger ne serait que l'homme d'un *alius banni*. Remarquons, en effet, que c'est précisément au moment où le système féodal vient à s'établir en France, que nous voyons paraître ce mot; il est donc tout naturel, et en quelque sorte forcé, qu'il se rattache intimement à ce système, et, comme toutes les institutions de cette époque, qu'il en adopte la forme. Le droit de *ban* du seigneur était le pouvoir de juridiction sur toute l'étendue de son territoire; c'était le droit d'établir des ordres, des défenses; c'était le moyen d'exécution de toutes les obligations justicières; tous les hommes de la baronnie du seigneur étaient soumis à ce droit, ils étaient les hommes de son *ban*, tandis que ceux qui n'en faisaient pas partie étaient *alius banni*, d'où, selon nous, le nom d'aubain que nous voyons donner, à cette époque, aux étrangers.

Ce point, du reste, a peu d'importance, ce n'est qu'une pure question d'étymologie qui ne peut guère offrir d'intérêt; voyons plutôt à quels individus s'appliquait ce mot d'aubains. Voici ce que nous dit Bacquet dans son traité du droit d'aubaine : « Nous tenons en France que tout homme « qui n'est nez dedans le royaume, pays, terres et seigneu- « ries de l'obéissance du roy de France, est appelé aubain « ou bien estranger, soit qu'il fasse résidence continuelle « au royaume, soit qu'il soit simple viateur et passager. « En sorte que ce mot d'aubain signifie autant qu'estranger

« et homme natif hors de France... Item tous aubains sont
« personnes qui ne sçavent dont ils sont naiz, ne dont ils
« sont extraicts : comme on pourrait dire enfants nouveaux
« nasquis et gaignez par aucunes jeunes femmes desirants
« estre celées; et pour ce les font mettre aux huys d'aucunes
« églises avec du sel, en signifiant qu'ils ne sont pas bap-
« tisez, ou autres enfants apportez d'estranges paiis,
« comme enfants pris en guerre si jeunes, qu'ils ne savent
« dire dont ils sont, ne les noms des père et mère. Ou
« aucuns enfants légitimez, descendus de bastards ou
« espaves desquels le roy est héritier de tout quand ils tré-
« passent, s'ils n'ont enfans legitimez; mais iceux enfans
« legitimez peuvent tester à leur plaisir, et c'est ce qu'on dit
« aubains. » Telle est la définition que Bacquet nous donne
de l'aubain ; mais remarquons que l'habile avocat du Trésor
écrivait dans le seizième siècle et que les distinctions qu'il
indique dans le texte que nous venons de citer, et qui
ressortent plus vivement dans d'autres passages de son
ouvrage, parfaitement vraies et exactes au temps où il
vivait, ne pouvaient encore exister à l'époque que nous
étudions. Les auteurs, cependant, se sont inspirés de ces
textes de Bacquet, pour établir dès la féodalité la distinction entre l'aubain qui ne fait que quitter la châtellenerie du
seigneur pour venir se fixer dans une autre, et le véritable
aubain, l'individu appartenant à une nation étrangère, et
nous les voyons constater, dès cette époque, l'existence
cumulative du droit d'aubainage et du droit d'aubaine. C'est
là, selon nous, une grave erreur, car il nous paraît impossible que ces distinctions aient existé à ces époques; elles
n'ont pu naître, évidemment, que du jour où la royauté eut
enfin reconquis une partie de son autorité; elles n'ont pu
naître que sous l'influence de la royauté qui ne pouvait
voir un étranger dans l'individu né sur le sol de la France
et qui ne faisait que changer de seigneurie. Mais à ces
époques où l'autorité royale n'existait pour ainsi dire pas,

où c'est à peine s'il y a un royaume de France, où tout notre sol est divisé en une multitude d'États indépendants en théorie, plus encore indépendants en fait, toutes ces distinctions ne peuvent exister. Le haut baron, enfermé dans son château fort, ayant droit de vie et de mort sur tous ceux qui se trouvent dans sa baronnie, ne s'occupe point si l'individu qui entre sur ses terres est ou n'est point né sur le sol de la France; il n'est pas né sur sa baronnie, c'est le seul fait qui lui importe, il ne s'occupe point s'il est mecrus, épaves, aubain; il est sur sa terre et, à ce titre, il lui appartient.

L'aubain est donc, selon nous, à ces époques, l'individu passant d'une châtellenerie, d'un diocèse dans un autre, qu'il fût né en France ou qu'il appartînt à une nation étrangère. Quant à sa condition, le caractère, les mœurs de la féodalité nous l'indiquent assez; quelques mots sur ce qu'était un seigneur au moment où la féodalité était dans toute sa pureté ou, pour mieux dire, dans toute sa dureté, suffiront pour nous le faire comprendre. Le seigneur est maître absolu sur toute l'étendue de son fief : *tout fuit en luy et vecut de luy al commencement;* il peut tout, il ne relève que de Dieu et de son épée. Et ce n'est pas seulement la personne de l'individu qui se trouve sur sa baronnie qui lui appartient, c'est également tous ses biens; le vassal qui meurt est censé se dessaisir de ses biens en sa faveur, et ses héritiers, pour rentrer dans leur possession, sont obligés d'aller implorer sa saisine. Dans un semblable état social, la condition de l'aubain ne pouvait être que le servage. Sans appui, sans secours dans ces temps où la force était tout, il ne pouvait touver la sécurité que sous la protection d'un baron, et cette protection il devait la payer au prix de sa liberté; dès qu'il mettait les pieds sur la terre du seigneur, il devenait l'homme, le bien de ce seigneur; il devenait aussi, il est vrai, justiciable de sa justice, mais il le devenait aux conditions imposées par la constitution féodale, c'est-à-dire en se soumettant à tous les droits, à tous les abus, devrais-je dire, de son fisc. Ainsi l'aubain achetait la vie au prix de sa liberté, la justice au prix de ses biens. On frémit, on s'indigne en songeant à tout ce qu'il y avait d'odieux dans de semblables abus; mais pouvait-il en être autrement dans ces temps où, comme le dit Michelet dans son langage imagé et pourtant si juste, dans ces temps où « l'air rendait serf dans les fiefs ». Cette condition était en quelque sorte imposée par la force des choses. « Il y a », dit Beaumanoir, « de teles terres, quant un franc hons, « qui n'est pas gentez, hons de lignage, y va manoir... « il devient, soit hons, soit fame, serf au seigneur dessous « qu'il vieult estre residans. »

L'abus de la force n'était point, du reste, la seule cause de cette condition si abjecte imposée à l'aubain : il en existait encore une raison qui prenait son fondement dans la présomption de servitude qui devait planer sur lui. Dans ces temps, en effet, où tout était serf, l'aubain ne pouvait être considéré que comme un serf fugitif ayant brisé sa chaîne dans l'espérance de fuir les rigueurs du servage et du service féodal ; et comme il lui était impossible d'apporter les preuves de son ingénuité, le soupçon qui planait sur lui devait prendre la forme de la réalité et même être cause de dispositions plus rigoureuses à son égard pour l'empêcher de briser ses chaînes comme on croyait qu'il l'avait déjà fait.

Pendant toute cette période de la féodalité, l'aubain n'est donc qu'un serf, et c'est le servage qu'il nous faut considérer pour avoir une juste idée de sa condition. — « En moult « païs », nous apprend Beaumanoir, « le seigneur poent « penre de lors sers et à mort et à vie toutes les fois qu'il « lor plest et tant qu'il lor plest. » Il est impossible de nous peindre d'une manière plus frappante la misérable condition du serf, de nous mieux faire sentir ce pouvoir illimité du seigneur, pour qui le serf n'est qu'une chose, qu'un immeuble par destination, qu'un bien dont il peut disposer comme il lui plait, qu'il peut vendre, échanger, détruire

même ; entre lui et son serf il n'y a d'autre juge fors Dieu.
On croirait voir renaître l'ancien esclavage romain. Le serf
ne peut se marier qu'avec une personne de sa condition, et
encore lui faut-il le consentement du seigneur, s'il épouse
une personne qui ne lui appartienne pas. Il ne peut contracter sans l'agrément de son seigneur ; c'est, du moins,
ce qui semble ressortir des constitutions du Châtelet.

Le seigneur confie bien quelquefois un pécule à son serf,
mais celui-ci ne saurait avoir de biens propres ; l'argent
même qu'il gagne en faisant valoir ce pécule ne saurait lui
appartenir ; tout ce qu'il peut acquérir, il l'acquiert pour
son seigneur, et s'il vient à mourir, nous dit Beaumanoir,
« il n'a nul hoir fors que son seigneur, ne li enfans du serf
« n'en ont rien, si ils ni rachatent au seigneur » : faveur
bien dérisoire, puisque ces enfants ne pouvaient avoir de
quoi le racheter, et que ces biens étant vacants devaient
revenir au seigneur comme écheoite de sa justice. Telle
est, en quelques mots, la condition du serf à cette époque ;
c'est, par conséquent, celle de l'aubain : le seigneur a sur
lui droit de vie et de mort, ses biens lui appartiennent, sa
succession lui revient comme écheoite de sa justice. Parqué,
emprisonné autour du château du seigneur, l'aubain ne peut
sortir de sa prison, et s'il parvient à s'échapper, le seigneur a le droit de poursuites partout où il se trouve :
« *Albanos vestigare et sequi possunt domini quo cum primitus
et ab origine incolæ sunt, hoc est revocare in patria (Charta
Mathildis Dom. Teneremondæ).* » De même que le serf,
l'aubain n'est pour le seigneur qu'une vile marchandise,
comme nous en avons la preuve dans cette charte de
Gaultier, archevêque de Sens : « *Et vendidit et quitavit
omnes domos et plateas quas ipse habebat in villa Bonnevalis,
et præposituram et justiciamalbanorum et quicquid ad dic-
tum præposituram et justitiam noscitur pertinere, salvo jure
præpositi albanorum.* »

Nous pourrions encore citer un grand nombre de textes

nous montrant ainsi l'aubain taillable et corvéable à merci et à miséricorde ; mais nous avons hâte de tourner cette page si triste, si honteuse, de notre ancienne législation. Du reste, hâtons-nous de le remarquer, même à ces époques, cette coutume de traiter ainsi l'aubain était loin d'être générale et une grande partie de la France ne la suivait pas. Dans les pays, en effet, où la servitude personnelle n'était point admise, où le serf pouvait recouvrer sa liberté en abandonnant à son seigneur sa terre et une partie de son mobilier, l'aubain ne pouvait être serf de corps, il était libre ; mais combien sa position était encore pénible ! Il était obligé de reconnaître le seigneur sur la baronnie duquel il se trouvait, il devait lui prêter serment de fidélité, lui faire aveu des terres qu'il en recevait. Il pouvait, il est vrai, acquérir, posséder, contracter, mais il ne pouvait tester, et s'il mourait sans enfants légitimes nés dans le pays, sa succession appartenait au seigneur à titre de déshérence. Enfin, quelques provinces ne reconnaissaient ni la servitude personnelle, ni la servitude réelle ; dans ces provinces, c'est-à-dire dans tous les pays de droit écrit, et ces quelques bourgs du Nord qui avaient su conserver leur indépendance primitive, nous ne trouvons aucune trace de ce droit haineux que nous voyons répandu dans la presque généralité de la France : l'étranger peut y vivre librement ; il peut être propriétaire, il peut contracter, il peut tester, il peut laisser ses biens *ab intestat*, il est en quelque sorte assimilé au national, sous la charge de payer quelques taxes, quelques redevances annuelles.

Au milieu de cette époque de lutte, de violence, d'abus, où la force prime le droit, on est heureux de pouvoir arrêter ses yeux sur ces quelques parties de la France, de voir que toute idée de justice et d'humanité n'était pas entièrement disparue de notre sol, et qu'au milieu de tout ce chaos difforme et effrayant, la civilisation avait pu trouver un refuge d'où elle n'allait pas tarder à sortir pour répandre ses bienfaits sur notre pays régénéré. — Bientôt, en effet, nous voyons que dans ces contrées où le système féodal avait jeté ses plus profondes racines, le droit devient moins cruel, moins barbare, et que l'on commence à distinguer le servage de l'aubain du servage de l'indigène. Le servage existe encore, mais l'aubain peut l'éviter : il n'a qu'à reconnaître un seigneur, pour ne pas tomber dans la condition de serf : « Se aucuns hons estrange » nous disent les Établissements de saint Louis, « vient ester en aucune chas- « tellenie de aucun baron et il ne fasse sainnieur dedans « l'an et jour, il sera exploitable au baron. »

C'est encore le servage si on le veut, mais le servage ayant perdu sa rigueur primitive, car nous voyons encore dans ces mêmes Établissements de saint Louis, livre I, chapitre xcvi : « Se gentilhons a hons mesconneu en sa « terre, si il servait ce gentilhons et il mourut, le gentilhons « aurait la moitié de ses meubles et si il muert sans hoir et « sans lignage, toutes ses choses seront au gentilhons, mais « il rendra sa dette et fera d'aumosne. Et si li mesconnues « avait conquises aucunes choses sous autres vavassors que « sous celui à qui il serait hons, li autres sires n'y auraient « rien par droit ; mès il ne prendrait pas le cens ne les cous- « tumes du saingnieur, ainsi conviendrait que li sires li en « baillast hons contumiers qui le servit. » Ainsi, une sorte de servitude existait encore pour l'aubain, mais cette servitude était bien moins dure : jusque-là le seigneur avait droit à tous les biens de l'aubain, même lorsque celui-ci décédait avec des enfants légitimes ; aujourd'hui, il ne peut prendre que la moitié des meubles, et s'il la prend entière à défaut d'enfants, il est tenu de payer toutes les dettes du défunt. C'était un pas immense fait vers l'affranchissement de l'aubain ; un pas plus grand encore allait bientôt être fait : le servage allait disparaître et un état relatif de liberté allait enfin remplacer pour l'étranger cet état de servitude dans lequel il avait jusqu'alors vécu.

Il est impossible de préciser exactement l'époque où un tel changement put s'opérer, et il est plus que probable que ce n'est que bien lentement qu'il put se faire, qu'il fallut bien des années avant qu'il pût se consommer, car une pareille rénovation sociale ne pouvait procéder qu'avec lenteur et peu à peu.

Dès avant le douzième siècle, nous voyons les seigneurs et les églises donner à prix d'argent, à leurs serfs, des chartes d'immunité, d'affranchissement, et il est tout probable que c'est vers la même époque que les aubains durent, au même titre et par des concessions successives arrachées aux seigneurs, alléger un peu le joug qui leur était imposé. Dans le milieu du douzième siècle, ces ventes de liberté durent augmenter dans de grandes proportions : entraînés par leur enthousiasme religieux, les hauts barons, pour faire face à toutes les dépenses des croisades, avant que d'engager leurs terres, durent faire argent de tout et vendre la liberté complète à leurs serfs, la franchise presque absolue à leurs aubains. Telle dut être la cause première de tous ces changements sociaux que nous voyons à ces époques; mais ce ne fut pas la cause unique, car, en dehors du fait que nous venons de citer, les croisades durent certainement avoir une influence considérable; elles durent être un pas immense vers l'affranchissement de l'esprit, un grand progrès vers des idées plus libres, plus étendues; l'esprit des croisés, jusqu'alors enfermé dans l'horizon étroit de leurs donjons, dut s'élever au contact des deux civilisations qu'ils avaient sous les yeux, de ces civilisations non-seulement différentes, mais bien plus avancées, plus polies, plus éclairées que la leur. D'autre part, ces dangers, ces misères, ces luttes que ces croisés de toutes les nations eurent à supporter en commun, durent faire naître dans leur esprit des idées de fraternité qui ne devaient pas disparaître à leur retour dans leur pays, et qui durent avoir une singulière influence sur la condition des aubains.

L'émancipation des communes ne dut pas, non plus, être étrangère à l'affranchissement des aubains; elle dut établir des rapports nouveaux, donner naissance à des relations plus fréquentes; les changements de résidence durent devenir plus faciles, et le commerce ne dut pas tarder à prendre une extension jusqu'alors inconnue. Dès le commencement de l'émancipation des communes, nous voyons que les aubains étaient admis dans leur sein; ces villes, en effet, étaient essentiellement marchandes et commerçantes, et la faveur du commerce exigeait que l'on ne tînt pas écartés les étrangers, qui pouvaient être une source de richesse. Aussi, dès cette époque, les voyons-nous participer à tous les priviléges de la commune, sous la condition d'en partager les charges; car, il faut bien se le rappeler, la plupart des communes n'avaient pu obtenir leur affranchissement de leurs seigneurs, qu'en se soumettant à certaines charges et redevances annuelles. L'aubain devait, dans l'an et jour, faire aveu de bourgeoisie au seigneur, c'est-à-dire payer la même redevance que les bourgeois de la commune : « Se « aucun aubain, autrement appelé un avena » — dit la coutume de la baronnie de Châteauneuf, tit. ii, art. 20 « est demeurant par an et jour dedans ladite châtellenie, « sans faire adveu de bourgeoisie, il est acquis serf au dit « seigneur. » Si quelque doute pouvait exister sur l'influence que put avoir l'émancipation des communes sur l'affranchissement des aubains, ce texte est certes bien fait pour le dissiper complétement, car il nous montre à l'évidence que, même à cette époque où le servage existe encore, le titre de bourgeois suffisait à l'étranger pour pouvoir conserver sa liberté.

Enfin ce qui, plus que tout autre chose, dut contribuer à modifier, à adoucir la condition de l'étranger, ce fut la restauration du droit romain, et surtout la politique habile de nos rois. Mais nous nous contentons, pour le moment, de constater ce fait, car c'est un point sur lequel nous revien-

drons avec plus de détails lorsque nous considérerons la
condition de l'aubain au point de vue de la monarchie,
lorsque nous verrons la royauté employer toute sa puissance
pour enlever aux seigneurs féodaux les droits monstrueux
dont ils s'étaient emparés, pour s'approprier à elle-même
tous ces droits et appliquer enfin à l'aubain une coutume
générale et moins cruelle.

CHAPITRE V.

DE L'AUBAINE FÉODALE.

Une ère nouvelle semble naître à cette époque pour les étrangers; le servage a disparu ou, du moins, tend de plus en plus à disparaître complétement : c'est l'aubaine féodale qui prend naissance. Sous l'influence de la royauté, on commence à faire des distinctions entre les aubains : « Au-« bains, » nous dit Bacquet, « sont hommes et femmes « qui sont ne en villes dehors le royame, si prochain que « l'on peut conoistre les noms et nativite de tels hommes et « femmes; et quand ils sont venus demourez au royaume, « ils sont proprement appelés aubains et non espaves. Es-« paves sont hommes et femmes nez dehors le royaume de « si loingtains lieux que l'on n'en peut au royaume avoir « connoissance de leur nativitez; et quand ils sont demeu-« rants au royaume, peuvent être dits espaves. » Mais cette distinction de l'aubain et de l'épave que nous donne Bac-quet, ne paraît pas avoir une grande importance pratique, car nous ne trouvons aucun document nous indiquant qu'il y eût quelque différence dans le droit que l'on appliquait à ces deux classes d'étrangers, tandis que nous trouvons dans ces époques une distinction essentielle entre les aubains, entre l'individu quittant la châtellenie où il résidait pour venir s'établir dans une autre, et le véritable aubain, le mécru, l'individu appartenant à une nation étrangère. Nous ne saurions trop nous appuyer sur cette différence, car le droit applicable aux aubains de la première classe était loin d'être le même que celui qui régissait les aubains de la seconde, les mécrus.

Il nous est assez difficile d'avoir une idée bien exacte de la condition de l'aubain de la première classe, c'est-à-dire de l'individu quittant la châtellenie où, jusqu'alors, il avait vécu, pour venir se fixer dans une autre *crème*, — comme on disait alors; — nous en sommes, en effet, réduits à n'avoir sur ce point que quelques dispositions éparses dans les diverses coutumes. Grâce à elles, cependant, nous pouvons nous faire une idée assez juste de ce qu'était le droit d'aubénage auquel étaient soumis ces aubains. Ce n'était plus le servage qui les attendait en arrivant sur la crème du seigneur où ils venaient s'établir; mais ils étaient tenus de faire aveu, de reconnaître ce seigneur, car s'ils ne le faisaient dans l'an et jour, ils tombaient sous le coup de la saisine féodale, ils s'exposaient à la confiscation complète de leurs biens ou, tout au moins, suivant les usages des lieux, à une forte amende. Telle est la première obligation que nous voyons imposée à cet aubain; la seconde que nous apercevons, consistait dans la nécessité où il se trouvait de laisser dans son testament au seigneur qu'il avait reconnu, une bourse neuve et quatre deniers, sous peine d'une amende de soixante sols : « Quand aucuns forains qui ne sont du « diocèse, décèdent en sa justice, » nous dit l'article 5 de la coutume de Laudunois, au titre de moyenne justice, « le « seigneur a droit d'avoir l'aubénage : c'est à savoir une « bourse neuve et quatre deniers dedans; et doit être « payé le dit aubenage au seigneur, son receveur, ou « en son absence, à autre son officier, avant que le « corps du décédé soit mis hors de la maison où il est tré- « passé; et en défaut de payer le dit aubénage, le dit sei- « gneur peut prendre et lever soixante sols d'amende sur « les héritiers et biens dudit défunt, ensemble son dit au- « bénage. » En dehors de ces deux droits exorbitants, la condition de cet aubain semble à peu près identique à celle des autres vassaux du seigneur : aussi nous n'entrerons pas dans de plus amples détails, et ne parlerons-nous que d'un

usage assez singulier que nous voyons établi à cette époque
et qu'il nous importe de remarquer, car c'est la première
trace que nous apercevons de cette *cautio judicatum solvi*
que nous verrons l'étranger, dans les siècles suivants,
obligé de fournir toutes les fois qu'il veut plaider en justice;
nous voulons parler de ces *pleges* que l'aubain est tenu de
donner toutes les fois qu'il plaide devant un seigneur autre
que celui auquel il a porté aveu : « Quand aucun plede en
« le cort d'aucun seigneur, auquel il n'est ne hons, ne
« ostes, il doit livrer plesges d'être à droit et qu'il ne tra-
« vaillera pas celi à qui il veut pledier en cort de chres-
« tienté; et li pleges doivent être tels que le sire, en qui
« cort li plis est les puils justicier (1). »

Cette coutume barbare de considérer le Français, sur le
sol de la France, comme un étranger devait se conserver
jusqu'au moment où la royauté eut reconquis sur les seigneurs féodaux tous les droits arrachés précédemment à sa
faiblesse; ce ne fut qu'au moment où la royauté, par sa
conduite habile, eut achevé sa reconstitution, que son
autorité se fit sentir sur toutes les parties du royaume, que
cet usage disparut. Quant à l'époque précise de cette disparition, il nous est impossible de la déterminer, mais nous
avons la preuve que ce droit d'aubenage existait encore
dans le seizième siècle, car c'est dans les premières années
de ce siècle que fut rédigée la coutume de Laudunois, dont
nous venons à l'instant même de citer un texte qui ne
peut laisser aucun doute sur l'existence de ce droit à cette
époque.

Nous arrivons maintenant à la seconde classe des étrangers, à ceux que nous appellerons les véritables aubains, et
que nous voyons désigner dans les *Établissements de saint
Louis* sous le nom de *mécrus*, *méconnus*, gens dont l'origine

---

(1) BEAUMANOIR, *Coutume de Beauvais*, chap. XLIII, § 32.

est inconnue. Les seigneurs féodaux, qui, jusqu'à ce jour, avaient considéré et traité ces aubains comme leur chose, leur bien, durent nécessairement opposer la plus vive résistance à la destruction d'un droit qu'ils estimaient comme inhérent à leur personne; la lutte fut acharnée, mais ils durent céder, et, ne pouvant conserver leur droit, ils tentèrent du moins d'en garder les plus grands débris; ne pouvant conserver la personne de ces aubains, ils tâchèrent de s'approprier leurs biens, et les droits de chevage, de formariage, d'escheoite, qu'ils leur imposèrent, furent comme la rançon de la liberté qu'ils étaient contraints de leur abandonner. Voyons quels étaient ces droits.

Le droit de chevage ou de cavage, comme l'appelle Beaumanoir, ne semble être qu'une sorte de cens, une redevance annuelle que les aubains étaient forcés de payer aux seigneurs; c'est en quelque sorte un souvenir de leur ancienne servitude. « Il est ordonné, » — lisons-nous dans Bacquet, — « que tous espaves et aubains fussent chacun « an contraints à bailler ou faire mettre par écrit leurs noms « et surnoms, et payer chacun douze deniers parisis audit « collecteur, qui en faisait chacun an le compte. Lesquels « douze deniers sont appelés chevage pour ce chacun chef, « marié ou veuf, chevager les doit. » La quotité de ce droit n'avait, du reste, rien de fixe; nous la voyons varier suivant les localités, et il est plus que probable qu'elle devait être laissée à l'arbitraire du seigneur, ainsi que l'amende qu'encourait l'aubain en cas de retard ou de refus de s'acquitter de son droit.

Tant que le seigneur avait été le maître absolu de tout individu se trouvant sur ses terres, le suzerain de l'enfant qui naissait soit de son vassal, soit de son serf, il avait un grand intérêt à empêcher sur son fief toute interversion qui serait survenue dans l'ordre des successions ou des servitudes personnelles à la suite de mariage de deux individus qui n'auraient pas été de la même classe ou qui n'auraient

pas tous deux relevé de sa suzeraineté. De là la défense
formelle, faite aux aubains ainsi qu'aux serfs, de se marier
en dehors du fief et avec des personnes d'une classe supérieure, défense sanctionnée par une amende considérable
de 60 sols parisis, quand ce n'était pas la confiscation complète de tous les biens. Mais du jour que le servage eut
disparu, cette prohibition, cette défense aurait dû disparaître aussi, car elle n'avait plus lieu d'exister; les seigneurs la maintinrent cependant et surent y trouver
prétexte à un droit nouveau, au droit de formariage.
L'aubain n'eut pas le droit de se marier avec une personne d'une autre condition que la sienne, mais il put
obtenir du seigneur des dispenses pour forligner, et ce sont
ces dispenses, le droit qu'il dut payer pour les obtenir, qui
prit le nom de droit de formariage : « Nuls espaves,
« aubains », — voyons-nous dans Bacquet, — « ne se
« peuvent marier à personne autre que leur condition, sans
« le congé du roy notre seigneur ou ses officiers » (Bacquet,
qui soutenait que l'aubain appartenait au roi seul, ne parle
que de ce dernier, mais il en était absolument de même
pour les seigneurs dans toute l'étendue de leur fief, « qu'ils
« ne soient tenus de payer soixante sols parisis d'amende.
« Et quand ils demandent congé, ils se montrent obéissants
« au roy comme des personnes libres, et nul n'en doit être
« esconduit. En ce faisant ils évitent l'amende, mais ce
« nonobstant ils doivent formariage d'avoir pris partie qui
« n'est pas de condition pareille à eux. Lequel formariage
« on estime à la moitié des biens en la prévosté de Rebe-
« mont, et en celle de Saint-Quentin semblablement à la
« moitié, au tiers à Péronne et Soissons et autres lieux dudit
« bailliage selon l'usage des lieux. »

Le droit d'eschoiete ou de succession qui, avec les droits
de chevage et de formariage, composait l'aubaine féodale,
était, comme ces deux droits, un débris de l'ancienne servitude de l'aubain. En effet, tant que les aubains avaient été

serfs, ils n'avaient pu acquérir pour eux-mêmes; tout ce qu'ils gagnaient, ils le gagnaient pour leur seigneur, et, à leur mort, tous les biens qu'ils tenaient devaient lui faire retour. La double incapacité qui frappait l'aubain, de transmettre ou d'acquérir par succession testamentaire ou *ab intestat*, était donc la conséquence du servage qui lui était imposé; il semble alors que cette double incapacité aurait dû disparaître avec le servage qui lui avait donné naissance; mais les seigneurs surent encore garder ce débris de leur ancien droit, et cette double incapacité fut maintenue en leur faveur sous le nom de droit d'escheoite : « Aujourd'hui « les aubains ne sont plus serfs », — dit Laurière, — « mais, quoiqu'ils conservent leur franchise, ils ont cepen- « dant cela de commun avec les serfs, que, comme eux, ils « ne peuvent disposer de leurs biens par testament. Serfs et « mainmortables ne peuvent tester. » Une bien légère exception à cette incapacité fut cependant introduite en faveur de l'Église. Voici à quel propos : l'Église, à ces époques, refusait d'ensevelir en terre sainte l'individu qui avait omis dans son testament de lui laisser quelque libéra- lité, et malgré l'impossibilité où se trouvait l'aubain de léguer la moindre chose, l'Église ne lui en refusait pas moins la sépulture. L'incapacité de l'aubain dut recevoir alors un léger adoucissement, et on lui permit de disposer de cinq sols en faveur de l'Église : *Hoc concessum fuit sepulturæ gratiâ;* c'est la même idée que nous voyons reproduite dans Loysel : « Aubains ne peuvent tester jusqu'à cinq sols « et pour le remède de leurs âmes. »

L'incapacité de transmettre et de recueillir, qui frappait l'aubain, subsista pendant de longues années dans toute sa rigueur absolue, et, lors même que l'aubain mourait lais- sant des enfants légitimes, le droit d'escheoite du seigneur ne comprenait pas moins tous les biens du *de cujus*. Cepen- dant quelques coutumes se détachèrent d'assez bonne heure de cette rigueur extrême et commencèrent à poser ce principe plus humain : « L'aubain peut laisser hoirs légitimes « procréés de son corps audit royaume. » — Toutefois les seigneurs durent résister longtemps à cette nouvelle atteinte portée à leurs droits; mais ils durent céder enfin, et la double incapacité qui avait frappé jusqu'alors l'aubain put se formuler de cette façon : « Espave ou aubain mort ne « peut avoir héritier que son corps. »

A l'époque où nous en sommes arrivés, nous voyons que les droits exorbitants dont les seigneurs féodaux s'étaient emparés sont singulièrement amoindris, que cette aubaine féodale, ces droits de chevage, de formariage, d'eschcoite, qui avaient été comme la rançon de la liberté accordée aux aubains, reçoivent eux-mêmes de nombreux et de grands adoucissements; c'est que la royauté avance à grands pas dans la voie qu'elle s'était tracée; la féodalité vaincue va disparaître et entraîner dans sa chute tous ses droits; l'aubain ne va plus appartenir qu'au roi seul, et tomber sous le coup du droit d'aubaine.

CHAPITRE VI.

DE L'AUBAIN SOUS LA ROYAUTÉ.

Entraîné par notre sujet et aussi pour jeter quelqu
clarté au milieu de toutes ces institutions diverses et oppo-
sées que nous voyons surgir dans ces époques de luttes et
de tourmentes, nous n'avons, jusqu'ici, considéré la condition de l'étranger qu'au point de vue de la féodalité;
nous n'avons examiné que les droits féodaux en cette matière, constaté les changements, les adoucissements qui s'y
étaient faits, mais nous n'avons point parlé des causes de
ces modifications, nous n'avons encore rien dit de la monarchie, du rôle que nos rois ont dû jouer dans tous ces
changements; c'est cette partie si intéressante de notre
sujet que nous allons étudier dans ce chapitre; c'est la condition de l'aubain dans les domaines relevant directement
de la couronne, c'est la politique autant habile qu'inté-
ressée de nos rois pour s'emparer des droits féodaux, c'est,
en un mot, l'aubaine royale venant se substituer à l'aubaine
féodale.

Pendant que les hauts barons s'emparaient, dans leur
intérêt particulier, de l'institution que Charlemagne avait
établie dans un but de protection et de sécurité publique,
pendant qu'ils contraignaient les aubains à les reconnaître
comme maîtres et seigneurs, qu'ils les réduisaient à la condition de la servitude, la royauté, inspirée par des idées
plus humaines, et peut-être aussi pour s'attacher des partisans afin de résister à la puissance toujours croissante de
la féodalité, agissait d'une manière moins rigoureuse envers
les étrangers. De bonne heure même, nos rois semblent

avoir affranchi tous les aubains qui se trouvaient dans les provinces et les grandes villes qui relevaient directement de leur suzeraineté. Mais il ne faut pas non plus s'exagérer la portée de cette liberté ainsi accordée aux aubains et attribuer à la royauté plus d'éloges qu'elle n'en mérite ; nos rois, en effet, ne surent point mettre l'humanité au-dessus de leurs intérêts, et nous voyons le fisc royal percevoir avec avidité sur les aubains une foule de taxes qui étaient comme le prix de cette liberté qui leur était accordée. C'était d'abord une sorte de cens, de redevance annuelle qui ne paraît être que le droit de chevage exercé plus tard par les seigneurs. Les rois prétendaient ne percevoir cette redevance que pour connaître exactement les étrangers qui se trouvaient sur leurs domaines ; mais la ruse est trop apparente et il est évident que les recensements ordonnés par la royauté n'étaient, au contraire, qu'un moyen de s'assurer du payement de cette redevance. Nous voyons, d'autre part, que l'aubain qui se mariait était tenu de payer un droit s'élevant tantôt à la moitié, tantôt au tiers de ses biens, sous peine d'une amende de 60 sols parisis ; amendes qui, comme l'écrit si naïvement un auteur de ces temps, « ont été supportées pour la pauvreté du peuple, veu les « guerres et la stérilité du pays. » Enfin, nul doute que, même dans les domaines de la couronne, l'aubain ne pouvait transmettre ni recueillir soit *testat*, soit *ab intestat*, et que le fisc royal s'emparait de sa succession ; en un mot, la condition de l'aubain paraît être, dans les pays relevant directement de la suzeraineté du roi, à peu près identique à ce qu'elle était sur les terres du seigneur dans les derniers temps de la féodalité.

Les rois, qui voyaient dans l'aubain une source importante de leurs revenus, devaient naturellement essayer de s'approprier tous les individus de cette classe qui se trouvaient en France ; ils devaient tendre à poser le principe que l'aubain, par le seul fait de son entrée dans le royaume, relevait directement du roi et lui appartenait à ce titre; mais à cette époque où la France était divisée en une multitude d'États indépendants, où les seigneurs jouissaient, sur toute l'étendue de leurs fiefs, d'un pouvoir et de droits égaux à ceux que le roi exerçait sur ses propres domaines, la royauté n'était pas assez puissante pour pouvoir faire admettre un semblable principe; elle essaya, cependant, de faire revivre le principe dont nous avons vu l'origine dans les anciennes lois de Rotharis, le principe de protection et d'avouerie royales. — La royauté dut singulièrement être aidée dans ce dessein par les lettres de sauvegarde et de protection qu'elle eut alors l'occasion d'accorder entre le seigneur et le vilain. Entre le seigneur, en effet, et le serf et par conséquent l'aubain, il n'y avait point de juge et il arrivait souvent que l'on prenait le roi comme arbitre, comme juge des contestations ainsi survenues, et que celui-ci donnait des lettres de sauvegarde pour assurer sa sentence. Cette immixtion de la royauté entre le seigneur et l'aubain, cette habitude de la considérer comme juge suprême, dut considérablement favoriser ses projets; elle sut en profiter et, s'appuyant d'autre part sur des lois barbares, sur des capitulaires, et même sur des dispositions du droit romain, elle finit, après une lutte assez vive, par faire reconnaître l'avouerie, par faire reconnaître que du moment que l'étranger, à son entrée en France, se mettait sous la protection, sous l'aveu du roi, sa liberté se trouvait garantie et à l'abri de toutes violences. C'était déjà un premier pas de fait, mais nos rois ne devaient pas en rester là, car l'émancipation des aubains n'était pour eux qu'un moyen de les arracher au fisc des seigneurs et d'enlever à ceux-ci tous les droits dont ils s'étaient emparés à leur égard : la lutte entre la royauté et la féodalité allait commencer; c'est saint Louis qui porte le premier coup aux droits féodaux.

Saint Louis n'ose point, tout d'abord, attaquer directe-

ment les droits du seigneur et lui venir disputer sa proie ;
il se contente d'ordonner à ses agents de s'emparer de
l'aubain dans le cas où le seigneur aurait omis de le faire :
« Quant aucuns albins », — voyons-nous dans la *Coutume
de Champagne,* dont la rédaction remonte à cette époque, —
« vient demourer dans la justice d'aucuns seigneurs et li
« sires dessous qu'il vient ne prent le service dedans l'an
« et jour ; si les gens du roy le sçavent, ils en prennent le
« service, et est acquis au roy. » Cette disposition de la
royauté dut avoir assez peu d'importance, car les seigneurs
qui voyaient dans l'aubain une source inépuisable de leurs
revenus, se gardaient bien de la laisser échapper et avaient
toujours soin d'asservir l'aubain dès son arrivée sur leurs
terres. — Cette disposition de saint Louis n'avait été, pour
ainsi dire, qu'un ballon d'essai, mais bientôt nous le voyons
ne pas craindre de mettre en avant toutes ses prétentions :
« Si aucuns aubains », — dit-il, — « meurt sans hoir ou
« lignage, le roy est hoirs ou le sires sous qui il est ; si il
« meurt el cuer du chastel, mès aubains ne peut fere autre
« seigneur que le roy eu son obéissance, ne en autre
« segnorie, ne en son ressort qui vaille ne qui soit estable. »
Le seigneur n'est pas encore dépouillé de tout droit, il
succède bien encore à l'aubain, mais il faut que celui-ci soit
décédé « en el cuer de son chastel », et encore qu'il ne se
soit pas mis sous l'avouerie royale ; sans cela, c'est le roi
seul qui succède. Cette révolution tentée par saint Louis
eut-elle quelque succès ? — Évidemment non, et elle ne
pouvait en avoir ; la royauté était encore trop faible, trop
impuissante à cette époque pour pouvoir soutenir et faire
admettre une semblable prétention, et nous voyons que,
malgré les ordonnances de saint Louis, les seigneurs n'en
continuèrent pas moins à garder pour eux seuls le service
des aubains. — Philippe le Bel essaye, à son tour, une
nouvelle tentative ; mais, plus habile que saint Louis, il ne
va pas se heurter tout d'abord aux droits des seigneurs ; il

essaye seulement de faire consacrer l'introduction légale du domaine royal dans le droit d'aubaine des seigneurs; voici les termes de son ordonnance de 1301 : « *Aubenarum in terris baronum et aliorum subditorum nostrorum; decedentium bona nostri collectores non explectent, nisi prius per aliquem idoneum virum quem ad hoc specialiter deputaverrimus, vocatis partibus et dictis collectoribus et domino loci consteterit quod nos simus in bona sœsina percipiendi et habendi bona talium aubenarum in terris prædictis.* » Le moyen était adroit, car, soumettre légalement ce droit à l'appréciation de l'homme idoine nommé par le roi, n'était-ce point établir que ce droit appartenait au roi? Philippe le Bel sut, du reste, s'en servir avec une adresse extrême, car nous voyons dans un arrêt de 1306, rapporté par Louet, que l'aubaine est encore adjugée provisoirement à un seigneur haut justicier, mais toujours sous cette réserve si habile : « *Salva nobis super hoc quæstione proprietatis.* »

Mais la lutte était loin d'être terminée : c'était en quelque sorte un véritable procès engagé entre la royauté et les seigneurs. Une phase des plus singulières de cette lutte fut le règne de Louis X; jusqu'à ce jour la royauté n'avait jamais agi que dans un intérêt purement fiscal; tout d'un coup, elle semble n'être inspirée que par une idée d'humanité et de justice. Louis X prétend donner force de loi, en France, à une constitution de Frédéric II, qui venait d'accorder franchise complète à tous les étrangers qui se trouvaient dans son empire; voici le texte même des lettres patentes de Louis X : « *Omnes peregrini et advenæ libere hospitentur ubi voluerint; et hospitali si testati voluerint, de rebus suis ordinandi liberam habeant facultatem, quorum ordinatio inconcussa servetur. — Si vero intestati decesserint, ad hospitem nihil veniat, sed bona ipsorum per manum episcopi loci tractentur, si fieri potest, heredibus, vel in pias causas erogentur. Hospes vero si de bonis talium aliquid contra hanc nostram constitutionem habuerit, triplum epi-*

scopo restituat, quibus justum fuerit assignandum, non obstante statuto aliquo aut consuetudine seu privilegio, quæ hactenus contrarium inducebant. Si qui autem contra præsumpserint iis, de rebus suis, testandi interdicimus facultatem est in hoc puneantur in quo deliquerunt alias prout culpa qualitas puniendos. » Est-il besoin de dire que cette velléité d'humanité n'eut aucune suite ? Les seigneurs n'en tinrent aucun compte, la royauté elle-même parut l'oublier et n'en continua pas moins à percevoir sur ses domaines les droits qu'elle avait perçus jusqu'à ce jour ; elle semble même oublier ce qui jusqu'alors avait été le but de ses efforts constants, et elle concède contre elle-même aux seigneurs l'exercice du droit sur les étrangers. Nous trouvons, en effet, des lettres patentes de Jean Ier, par lesquelles, en 1355, ce prince cède au comte de Brienne tous les droits qu'il pouvait avoir sur les aubains qui s'étaient, sur tout le territoire du comte, avoués bourgeois du roi.

La royauté n'allait pas, du reste, tarder à revenir à son ancienne politique ; elle semble même vouloir en finir d'un seul coup et, en 1386, elle évoque devant une commission du conseil toutes les difficultés relatives aux aubains. Le résultat ne pouvait être douteux : il fut ce qu'il devait être. Le conseil décida : « Sont et doivent être à nous, de nostre « droict, touz biens meubles et immeubles des personnes, « gens aubains et espaves qui trépassent sans convenables « héritiers, en quelque haute justice que yceulx, épaves « ou aubains, soient demourants. » Jamais l'attaque n'avait encore été si formelle, si directe ; les seigneurs s'indignent, ils protestent, ils réclament ; la lutte recommence plus acharnée que jamais, et au seizième siècle elle n'était point encore finie ; elle paraît même reprendre avec plus de violence lors de la rédaction des coutumes. A cette époque, les chances de la royauté furent diverses suivant l'influence de ses agents dans les débats qui amenèrent la rédaction de chacune des coutumes ; la plupart, il est vrai, donnèrent

l'aubain au roi, mais un assez grand nombre encore con-
serva intact le droit des seigneurs, disant : « Qu'il n'en
« serait aucune chose pour lors iminuée. »

Cependant, à partir de ce jour, la féodalité est mortelle-
ment atteinte, ses droits ne font plus que se débattre entre
les mains affaiblies des seigneurs, et, après la crise sociale
et politique du seizième siècle, crise d'où la royauté sort
vainqueur et armée d'une force nouvelle, son succès paraît
être enfin assuré. Ce fut Bacquet, le plus illustre des avocats du Trésor, qui devait terminer la lutte et assurer le
triomphe de la royauté sur les seigneurs; le livre qu'il fit à
ce sujet, son traité sur le droit d'aubaine est des plus
curieux à étudier; on y aperçoit tous les moyens dont la
royauté dut se servir pour agrandir sa puissance, pour
assurer sa suprématie. Rien de plus singulier que les dis-
sertations auxquelles se livre Bacquet; elles sont caracté-
ristiques : on y voit la ruse et la naïveté s'y allier d'une
façon plaisante. Le traité commence ainsi : « Nous voyons
« communément que les choses en soi précieuses et excel-
« lentes sont d'autant plus estimées et mieux recueillies
« qu'elles sont tenues secrettes, obscures et cachées. »
Puis, après avoir soutenu ce point par de nombreuses
preuves et documents, il arrive à la seconde partie de sa
proposition, qu'il formule en ces termes : « Et d'aulcuns
« que les droits domaniaux du royaume de France ont
« toujours été, comme ils sont encore à présent, secrets,
« obscurs et cachés, quoique ce soit inconnu à plusieurs. »
Quoi de plus singulier que ce secret dans la législation
domaniale? — Mais qu'importe, Bacquet n'y regarde pas
de si près, et ce fameux secret ne l'en conduit que plus
facilement à son but; c'est dans le chapitre iii qu'on le voit
clairement paraître : « On a fort douté en quelle sorte le
« droit d'aubaine a été introduit en France, et si ç'a été
« par la loi générale qui ait été écrite et publiée comme le
« sont les ordonnances de nos rois, ou si ç'a été seulement

« par une longue coutume et ancienne observance ; ce que
« plusieurs ont estimé, d'autant qu'on ne trouve aucunes
« ordonnances, mémoires ou instructions par écrit concer-
« nant ce droit qui ci-devant ayent été divulguées ; qui est
« cause que peu de gens ont connoissance du droit d'au-
« baine. » Ce n'est rien encore, ce n'est que l'exorde ;
voici enfin la ruse qui se démasque : « Toutefois, ayant
« fait plusieurs perquisitions, j'ai trouvé ès registres de la
« chambre des comptes une forme d'instruction de l'an-
« cienne usance, tant du droit d'aubaine que... et comme les
« droits des susdits doivent être observés en France, l'ex-
« trait desquels registres, jusqu'à présent incogneus, m'a
« semblé nécessaire à être inséré au présent traité. » Puis
suit un long détail des droits du roi sur les aubains, bâtards, etc., compilation d'ordonnances, d'instructions,
sans date, sans titre, sans indication « jusqu'alors incogneus », pour nous servir de l'expression de l'auteur, et
que, bien entendu, on n'a jamais retrouvés depuis. Quoi
qu'il en soit, et, bien que les moyens employés par l'habile
avocat du Trésor nous paraissent aujourd'hui puérils et
plaisants, il ne faut pas douter que son traité eut une
influence considérable sur l'issue de la lutte qui existait
déjà depuis tant de siècles, et qu'il dut singulièrement
contribuer au succès de la royauté.

Mais si la royauté avait des partisans pour soutenir ses
prétentions, les seigneurs avaient su également trouver des
jurisconsultes pour défendre leurs droits, et Guy Coquille
et Dumoulin ne cessèrent de combattre les prétentions
royales. Veut-on en avoir une idée ? Voici comment s'exprime Dumoulin dans sa note sur l'article 48 de la coutume
du Maine : « Ce sont les droits anciens des nobles d'avoir
« généralement tout droit de confiscation en leurs terres où
« ils ont haute justice, comme il appert par le procès-verbal
« de cette coutume et de celle d'Anjou et par les anciens
« registres et cartulaires des coutumes ; combien que depuis

« aucuns fiscaux royaux questuaires cherchent toutes nou-
« velles inventions pour augmenter le fisc du roi et dimi-
« nuer le droit des inférieurs... et d'entrée se sont efforcés
« de leur ôter les aubaines. »

Malgré toute l'habileté de Dumoulin et de Guy Coquille,
les seigneurs ne purent reprendre et faire revivre leurs
anciens droits. La royauté, du reste, avait vite compris
qu'elle ne pouvait étayer ses prétentions avec les artifices
de Bacquet, et nous la voyons répudier ce dernier par la
bouche de Loyseau, un de ses plus fervents défenseurs :
« Les fiscaux ont attribué au roi la succession des étrangers,
« sous prétexte de vieilles pancartes trouvées dans la
« chambre des comptes. » L'habile jurisconsulte essaye alors
de donner aux prétentions royales un motif plus large,
plus en rapport avec la puissance royale : « Pour le regard
« de l'aubenage, » dit-il, « il y a une grande raison de
« l'attribuer au roi seul; raison qui n'est aucune de celles
« rapportées par Bacquet... Les parents de l'étranger sont
« empêchés de lui succéder, non par le droit de nature au
« degré, ains par la loi particulière au royaume..., loi qui
« regarde la police générale de l'État, et, partant, appar-
« tient au roi seul, comme faite pour l'augmentation du
« royaume et non pour accroître et avantager les seigneurs
« particuliers d'icelui. » La raison, le motif de l'habile
jurisconsulte étaient-ils justes? Évidemment non; pas plus
que Bacquet, Loyseau ne donne aucune raison suffisante
pour justifier ce droit odieux; mais, du moins, le motif
qu'il met en avant est-il en rapport avec le nouveau caractère de la royauté, avec l'idée de domination absolue qui
ne devait être entièrement résolue que par Louis XIV.

Il y eut cependant un point qui dut singulièrement embarrasser les domanistes : nous voulons parler des coutumes qui reconnaissaient encore les droits des seigneurs
sur les aubains. Devant des textes écrits et aussi positifs,
on ne pouvait prendre de faux-fuyants; les domanistes le

comprirent : aussi n'hésitèrent-ils point à attaquer directement ces coutumes, à émettre un principe nouveau, qui,
par son caractère absolu, devait trancher définitivement la
question; le roi, dirent-ils, ne peut recevoir la loi de ses
sujets; lui seul a le droit de la faire. Ce principe, quelque
exorbitant qu'il fût, n'en finit pas moins par prévaloir, et
des jurisconsultes ne craignirent pas de venir y apporter
leur appui et leur autorité; c'est ainsi que de Laurière,
combattant Dumoulin, s'exprime en ces termes : « C'est
« par toutes ces raisons que le droit d'aubaine est, à pré-
« sent, régardé avec justice comme un droit purement
« royal, dont les seigneurs ne peuvent jouir même dans les
« lieux où les coutumes leur paraissent favorables à cet
« égard, parce que c'est un principe certain que, dans
« tout ce qui concerne les arrêts du roi, c'est par les
« ordonnances qu'il faut en juger, *et non par les cou-*
« *tumes qui n'ont été autorisées que pour servir de règles*
« *entre ses sujets,* suivant Loyseau dans son *Traité des*
« *seigneuries.* »

Le triomphe de la royauté était donc complet dans les
pays de droit coutumier; il en était de même dans les pays
de droit écrit, mais là, la royauté n'avait pu user de la
même politique. Dans le Midi, en effet, et dans ces quelques parties du Nord où la féodalité n'avait pu jeter de
profondes racines, où l'étranger n'avait jamais été soumis
à ces droits haineux que le haut baron lui avait imposés
dans les autres parties de la France, il était assez difficile à
la royauté de venir tout d'un coup prétendre s'approprier
l'étranger libre jusqu'à ce jour, de venir lui imposer des
droits dont il avait été toujours affranchi. Aussi, lorsque
les officiers royaux se présentèrent dans ces pays pour percevoir la succession des aubains, ils éprouvèrent la plus
vive résistance; dans le Nord on leur opposa une coutume
constante, dans le Midi on se retrancha derrière les
règles du droit romain. Cependant, tout nous prouve

qu'avec le temps la royauté finit par faire prévaloir ses droits et nous trouvons un édit de François Iᵉʳ qui établit le droit d'aubaine pour toute la Provence. Du reste on fut obligé, quelques années plus tard, de revenir sur cet édit; les plaintes furent si vives, le commerce eut tellement à en souffrir, que la royauté elle-même dut arrêter l'avidité des agents de son fisc, et à diverses reprises revenir sur ce qu'elle avait fait : des lettres patentes de 1472 accordent l'exemption du droit d'aubaine à tous les étrangers demeurant à Toulouse, d'autres, de la même année, à ceux résidant à Bordeaux; enfin, un édit de juillet 1475, rendu par Louis XI et confirmé par Charles VIII, étend cette exemption à tous les pays du Languedoc.

La royauté à cette époque est donc triomphante dans toute l'étendue de la France; l'unité est faite, toute distinction entre les aubains disparaît, l'aubenage féodal, les droits de chevage et de formariage n'existent plus, l'étranger n'a plus à supporter ces taxes arbitraires et injustes qu'on lui avait imposées jusqu'à ce jour, il n'est plus soumis qu'à l'aubaine royale, au droit d'aubaine proprement dit. Quelquefois, il est vrai, nos rois, pour remplir leur trésor vidé par leurs guerres ou leurs luxueuses passions, frapperont encore les étrangers de taxes arbitraires : Louis XIII, en 1639, leur imposera une taxe dont il se chargera de fixer lui-même la quotité; Louis XIV, en 1646 et en 1656, les forcera à racheter les lettres de naturalité qu'il leur avait accordées; en 1697, invoquant les droits de chevage et de formariage tombés en désuétude déjà depuis près de deux siècles, il leur imposera une taxe nouvelle; mais on ne saurait voir dans ces actes que des mesures arbitraires et exceptionnelles, des abus de pouvoir. Dès le seizième siècle, on peut dire qu'une législation unique et générale vient régir l'étranger sur toute l'étendue du royaume : les rois ont enfin détruit les droits monstrueux des seigneurs; ils ont fini par établir pour les aubains un régime tout dans l'intérêt de leur fisc, mais en même temps plus doux, plus humain pour ces derniers ; c'est le droit d'aubaine dans sa véritable acception, qui s'étend sur toute la France.

CHAPITRE VII.

DU DROIT D'AUBAINE.

La restauration du droit romain dut singulièrement favoriser la monarchie, lui être d'un puissant secours pour
détruire dans la main des seigneurs tous les droits dont ils
s'étaient emparés. Au treizième siècle, en effet, après ces
luttes, ces tourmentes par lesquelles on venait de passer,
on sentait un indicible besoin de calme et de repos, l'impé-
rieuse nécessité de faire disparaître tous les éléments de
discorde qui divisaient la France; on commençait à comprendre que le seul remède était dans l'unité, dans la création d'un pouvoir assez fort, assez puissant pour la donner,
la maintenir, et c'est au droit romain que les esprits éclairés
de cette époque allèrent la demander. La féodalité, le servage, l'aubenage, entièrement étrangers à ce droit devaient
être condamnés, tandis que l'autorité royale devait y trouver un appui et tendre à imiter de plus en plus l'autorité
des empereurs. Mais si la restauration du droit romain eut
l'effet heureux de faire naître l'unité de la France, elle eut
aussi de bien graves inconvénients, principalement dans
cette partie de notre législation que nous traitons. Pleins
d'admiration pour la sagesse et la profondeur des lois
romaines, les légistes de cette époque firent tous leurs
efforts pour les faire entrer dans nos institutions; mais
préoccupés de la pratique, ils ne s'occupèrent que légèrement de la théorie; ils voulurent de suite s'assimiler ce
droit qui venait de renaître; tout fut ramené par eux à son
application immédiate, et sans se demander si nos mœurs,
notre caractère, nos coutumes étaient susceptibles de s'y

soumettre, ils tendirent à donner une forme toute romaine à chacune de nos institutions. Aveuglés par leur passion pour les lois romaines, ils ne virent pas l'abîme qui existait entre le « *non civis* » à Rome et l'étranger tel qu'il était en France ; ils firent revivre l'ancienne distinction du droit civil et du droit des gens ; ils firent un mélange bizarre du droit d'aubaine et du droit des pérégrins. L'étranger put acheter, vendre, louer, hypothéquer, en un mot, il put faire tous les actes du droit des gens, mais il ne put disposer de ses biens pour le temps de sa mort, il ne put transmettre sa succession à ses héritiers, car, suivant les institutions romaines, la capacité de disposer de ses biens était une faveur, un privilége du droit civil : « *Testamenti factio est juris civilis* », et tous les actes du droit civil étaient interdits à l'étranger.

Une formule générale de cette époque peint, du reste, à merveille cette condition faite à l'étranger : *Aubenæ libere vivunt, servi moriuntur.* On a cependant critiqué cette formule, on a fait ressortir que les aubains n'étaient point libres. Sans doute cette liberté était loin d'être complète, et nous allons voir dans quelques instants qu'elle était singulièrement restreinte, tant au point de vue du droit public, qu'au point de vue du droit privé, mais nous ne croyons pas qu'il en faille, pour cela, critiquer cet adage. — On ne s'est point rendu compte, comme l'a fait si bien remarquer Guizot, que lorsqu'une société a duré longtemps, que sa langue a vieilli, on ne s'est pas rendu compte que les mots prennent un sens complet, précis et déterminé. Le temps fait entrer dans le sens de chaque terme une multitude d'idées qui se réveillent dès qu'on les prononce, et qui, ne portant pas toutes la même date, ne conviennent pas toutes au même temps. Les mots servitude et liberté appellent certainement aujourd'hui dans notre esprit des idées infiniment plus précises, plus complètes, que les faits correspondants dans les siècles que nous étudions; pour nous, il est incontestable que la condition des étrangers à cette époque était loin d'être la liberté, mais il ne devait pas en être de même pour les jurisconsultes d'alors; pour eux qui avaient vu la servitude des aubains, il était juste de dire : *Libere vivunt.*

La condition de l'étranger dut donc être singulièrement modifiée sous l'influence des idées romaines qui semblent envahir tous les esprits de cette époque; mais ce serait une grave erreur de croire que ces idées romaines durent altérer, changer complétement nos anciens usages, nos vieilles coutumes à l'égard des étrangers. Les jurisconsultes, dans leur désir de donner au roi la puissance qu'avaient eue les empereurs romains, de faire arriver à la royauté tout le pouvoir, toutes les richesses du royaume, essayèrent bien de détruire nos anciennes institutions pour y substituer le régime impérial, mais nos vieilles traditions étaient trop conformes à notre caractère et à nos mœurs; elles étaient trop passées dans nos habitudes pour disparaître ainsi tout d'un coup; elles subsistèrent, sous une forme nouvelle il est vrai, mais elles subsistèrent et, chose singulière, elles surent trouver une force nouvelle dans ces idées romaines qu'on avait voulu leur substituer. On comprend du reste aisément que, trompés par ce changement arrivé pour ainsi dire sans transition, quelques auteurs aient pu croire que le droit d'aubaine ait pris naissance dans les institutions romaines; on s'explique qu'ils aient voulu en trouver l'origine dans l'admiration passionnée des légistes pour le droit romain, dans leur désir d'attribuer tout pouvoir à la royauté, mais nous qui avons vu notre législation à l'égard des étrangers prendre naissance au milieu de la Germanie, qui l'avons suivie pas à pas sur notre sol, qui avons constaté toutes ses modifications, qui avons vu l'aubenage féodal succéder à la servitude personnelle de l'aubain, il nous est facile de voir que le droit d'aubaine n'a aucun rapport avec le droit romain, qu'il n'est, pour ainsi dire, qu'une suite du droit d'aubenage.

Quant aux raisons, aux motifs qui expliquent et justifient jusqu'à un certain point le droit d'aubaine, cette double incapacité de succéder et de transmettre dont est frappé l'étranger, nous croyons les apercevoir dans la révolution sociale qui venait de bouleverser la constitution de la France, dans le triomphe de la monarchie. Mais avant de donner ces raisons, rappelons-nous, en quelques mots, les causes qui, jusqu'à ce jour, avaient fait subsister cette double incapacité des étrangers; l'enchaînement des faits, mieux que toute chose, nous fera saisir le caractère et la raison du droit d'aubaine.

Dans le principe, lorsque les Francs n'avaient pas encore passé le Rhin, et même après leur établissement dans la Gaule, l'incapacité de succéder et de transmettre, qui frappait déjà l'étranger, n'était que la conséquence de l'impossibilité absolue où il se trouvait d'avoir la propriété franque, la terre salique, l'alleu; — plus tard, lorsque la condition de l'étranger fut le servage, cette incapacité dut subsister encore, elle fut alors le résultat de la servitude où se trouvait l'étranger. Cependant, dès cette époque, un motif plus rationnel, une raison vraiment politique semble apparaître et donner un juste fondement à cette prohibition si cruelle; nous voyons en effet, dans la *Charta divisionis* de 806, par laquelle Charlemagne divise son empire entre ses trois fils, une disposition fort importante et que nous ne saurions trop admirer. Après avoir déclaré que, malgré la division de son empire, les hommes libres obéissant à l'un de ses trois fils pourraient succéder aux biens situés dans un des deux autres royaumes, Charlemagne ajoute : à moins qu'il ne s'agisse d'un bénéfice. Quelle pouvait être la raison de cette exception ? — C'est qu'avec les yeux du génie, Charlemagne avait pressenti la féodalité; il avait vu le danger qu'aurait couru la France à voir ses châteaux forts, ses citadelles en la possession d'étrangers, d'ennemis peut-être acharnés à sa perte. — Que serait-il, en effet, arrivé dans ces temps où l'homme n'était rien par lui-même, où il tirait toute sa force, toute sa puissance, de la terre, dans ces temps où la possession du sol donnait la suzeraineté sur toute son étendue, où le seigneur, maître absolu sur son fief, pouvait impunément braver toutes les lois, que serait-il arrivé si les étrangers avaient pu acquérir et transmettre ces fiefs ? — La France amoindrie, démembrée, aurait été à la merci des étrangers. Je ne prétends pas, du reste, dire que c'est cette pensée politique qui a inspiré les seigneurs féodaux ; il est plus que probable que leur cupidité, leur désir insatiable de faire argent de tout, fut le meilleur garant, le plus sûr soutien de l'incapacité où se trouvait l'aubain ; mais du moins cette pensée éminemment politique que nous avons trouvée dans Charlemagne et que nous apercevons encore sous ses successeurs, suffit à elle seule pour justifier et même excuser l'aubaine féodale. Cette raison, il est vrai, ne peut pas être donnée pour le droit d'aubaine, car, du jour où la féodalité vient à s'écrouler sous les coups répétés de la royauté, la propriété foncière entre les mains de l'étranger ne peut plus offrir de crainte ni de danger. Mais un principe nouveau apparaît alors, principe qui n'est, pour ainsi dire, que la suite, que le développement de celui que nous venons de voir et qui, soutenu par les idées romaines alors si en honneur, allait, je ne dirai pas justifier le droit d'aubaine, mais lui donner cependant une cause, une raison d'être assez forte pour que ce droit pût se maintenir jusqu'à la chute de la monarchie et reparaître même jusque dans notre Code civil.

Jusqu'au triomphe de la royauté sur la féodalité, le roi était bien, disait-on, le souverain fieffeux de tout son royaume, mais ce titre, parfaitement exact dans la théorie, n'existait point en réalité, et ce ne fut qu'à partir de la chute du système féodal que la royauté devint vraiment maîtresse de tout le royaume. Le premier soin des rois après leur victoire fut de s'approprier tous les droits qu'ils venaient d'ar-

racher avec tant de peine : les seigneurs avaient été maîtres
absolus sur toute l'étendue de leurs fiefs, le roi va devenir
à son tour maître absolu de tout son royaume ; les seigneurs
avaient prétendu que tout ce qui se trouvait sur leurs terres
leur appartenait, qu'ils n'avaient fait qu'en concéder le domaine utile ; le roi va également prétendre que tout le territoire du royaume lui appartient, il pose le principe du
domaine éminent de la couronne, et c'est à ce principe que
nous rattacherons le droit d'aubaine. Du moment, en effet,
que le roi fut propriétaire souverain de la France, du moment que le roi put dire : « Mon fils, tout vous appartient
« en ce royaume », de ce moment le roi put seul donner
l'investiture de la terre ; à la mort de chaque propriétaire,
tous les biens du *de cujus* durent rentrer dans la main du
roi, et ses héritiers ne purent en obtenir la possession qu'en
payant les droits de mutation. Dans de semblables conditions, parmi les étrangers ceux-là seulement qui avaient
obtenu des lettres de naturalité pouvaient jouir de cette
faveur ; les autres en devaient être complétement exclus,
leurs biens devaient revenir au roi, car des biens se trouvant sur le sol de la France ne pouvaient appartenir à une
nation étrangère. « Toute personne, nous dit Bacquet, na-
« tive hors du royaume, y demeurant, ou bien passant par
« le royaume et décédant en icelui, ou demeurant en France,
« décédant hors du royaume et ayant biens en icelui, n'ayant
« obtenu lettres de naturalité du roi, n'a et ne peut avoir
« autre successeur et héritier que le roi de France. » Bacquet se contente de poser le fait sans nous en fournir la raison, mais ce qui prouve bien que le motif que nous venons
de donner était celui sur lequel la royauté se fondait pour
percevoir le droit d'aubaine, c'est ce que nous dit Dumoulin,
à propos de l'étranger ne résidant pas en France : les biens
de cet étranger ne pouvaient être soumis au droit d'aubaine, car, disait-il, cesdits biens ne proviennent pas de
deniers acquis audit royaume. Ainsi, même d'après Du-

moulin, cet ennemi acharné de l'aubaine royale, si le roi avait droit à la succession de l'aubain mourant en France, c'est que cette succession, se composant de biens acquis dans le royaume, devait revenir au roi comme le fruit d'une propriété lui appartenant.

Ce principe de la royauté étant donné, il est facile de comprendre quel soutien les rois durent trouver dans les institutions romaines, et comment cette distinction du *civis* et du *peregrinus*, tout opposée qu'elle fût à nos mœurs et à nos institutions, dut prendre néanmoins un développement extrême. Tous les droits compris dans le *jus gentium* ne touchant pas au droit propre à la nation et ne portant, par cela même, aucune atteinte à l'autorité et au domaine royal, étaient accordés aux étrangers; tous les droits, au contraire, faisant partie du *jus civile* leur étaient, par cela seul, formellement refusés; or, disait-on, la capacité de tester, la *factio testamenti est juris civilis,* la capacité active et passive de succéder *ab intestat est jure civili data ac permissa :* par conséquent, l'étranger ne saurait y prétendre. Le droit romain ne faisait, en résumé, que couvrir et fortifier en même temps les principes que la monarchie venait d'édifier sur les ruines de la féodalité.

La règle était donc, à cette époque, que l'aubain, soit qu'il demeurât en France, soit seulement qu'il ne fît qu'y passer en voyage, ne pouvait recueillir ou transmettre des biens situés dans le royaume.

L'incapacité de tester et de recueillir *ab intestat* était entièrement absolue; il n'en était pas de même de l'incapacité de transmettre. Lorsqu'un aubain mourait en France, laissant des enfants légitimes nés sur notre sol, sa succession ne pouvait être soumise au droit d'aubaine, car ce droit serait venu frapper des Français, puisque les enfants de l'aubain, par le fait seul de leur naissance en France, étaient citoyens français. « Les citoyens, les vrais et naturels Français, nous dit Pothier, sont ceux qui sont nés dans l'é-

« tendue de la domination françoise. » Cette exception ne prit point, du reste, naissance à cette époque, et tout semble nous prouver que la royauté l'avait déjà admise depuis longtemps, car nous la trouvons déjà dans les établissements de saint Louis : « L'aubain — y voyons-nous, — « peut transmettre à ses hoirs légitimes procréés de son « corps audit royaume. » Cette limitation du droit d'aubaine n'avait point, du reste, été faite en faveur des étrangers, puisque les enfants de l'aubain étaient français; cependant, les étrangers devaient en profiter. En effet, de ce que la succession de l'aubain mort laissant des enfants procréés audit royaume, n'était point soumise au droit d'aubaine, le roi n'avait plus rien à y prétendre, le fisc n'avait plus à s'immiscer dans le règlement de la succession, et celle-ci se réglait d'après les règles de l'équité, de telle sorte que si l'aubain avait, en outre de ses enfants français, d'autres enfants qui n'étaient point nés en France, ceux-ci, quoique étrangers comme leur père, pouvaient venir en concours avec leurs frères et recueillir la part qui leur était attribuée.

Les enfants regnicoles relevaient leurs frères aubains de leur incapacité et, pour nous servir de l'expression de Lebrun : les enfants regnicoles valaient à l'aubain des lettres de naturalité.

L'incapacité de transmettre n'était donc pas aussi absolue qu'elle pouvait bien le paraître, et nous pouvons la formuler ainsi : aubain mort ne peut avoir pour héritier que son corps. Cependant, il ne faut pas non plus exagérer la portée de cette exception, et croire qu'elle pouvait s'appliquer à tous les cas ; elle n'avait point lieu en dehors de celui que nous venons de voir, et même dans celui-ci, elle n'était plus applicable si la succession de l'aubain mort était testamentaire et non *ab intestat*. Quant à la réciprocité, elle ne fut jamais admise et à aucune époque l'aubain ne put recueillir les biens laissés par ses enfants français.

L'incapacité de transmettre et de recueillir entraînait naturellement avec elle, pour l'étranger, l'incapacité absolue de disposer ou de recevoir par donation à cause de mort. Il semblerait qu'il aurait dû en être de même pour les donations entre-vifs, car les mêmes raisons existaient pour ce cas; cependant il n'en était rien et l'aubain pouvait disposer et recevoir par donation entre-vifs. Quelle pouvait être la cause d'une semblable anomalie? Loysel, dans ses *Institutes coutumières*, nous en donne la raison et nous montre qu'elle n'était que le résultat de l'application de la fameuse distinction du *civis* et du *peregrinus* entrée dans nos institutions sous l'influence des légistes. A Rome, en effet, la donation n'était point un contrat réservé aux citoyens; c'était un mode d'acquérir tout à la fois du droit des gens et du droit civil, en sorte que les étrangers n'en étaient point exclus et qu'ils pouvaient faire et recevoir des libéralités entre-vifs. La même distinction du *jus gentium* et du *jus civile* ayant été admise dans nos lois, elle fut appliquée indistinctement jusque dans ses moindres dispositions, et l'aubain qui ne pouvait transmettre ou recevoir par donation à cause de mort, le put par disposition entre-vifs. — Cependant, pour empêcher la violation de la prohibition faite à l'étranger, violation qui lui était rendue si facile par la faculté de disposer entre-vifs, on eut soin de lui appliquer l'article 267 de la Coutume de Paris, qui portait : « Toutes donations, encore qu'elles soient conçues « entre-vifs, faites par des personnes gisant au lit, malades « de maladies dont elles décèdent, sont réputées faites à « cause de mort et testamentaires, et non entre-vifs. »

Cette faculté accordée à l'étranger de disposer et de recevoir entre-vifs, reçut même, sous l'influence des légistes, une assez grande extension : il fut permis à des époux étrangers de se faire des dons mutuels. Nous trouvons, en effet, un arrêt du 16 novembre 1531 qui l'autorise, en se fondant sur ce que le don mutuel n'était point une disposition testamentaire, car il ne pouvait être révoqué que par le consentement réciproque des deux parties. Ce fut sans doute pour les mêmes raisons que l'on admit encore l'institution contractuelle faite par un étranger, car nous trouvons un arrêt du conseil souverain de Colmar, en date du 8 février 1755, qui valide un mariage entre un Français et une personne étrangère, dans lequel le dernier survivant devait avoir droit à tous les biens de la communauté.

Le droit d'aubaine, en prenant ce mot dans son sens le plus large, ne s'arrêtait pas à la double incapacité de recueillir ou de transmettre : il comprenait encore bien d'autres incapacités tant dans le droit public que dans le droit privé. Nous allons nous efforcer de faire un tableau aussi succinct que complet de ces diverses incapacités.

En droit public, l'incapacité de l'aubain était complète, et rien ne pouvait le relever de cette incapacité, pas même les lettres de naturalité, car en raison même de sa nationalité, sa fidélité devait toujours être suspecte, et il aurait été dangereux de lui confier la moindre parcelle de la suzeraineté du roi. Suivant Loysel, les aubains ne pouvaient tenir offices, bénéfices, fermes du roi ni de l'Église; ils ne pouvaient exercer une fonction publique de quelque nature qu'elle fût; ils ne pouvaient être principaux ni régents des universités; les étrangers étaient pourtant admis dans les universités, mais on ne leur accordait des brevets que sous la condition de ne pas s'en servir en France.

Quant au droit privé, pour connaître quelle était la capacité de l'aubain, il faut se reporter à la distinction romaine du *jus gentium* et du *jus civile*, que les légistes avaient si malheureusement fait revivre; car c'est cette distinction qui régit à cette époque toute cette partie de la législation à l'égard des étrangers. Veut-on savoir si l'aubain jouit de tel droit? On n'a qu'à ouvrir le Digeste; le droit figure-t-il dans le droit des gens? il est accordé à l'étranger. Fait-il partie du droit civil? il est refusé à l'étranger. A

Rome, le pérégrin avait pu acheter, vendre, louer, hypothéquer; en France, l'aubain put faire les contrats de vente, de location, d'hypothèque. A Rome, la tutelle avait été une fonction publique uniquement réservée aux citoyens, l'adoption avait été un contrat civil tenant à la constitution politique de la société; le pérégrin ne pouvait donc y prétendre : en France, on dit également que ces droits faisaient partie du droit civil et constitutionnel : l'aubain ne put donc les exercer. Notre droit n'était que l'application rigoureuse de la distinction du *jus civile* et du *jus gentium*, que la copie des institutions romaines : rien donc n'était plus simple. Cependant, sur un point, les jurisconsultes parurent fort embarrassés : nous voulons parler de la prescription; car, à Rome, si l'*usucapio* était réservé aux citoyens, la *præscriptio* était accordée aux pérégrins. Fallait-il considérer la prescription comme la *præscriptio*, ou comme l'*usacapio?* Là-dessus, nous ne savons combien de controverses; Pothier, lui-même, change deux fois d'avis : dans son *Traité sur la prescription*, il refuse tout moyen de prescrire à l'aubain; dans son *Traité sur les personnes*, il lui refuse la prescription de dix à vingt ans, mais il lui accorde celle de trente. Un point, du reste, sur lequel les jurisconsultes paraissent toujours avoir été d'accord, c'est celui de la prescription fondée sur une possession immémoriale et de la prescription libératoire : l'une et l'autre sont accordées à l'aubain. Mais laissons de côté cette distinction du *jus civile* et du *jus gentium*, laissons cette classification des droits privés accordés à l'étranger, et arrivons à la forme de procédure suivie à l'égard des étrangers; voyons ces dernières traces de nos vieilles traditions.

Jusqu'au dix-septième siècle, on eut la coutume la plus singulière, la plus bizarre, pour assigner les étrangers : on faisait les assignations à la frontière à son de trompe. Le détail de cette dérisoire habitude nous a été conservé par Jean Le Bouteillier; voilà ce qu'il dit dans son *Coutumier* :

« Et se estoit pour faire adjourner habitans de pays en
« villes estranges, il suffiroit adjourner iceluy à la plus pro-
« chaine ville du pays qu'on vouldroit adjourner et le faire en
« publicque à la bretesche par jour de marché, et puis atta-
« cher l'exploict avec la rescription à la porte au lez du
« pays ou de la ville don lon adjourne le seigneur ou les
« habitans, tellement que ceux qui iront audit pays le puis-
« sent sçavoir et dire au lieu et avoir veue copie de l'ex-
« ploict se prendre le veullent et le doit-on laisser à la porte
« tant que durer pourra. » Nous ne saurions dire à quelle
époque dut prendre naissance ce singulier usage, mais tout
nous porte à croire qu'il existait dès le début de notre histoire; il subsista jusqu'au dix-septième siècle, et ce ne
fut que l'ordonnance de 1667 qui l'abrogea; l'article 7 du
titre I de cette ordonnance est ainsi conçu : « Les étran-
« gers qui sont hors le royaume seront ajournés ès-hôtels
« de nos procureurs généraux des parlements où ressorti-
« ront les appellations des juges devant lesquels ils seront
« assignés, et ne seront plus données aucunes assignations
« sur les frontières. »

Cette ordonnance, en dehors du fait principal qu'elle
contient, nous montre un autre principe exceptionnel à
l'égard des étrangers; elle fait voir que, dans tous les cas,
ceux-ci étaient justiciables des tribunaux français. Ce principe n'était point, du reste, nouveau ; il n'était que le fruit
des idées germaniques déposées sur notre sol par les Francs.
En Germanie, en effet, l'étranger n'avait jamais joui du bénéfice de se faire juger par ses pairs; s'il voulait la justice,
il devait la demander au tribunal des hommes libres de la
tribu. Cette règle, importée par les Francs, dut se perpétuer
sur notre sol; elle dut, il est vrai, être singulièrement restreinte pendant toute la période de la personnalité des lois,
mais, lorsque l'unité du royaume eut commencé, que le servage tendit peu à peu à disparaître, elle dut revivre comme
elle avait existé en Germanie. Cette disposition n'avait, du

reste, rien que de fort sage, de fort rationnel ; elle était, en quelque sorte, d'intérêt public. Que serait-il en effet arrivé, la plupart du temps, si le Français n'avait pu citer un créancier étranger devant les tribunaux de la France ? Le plus souvent il aurait été dans l'impossibilité d'obtenir justice. Mais si, dans tous les cas, même en matière personnelle, l'étranger était justiciable des tribunaux français, la crainte légitime qu'il inspirait n'allait pas jusqu'à autoriser le Français demandeur à le citer devant n'importe quel tribunal ; l'étranger pouvait être assigné en France, mais il devait l'être en matière personnelle, devant le tribunal de sa dernière résidence, en matière réelle, devant le tribunal de la situation de l'immeuble qui donnait lieu au litige.

Cette crainte, qui animait le législateur, de voir le Français ne pouvoir obtenir justice de l'étranger, ne s'arrêtait pas à contraindre ce dernier à comparaître devant les tribunaux français ; nous voyons, en effet, que, dans le cas où le Français n'aurait pas bénéficié de l'avantage que lui donnait la loi, dans le cas où il aurait consenti à faire juger l'affaire par les tribunaux de l'étranger, nous voyons que le législateur venait encore à son secours et lui permettait, par une faveur toute spéciale, de remettre de nouveau la question en débat devant les tribunaux français. Cette disposition, il est vrai, ne paraît pas avoir été admise par tous les jurisconsultes, car l'ordonnance de 1629, dans laquelle elle se trouvait écrite, ne fut pas enregistrée dans un grand nombre de parlements, mais Bourjon nous apprend qu'elle était reconnue par la jurisprudence, qu'on la regardait même comme un principe fondamental de notre droit en cette partie de notre législation.

Le principe, la règle était donc qu'en tous les cas, même en matière personnelle, l'étranger était justiciable des tribunaux français ; mais ce n'était point assez que d'assurer à nos nationaux d'être jugés par leurs tribunaux, il fallait encore prendre des précautions pour assurer l'exécution des décisions données par nos juges; il ne fallait pas que l'étranger pût impunément se jouer de la justice française et après une condamnation rendre par sa fuite cette justice vaine et illusoire. C'est pour obvier à ce danger que l'on contraignait l'étranger à fournir caution de payer les dépens et les condamnations qui pourraient être prononcées contre lui dans le cours du procès, à donner la *cautio judicatum solvi.*

Malgré le nom tout romain dont nous voyons affubler cette disposition, il est évident qu'elle n'a aucun rapport avec le droit romain, qu'elle est entièrement personnelle à nos traditions nationales et que c'est dans nos anciens usages qu'il nous en faut chercher l'origine. Nous serions même assez porté à croire que cette institution existait déjà en Germanie, car nous voyons dans les lois de Canut le Grand que le rachimbourg n'était tenu de plaider contre l'étranger qu'autant que celui-ci présentait un répondant. Cette institution dut, évidemment, être importée sur notre sol par les Francs et prendre une rapide extension à mesure que les rapports avec les étrangers devinrent plus fréquents; cette extension paraît, même, avoir été si grande à une époque, que ce n'était pas seulement l'étranger qui était contraint, pour plaider, de fournir caution, mais encore le Français voulant plaider devant un seigneur autre que celui à qui il avait fait aveu; ce texte de Beaumanoir, que nous avons déjà eu l'occasion de citer, ne peut laisser aucun doute à cet égard : « Quand aucuns plede en le cort « d'aucun seigneur auquel il n'est ne hons ne ostes, il doit « livrer pleges d'être à droit et qu'il ne travaillera pas celi « à que il veut pledier en le cort de chrestienté; et li pleges « doivent être tels que le sire en qui cort li plis est, les « puist justicier. » Ainsi, à l'époque de la restauration du droit romain, cet usage de contraindre l'étranger à fournir caution pour plaider était unanimement établi sur toute l'étendue de la France; mais à cette époque où l'on ne jugeait que d'après le droit romain, où l'on tendait à donner une forme romaine à toutes nos institutions, on chercha si l'on ne trouverait pas dans le Digeste quelque disposition ayant quelque rapport avec cette institution toute nationale; on vit qu'à Rome le défendeur était astreint, dans certains cas, à fournir une *cautio*, et, sans se demander s'il y avait la moindre ressemblance entre notre disposition et la disposition romaine, on prit le nom de la garantie que le défendeur à Rome était obligé quelquefois de donner, et l'on appela *cautio judicatum solvi* la caution que l'étranger demandeur avait, jusqu'alors, été obligé de fournir. Cette manie de tout ramener au droit romain semble même avoir tellement obscurci la raison des légistes au quatorzième siècle, qu'ils voulurent astreindre non-seulement l'étranger demandeur, mais encore l'étranger défendeur à fournir cette caution ; mais la jurisprudence n'admit jamais une doctrine aussi peu équitable, et deux arrêts, l'un du 13 février 1581, l'autre du 28 août 1698 firent bon marché d'une semblable prétention qu'ils regardaient à juste titre comme une violation du droit naturel.

Bacquet, dans son traité sur le droit d'aubaine, fait très-bien ressortir la raison de cette garantie ainsi exigée de l'étranger : « Toutefois », dit-il, « parce que l'exécution des « jugements qu'on obtiendrait contre l'estranger serait fort « difficile et qu'en un moment il se peut retirer hors du « royaume et par ce moyen rendre les jugements contre lui « obtenus illusoires et sans effets, aussi que le Français plai-« dant hors le royaume est tenu de bailler caution, de « payer le jugé et qu'il y a pour le jour d'hui grande mul-« titude d'estrangers en France qui plaident hardiment « contre les Français, on contraint à présent les étrangers « à bailler caution de payer le jugé. » Mais remarquons bien que Bacquet ne parle que de l'étranger demandeur : lui seul était tenu à fournir cette caution ; il devait, par exemple, la donner devant n'importe quelle juridiction, soit au civil, soit au criminel; il devait même la donner pour plaider contre un autre étranger. Mais le but, le motif de cette garantie que nous venons de voir expliquer dans Bacquet, servit aussi à la restreindre; on ne l'exigeait en effet de l'étranger, venons-nous de dire, que pour assurer l'exécution de la condamnation qui pourrait être prononcée contre lui : si donc il avait en France des possessions, des immeubles suffisants pour garantir l'exécution du jugement, il ne pouvait plus inspirer de méfiance et de crainte, cette garantie n'avait plus lieu d'exister; aussi le déchargeait-on de l'obligation de la fournir. Il en était de même en matières commerciales : la facilité, la rapidité des affaires l'exigeait ainsi, car l'obligation de fournir cette caution aurait été une entrave apportée au commerce, qui aurait nui à nos nationaux eux-mêmes. Enfin, un arrêt du parlement de Toulouse, de 1730, semble indiquer que, dans les affaires pour causer d'aliments, l'étranger était également dispensé de fournir cette caution.

Une raison à peu près analogue à celle qui avait fait établir la *cautio judicatum solvi* fit refuser à l'étranger le bénéfice de la cession de biens. Voici le motif que nous en donne Bacquet : « Et ne le reçoit pas à faire cession de biens combien que le régnicole y soit reçu suivant la disposition du droit notoire et vulgaire : et ce par arrêt donné ès plaidoiries d'après dîner le 12 mai 1565; autrement l'estranger pourroit à son advantage succer le sang et la moelle des Français, puis les payer en faillite. » La raison est sans doute exagérée et cette disposition peut paraître bien rigoureuse, cependant elle peut se justifier par son utilité; il n'en est pas de même de la rigueur avec laquelle nous voyons la contrainte par corps appliquée à l'étranger. L'ordonnance de Philippe le Bel, de 1304, traitait à cet égard l'étranger comme le Français; l'un et l'autre n'étaient contraignables par corps qu'autant qu'ils s'y étaient soumis. Cette faveur dut sans doute donner naissance à des difficultés, car nous la voyons abrogée par l'ordonnance de Moulins de 1566 : « Tous les jugements et condamnations « de sommes pécuniaires », porte l'article 48 de cette ordonnance, « pour quelque cause que ce soit, pourront être « promptement exécutés par toute contrainte. » La condition de l'étranger et du Français était donc encore identique, la même règle était suivie à l'égard de l'un et de l'autre; mais, à partir de 1667, cette condition vint à changer complétement. L'ordonnance de 1667, en effet, abroge le mode d'exécution établi par l'ordonnance de Moulins, ou, du moins, le restreint à certaines dettes. Cette ordonnance, pas plus que les précédentes, n'avait fait une différence entre les étrangers et les Français; elle aurait donc dû leur être applicable, mais les légistes prétendirent que l'ordonnance de 1667 n'avait abrogé celle de 1566 que pour ce qui regardait les nationaux, et que, par conséquent, les étrangers se trouvaient toujours sous l'application de l'ordonnance de Moulins; ils finirent, à la fin, par faire admettre ce principe injuste; l'étranger put, en toute matière, être privé de sa liberté : *Si non in œre solvat,* disaient-ils, *saltem in cute.*

Telle est, dans son ensemble, la condition de l'étranger sous la monarchie; cette condition s'était certes bien modifiée depuis la féodalité, depuis le moment où la royauté était enfin parvenue à mettre quelque unité dans la France, mais elle nous paraîtrait encore bien rigoureuse si nos rois n'y avaient apporté de grands adoucissements, soit par des immunités, soit par des lettres de naturalité, si, enfin, les traités internationaux n'étaient venus rapprocher les peuples les uns des autres. Jetons un rapide coup-d'œil sur ces restrictions, sur ces adoucissements successifs.

Nous venons de parler de lettres de naturalité; ces lettres ne pouvaient être accordées que par le roi, car lui seul avait le pouvoir de ranger les étrangers parmi ses sujets; mais comme ces lettres assimilaient à peu près l'étranger au national et qu'elles dépouillaient le roi de l'éventualité de l'aubaine, celui-ci n'avait l'habitude de les délivrer que moyennant finance, « le payement de cette finance », dit Pothier, « étant comme une indemnité du droit d'aubaine « auquel le roi renonçait par les lettres de naturalité qu'il « accordait. » Ces lettres étaient vérifiées et enregistrées par la Cour des comptes, qui les taxait « de quelques petites « sommes, telles que bon lui semble, lesquelles doivent être « employées et converties en aumosnes. » Inutile de dire quelles étaient ces aumônes; on comprend assez ce qu'elles devaient être, et elles expliquent pourquoi on forçait si souvent les étrangers à renouveler ces lettres, pourquoi plusieurs ordonnances de nos rois forcèrent les étrangers naturalisés à faire confirmer leurs lettres de naturalité. Ces lettres, d'ailleurs, étaient loin d'assimiler l'étranger au Français; celui qui les avait obtenues pouvait bien transmettre sa succession *ab intestat*, mais il fallait que ses héritiers fussent Français de naissance ou tout au moins Français naturalisés; il pouvait bien recueillir la succession de son parent régnicole, mais il ne pouvait venir à cette succession qu'à défaut d'héritiers nés en France, à moins qu'il ne fût lui-même le fils légitime du *de cujus*. Du reste, à un autre point de vue, cet étranger était mieux traité que le Français, car il avait la libre disposition de tous ses biens et n'était point soumis à la réserve coutumière, qui n'avait point, d'ailleurs, lieu d'exister pour lui. L'effet réel de ces lettres de naturalité était donc d'enlever au roi le bénéfice du droit d'aubaine; cependant le roi ne renonçait pas entièrement à toute éventualité à cet égard, car si l'aubain mourait *ab intestat* sans laisser d'héritiers français ou tout au moins naturalisés, sa succession revenait encore au roi. En ce qui regardait le droit public, les lettres de naturalité ne produisaient aucun effet; elles n'avaient point la vertu de relever l'étranger des incapacités qui le frappaient; et l'ordonnance de Blois nous montre que, même dans ce cas, il était exclu des trois grandes dignités ecclésiastiques, et qu'il ne pouvait prétendre soit à un archevêché, soit à un évêché, soit même à une abbaye.

De bonne heure, pour favoriser le commerce et l'industrie, nos rois exemptèrent du droit d'aubaine certaines classes d'étrangers. Jusque dans le treizième siècle, le grand centre commercial se trouvait dans quelques foires qui se réunissaient une fois par année et auxquelles accouraient de toutes parts les marchands étrangers, principalement les Italiens; mais ces marchands ne se fixaient point en France, et ceux-là même qui ne faisaient que venir apporter leurs marchandises étaient retenus par la crainte de voir ces marchandises saisies par les agents du roi et lui revenir à titre d'aubaine s'ils venaient à mourir durant leur séjour dans le royaume. Aussi, pour les attirer et les retenir en France, les rois, de bonne heure, se dépouillèrent-ils, en leur faveur, de leur droit d'aubaine. Dès le douzième siècle, à propos des foires de Champagne, nous trouvons un texte rapporté par Ducange, qui déclare que : « Toutes manières « d'aubains d'outre-montanes, qui sont marchands de foire, « se ils se muirent durant le cours de la foire, sans hoirs de « leurs, l'avoir est acquis au roi. » Ce privilége, bien racheté du reste par toutes les taxes : droit d'host, de chevauchée, de double denier par livre, dont on frappait les marchands étrangers, s'étendit peu à peu et, en 1443, Charles VII accorda à Lyon le bénéfice des trois foires franches; mais comme, malheureusement, il n'avait pas spécifié dans son édit si cette faveur était accordée aux aubains résidant dans la ville ou seulement à ceux venus du dehors, on refusa l'exemption aux aubains résidant dans Lyon, et ce ne fut qu'un édit de Charles IX qui fit cesser cette distinction malheureuse. Nous voudrions pouvoir entrer dans le détail de chacune de ces immunités accordées par nos rois, mais le cadre restreint de cet ouvrage nous retient, et nous devons nous contenter de les énumérer sans entrer dans d'autres explications. Charles V accorda l'exemption du droit d'aubaine aux originaires de la Castille qui venaient faire le commerce en France; un édit de 1378 étend cette exemption à certains étrangers résidant à Amiens, à Abbeville et à Meaux; Louis XI se dépouille de l'aubaine en faveur des marchands de Flandre, de Hollande, de Zélande, de Brabant, et, en 1464, de la Hanse teutonique; bientôt après, Châlons-sur-Marne, Metz, Longwy, Dunkerque, reçoivent successivement semblable faveur. L'industrie fut également protégée par nos rois : les tapisseries des Flandres, des Gobelins, de Beauvais, les manufactures de soie, purent ouvrir leurs ateliers aux étrangers sans que ceux-ci eussent à craindre le droit d'aubaine. Enfin, dans un but politique et pour attirer l'argent dans la France, on déclara franches et délivrées de tout droit d'aubaine, les rentes sur l'État et sur l'hôtel de ville de Paris. Toutes ces immunités et d'autres encore que nous omettons de signaler, restreignaient considérablement le droit d'aubaine, et l'on comprend qu'elles ne durent point être accordées sans résistance; mais ce qu'il y a d'assez singulier, c'est que cette résistance fut faite principalement par les parlements qui, se considérant comme les gardiens de la constitution, firent tous leurs efforts pour empêcher la royauté de se dépouiller de ses droits et de faire ainsi la richesse et la prospérité de la France. Du reste, ces immunités n'étaient point absolues et elles étaient plus ou moins larges suivant les concessions; en règle générale, on peut dire qu'elles ne s'appliquaient qu'aux meubles appartenant à ces étrangers privilégiés et que leurs immeubles restaient sous le coup du droit d'aubaine; mais, même en prenant l'immunité la plus large, nous voyons que ces étrangers étaient toujours tenus de fournir la *cautio judicatum solvi* et qu'ils ne jouissaient en aucune manière du bénéfice de la cession de biens.

La politique extérieure de nos rois fut encore une cause d'immunité; nous voulons parler de cette politique à l'égard.

des pays qui avaient fait partie jadis de la France, et qui en avaient été détachés, mais sur lesquels la royauté prétendait avoir gardé une certaine suprématie. — Les rois, qui soutenaient que les habitants de ces pays relevaient de leur autorité et qui espéraient pouvoir, un jour, les rattacher directement à la France, ne pouvaient les considérer comme des étrangers et leur appliquer le droit d'aubaine; aussi voyons-nous que les plus grandes immunités leur avaient été accordées et que le droit d'aubaine ne s'appliquait pas aux habitants du Comtat Venaissin, de la Flandre, du Milanais et de l'Artois.

Mais ce qui, plus que toute autre chose, dut contribuer à adoucir la condition de l'aubain telle que nous l'avons exposée, à restreindre considérablement l'application du droit d'aubaine, ce furent les traités internationaux. Ces traités ne remontent guère avant le seizième siècle, car ce n'est qu'à cette époque que la royauté est vraiment constituée, qu'elle devient réellement pouvoir central; ce n'est qu'à cette époque que naît la diplomatie. Le premier traité où nous apercevons une convention internationale, est celui de Cambrai, signé en 1529 par Louise de Savoie, mère de François Iᵉʳ, et Marguerite, archiduchesse d'Autriche, sœur de Charles-Quint; il y est stipulé que, dans les deux États, la double incapacité qui frappait l'étranger serait mutuellement abrogée : « Nonobstant et sans avoir « égard audit droit d'aubaine et d'aubaineté, que lesdites « dames en vertu de leur pouvoir, pour le bien de la paix, abolissent et mettent à néant perpétuellement et à toujours. » Pendant près de deux siècles, nous n'apercevons plus que peu ou pas de traités internationaux, mais ils recommencent au dix-huitième siècle, et alors ils se suivent et se multiplient tellement, qu'un écrivain de cette époque peut dire : « Tous les souverains de l'Europe paraissent de con- « cert pour abolir réciproquement entre eux ce droit exor- « bitant, afin de faciliter le commerce respectif et la corres-

— 148 —

« pondance mutuelle entre leurs sujets. » Voici les dates
des principaux de ces traités que la France fit avec les nations de l'Europe : en 1760, avec la Sardaigne; en 1762,
avec l'Espagne et les Deux-Siciles; en 1766, avec l'Autriche; en 1768, avec la Toscane, les Pays-Bas, la Suisse et
le Danemark; en 1772-73, avec le Portugal; en 1777,
avec les États-Unis; en 1787, avec la Russie et, la même
année, avec l'Angleterre. Les exemptions du droit d'aubaine n'étaient pas les mêmes pour toutes ces nations; elles
étaient plus ou moins larges et si l'on veut les connaître
exactement, c'est aux conventions elles-mêmes qu'il faut se
reporter, car c'étaient elles qui faisaient loi : *Videndum est
quid scriptum sit*, disait-on, et, pour trancher les questions
en litige, on pesait les dispositions, même les expressions
de la convention. Une clause, cependant, qui paraît se retrouver dans tous ces traités, est celle qui établit en faveur
du roi le droit de détraction. Ces traités, tout abolitifs qu'ils
fussent du droit d'aubaine, ne détruisaient point, en réalité,
ce droit, ils ne faisaient que le restreindre et lui donner une
dénomination nouvelle : le droit de détraction; en vertu de
ce nouveau droit, le fisc royal ne pouvait plus prétendre à
l'intégrité de la succession recueillie de l'aubain, mais il
avait le droit de retenir soit 10, soit même 20 pour 100 de
cette succession, qu'elle provînt d'un étranger ou qu'elle
provient d'un Français.

Toutes ces restrictions successives que nous avons été
obligés d'esquisser, à trop grands traits suivant nos désirs,
avaient dû singulièrement restreindre l'application de notre
droit si rigoureux à l'égard des étrangers, et à la fin du
siècle dernier, bien peu de ces étrangers devaient se trouver sous le coup de ces lois barbares que nous avait transmis la féodalité. On sent, dès ce moment, que des idées
plus équitables, plus humaines, n'allaient pas tarder à éclore
et que des dispositions plus fraternelles allaient devenir,
dans nos lois, la règle et non plus l'exception. Mais avant

que de passer à l'œuvre de la Constituante, à l'ère nouvelle qui allait se lever pour les étrangers, qu'il nous soit permis de nous arrêter quelques instants; jetons un dernier coup d'œil sur l'histoire de la condition des étrangers jusqu'à cette époque, voyons et admirons cette marche lente et pénible, mais cependant soutenue et continuelle de la civilisation. Que de changements, que d'adoucissements depuis que les Francs étaient venus s'établir sur notre sol! L'étranger qui, jusqu'alors, n'avait été considéré que comme un ennemi, l'étranger, dont l'existence avait été sans cesse menacée, trouve d'abord un refuge dans le servage et bientôt l'avouerie et la recommandation viennent alléger le poids des chaînes qui pesaient sur lui. Cette condition elle-même ne tarde pas à se modifier, la liberté semble se renaître pour l'aubain, la féodalité lui accorde, lui vend sa franchise, et s'il ne peut encore avoir de biens à lui, du moins il n'est plus un serf; et l'avouerie royale, sous laquelle il va pouvoir se placer, lui sert bientôt d'aide et de protection contre l'avidité des seigneurs féodaux. Mais la royauté elle-même est constituée, l'unité est faite dans la France, et une législation générale vient, enfin, régir l'étranger; sous l'influence du droit romain, il obtient la faveur du droit des gens, et s'il est encore frappé de l'incapacité de transmettre et de recueillir, la faveur du commerce et de l'industrie apporte quelque adoucissement à cette rigueur extrême, et bientôt des traités internationaux tendent de plus en plus à faire disparaître cette cruelle prohibition.

N'est-il pas curieux, en vérité, de voir la condition de l'étranger suivre pas à pas les progrès de notre civilisation, de voir, à chaque période de notre histoire, les lois qui le régissent se modifier peu à peu? Il semble qu'on pourrait constater la mesure de notre civilisation à chaque époque, en considérant les changements obtenus dans notre législation à l'égard des étrangers pendant l'époque correspondante.

Durant le cours du siècle dernier, la condition de l'é-
tranger perd certainement une partie de sa rigueur extrême;
mais que cette condition est encore injuste et barbare, et
que ces droits haineux méritent bien le titre d'insensés dont
les flagelle Montesquieu! Car ces conventions internatio-
nales qui paraissent avoir détruit en partie le droit d'aubaine, cessent de produire tout effet en cas de guerre; l'individu appartenant à la nation qui osait entrer en hostilité
avec la France, était considéré comme indigne de toute
faveur; on lui refusait l'entrée de nos tribunaux, et même
plus, si cet étranger n'avait pas quitté le sol de la France
dans le délai fixé ordinairement dans l'acte de la déclaration de guerre, ses biens et sa personne étaient confisqués
au profit du roi; et si, après la guerre, on lui rendait la liberté,
ses biens n'en restaient pas moins entre les mains du fisc qui
s'en était emparé, au point que les Français eux-mêmes,
créanciers de cet étranger, ne pouvaient espérer se faire
payer sur ces biens confisqués. La convention elle-même,
détruite par le seul fait de la guerre, ne revivait pas après
la cessation des hostilités; il fallait un traité nouveau pour
accorder à cette nation la faveur du droit de détraction; et
ce traité, comme nous venons de le voir, n'avait point
d'effet rétroactif. Sous cette menace toujours constante de
voir leurs biens, leur fortune, saisis et confisqués, comment les étrangers auraient-ils pu venir s'établir en France?
Comment auraient-ils pu songer à fonder en France des
établissements, à monter des industries, à apporter leurs
capitaux, à faire même le simple commerce, quand ils
étaient exposés à chaque instant à voir ravir entre leurs
mains le fruit de tous leurs travaux? Ce danger n'avait
point échappé aux esprits éclairés et ardents du dix-huitième
siècle, et les publicistes de cette époque ne cessent de s'in-
digner et tentent de tous leurs efforts de briser ces entraves
apportées au commerce et à l'industrie : « Ne vous est-il
« pas avantageux », s'écrie Le Trône « que les étrangers

« viennent chez vous, qu'ils vous apportent leurs richesses,
« leur industrie, leur consommation, qu'ils augmentent le
« nombre de vos sujets ? Lorsqu'on a voulu favoriser quel-
« que établissement particulier, tel que les foires de Lyon,
« ou quelque manufacture privilégiée et y attirer les étran-
« gers, on a toujours commencé par les affranchir du droit
« d'aubaine. Mais si cet affranchissement est utile pour
« faire fleurir tel ou tel objet, il l'est généralement, et en
« toute circonstance, pour tout le royaume. » Si encore ce
droit avait été un revenu considérable pour le Trésor, on
aurait pu comprendre jusqu'à un certain point que la
royauté fît tous ses efforts pour le garder, mais il n'en était
rien et nous avons la preuve qu'à la fin du dix-huitième
siècle, c'est à peine si ce droit rapportait à la couronne
40,000 livres par année. Ainsi, ce droit n'était pas seulement contraire à toute idée d'humanité, il l'était encore à
tous les intérêts véritables du pays, et, cependant, il était
tellement invétéré dans nos mœurs, son origine était tellement nationale, qu'il allait falloir, pour le faire disparaître,
qu'une révolution sociale vînt bouleverser toute la France,
qu'il allait falloir que tout l'échafaudage de la monarchie
vînt à s'effondrer, pour qu'il fût enseveli sous ses ruines
avec tous les débris de la féodalité.

CHAPITRE VIII.

L'Assemblée qui, imbue des pensées de Rousseau et de Montesquieu, qui, pénétrée des idées philosophiques et philanthropiques du dix-huitième siècle, venait de placer à la tête de la Constitution qu'elle donnait à la France, la déclaration des droits de l'homme, ne devait pas, dans l'élan de ses sentiments généreux, comprendre seuls les Français dans ses lois de fraternité; elle devait y embrasser tous les hommes, quelles que fussent leurs nations; l'Assemblée qui avait pressenti les vérités économiques de notre siècle, qui devait donner un essor si merveilleux à l'industrie, ne pouvait admettre toutes ces incapacités dont étaient frappés les étrangers, et qui étaient autant d'entraves apportées à notre commerce; elle devait ajouter un nouveau et brillant fleuron à sa couronne de gloire, en abolissant à tout jamais ce droit insensé que la royauté avait qualifié du nom de droit d'aubaine. Nous ne saurions résister au désir de citer ici le décret du 6 août 1790, car ses motifs sont à la hauteur de la pensée qui l'avait inspiré, dignes de l'Assemblée qui venait de le voter : « L'Assemblée « nationale, considérant que le droit d'aubaine est con- « traire aux principes de fraternité qui doivent lier tous les « hommes, quels que soient leur pays et leur gouverne- « ment; que ce droit, établi dans les temps barbares, doit « être proscrit chez un peuple qui a fondé sa constitution « sur les droits de l'homme et du citoyen; et que la France « libre doit ouvrir son sein à tous les peuples de la terre en

« les invitant à jouir, sous un gouvernement libre, des
« droits sacrés et inaliénables de l'humanité, a décrété et
« décrète ce qui suit : Le droit d'aubaine et celui de détrac-
« tion sont abolis pour toujours. » Au milieu des tempêtes
qui l'assaillent sans cesse, qui la menacent de toutes parts,
l'Assemblée constituante n'avait pu, dans son décret du
6 août 1790, que poser la pierre d'attente sur laquelle elle
espérait construire l'édifice qu'elle avait rêvé ; mais elle ne
devait pas s'arrêter dans cette voie de liberté et de fraternité ; elle n'avait encore aboli le droit d'aubaine que dans
son sens le plus restreint, elle permettait bien aux étrangers
se trouvant en France de transmettre leurs biens à leurs
parents étrangers, ainsi que de recueillir la succession que
ceux-ci laissaient en France, mais elle ne leur avait pas
encore donné la capacité de venir à la succession de leurs
parents français. Cette faveur n'allait pas tarder à leur être
accordée et, par son décret du 8 avril 1791, la Constituante
achève son œuvre et décide, dans l'article 3 de ce décret :
« Que les étrangers, quoique établis hors du royaume, sont
« capables de recueillir en France les successions de leurs
« parents, même français ; qu'ils pourront, de même,
« recevoir et disposer par tous les moyens qui seront auto-
« risés par la loi. »

Avant que de voir les modifications qui furent apportées
à ces nouveaux principes, il est bon, je crois, de bien se
pénétrer de l'œuvre de cette Assemblée, de bien saisir l'esprit de la loi qu'elle venait de porter. Est-il vrai, ainsi
qu'on le dit généralement, que la Constituante entraînée
par des idées philanthropiques, par des considérations purement théoriques, n'ait formulé, sous la forme de décrets,
que de véritables traités politiques et philosophiques ? Est-
il vrai, ainsi qu'on le prétend, que la Constituante, aveuglée
par des idées de justice spéculative et de fraternité universelle, ait dépassé son but en abolissant le droit d'aubaine ?
Nous ne le croyons pas, et nous pensons que l'abolition de ce

droit était, pour la Constituante, autant une raison d'utilité pratique qu'un principe de droit social. Nous n'entrerons pas, pour le moment, dans la question de savoir si le système de la réciprocité est ou n'est pas préférable ; c'est une question que nous nous réservons d'apprécier et de juger quand nous arriverons au Code civil et à la loi du 14 juillet 1819, pour le moment, c'est l'œuvre elle-même de la Constituante que nous avons à juger et nous ne craignons pas de répéter que cette œuvre n'a pas été inspirée par un sentiment généreux poussé jusqu'à l'excès. Si, en effet, nous nous pénétrons bien de ces décrets, si nous laissons les mots pour nous attacher seulement à l'esprit de ces lois, nous voyons que les étrangers n'étaient point assimilés aux nationaux et qu'en établissant un principe nouveau, la Constituante n'avait pas prétendu tout détruire en cette matière et édifier une législation entièrement nouvelle. Faisons bien ressortir ce fait, montrons que, tout en posant un principe d'égalité, la Constituante n'avait nullement appelé les étrangers à jouir en France de tous nos droits civils.

Voyons d'abord quelle doit être, dans un pays civilisé, une bonne législation à l'égard des étrangers. Chaque nation a des lois qui lui sont propres, qui sont réservées uniquement à ses nationaux et qui ne devraient pas pouvoir s'appliquer aux individus des autres nations ; mais, à cause du commerce et des échanges, toute nation civilisée doit ouvrir ses portes aux étrangers pour augmenter ces échanges, pour étendre ces rapports commerciaux ; elle doit accorder à tout individu les facultés, les droits de possession et de transmission, elle doit lui accorder tous les droits civils qui s'y rapportent. Ainsi, dans tout pays, les étrangers doivent pouvoir acquérir, vendre, acheter, transmettre, avoir, en un mot, tous les droits de la propriété ; mais quant aux droits qui règlent la capacité des personnes, qui régissent la constitution de l'État et de la famille, les étrangers ne sauraient y prétendre à aucun titre ; ils sont régis, sur ce point, par les lois qui leur sont personnelles, par les lois de leur nation, qui les suit partout où ils se trouvent. Or, qu'a fait la Constituante ? Elle permet aux étrangers de vendre, d'acheter, de transmettre ; elle leur accorde tous les droits de la propriété ; mais elle ne leur donne nullement la jouissance de nos autres droits civils, elle ne dépouille pas la loi de sa suzeraineté légitime. Y a-t-il là dedans, je le demande, la trace d'une exagération ? la pensée philanthropique qui a pu animer la Constituante l'égare-t-elle dans les champs de l'utopie ? Mais continuons ; une bonne législation, venons-nous de dire, doit avoir soin de distinguer les nationaux des étrangers ; elle peut accorder à ces derniers tous les droits que le commerce, les rapports internationaux, la civilisation, exigent ; mais il faut aussi que, dans chaque nation, la loi soit suzeraine sur toute l'étendue de son territoire ; il faut qu'aucune parcelle de son territoire ne soit soustraite à son autorité, car, si l'on permettait à l'étranger d'acquérir, de transmettre, sans régler en même temps les modes d'acquisition et de transmission, ce serait abdiquer une portion de sa suzeraineté, ce serait reconnaître l'autorité des lois d'un autre peuple sur son territoire. « S'il est juste que la grande famille humaine puisse, en tous lieux, acquérir et transmettre, il est juste aussi que ces droits soient réglés par les lois de chaque peuple. » Or, qu'a fait la Constituante ? Elle permet aux étrangers d'acquérir des immeubles situés en France, elle leur accorde tous les droits de propriété, mais elle a soin de dire que ces droits seront régis par la loi française ; elle leur accorde la transmission de ces mêmes biens, mais elle a soin de la soumettre aux modes, aux conditions établies par nos lois ; elle leur accorde le droit de succession, mais elle le renferme dans les limites tracées par les coutumes. L'œuvre de la Constituante peut donc se ramener à ces deux propositions : l'état, la capacité de l'étranger, sont régis par les lois de son pays; les droits qui lui sont accordés par les lois françaises sont soumis, quant à leur exercice, aux lois territoriales de la France. Voilà en deux mots, l'œuvre réelle et véritable de l'Assemblée constituante; est-ce là, je le répète, l'œuvre de gens aveuglés par des idées de philanthropie? Est-ce là l'œuvre d'utopistes? N'est-ce pas plutôt le triomphe des idées de justice, d'égalité et d'humanité venant se concilier avec des idées d'ordre public, d'intérêt général et politique?

Les membres de l'Assemblée constituante, sachant combien les principes qu'ils venaient de détruire étaient invétérés dans nos mœurs, et craignant sans doute quelque retour vers les errements du passé, voulurent assurer l'existence de leur œuvre et la mettre à l'abri sous l'inviolabilité de la Constitution. — C'est ainsi que nous retrouvons les dispositions généreuses de cette Assemblée dans la Constitution de 1791 et dans celle de l'an III; l'article 355 de cette dernière est même plus explicite que tout ce que nous avons vu jusqu'ici : « Les étrangers, » dit cet article, « établis ou non en France, succèdent à leurs parents « étrangers ou français; il peuvent contracter, acquérir ou « recevoir des biens situés en France et en disposer, de « même que les citoyens français, par tous les moyens « autorisés par les lois. » La disposition est aussi large que possible, mais, remarquons-le, même dans cette disposition, la plus libérale qui ait été encore inscrite dans nos lois, il n'est nullement question d'accorder aux étrangers la moindre parcelle de nos droits politiques; nous voyons, au contraire, que l'Assemblée constituante et la Convention, tout en donnant aux étrangers la plus grande facilité pour obtenir le titre de citoyens, leur refusent obstinément toute participation au pouvoir public et prennent même à leur égard des mesures de précaution pour assurer l'ordre public et la sûreté de l'État. Les étrangers étaient protégés dans leur personne, dans leurs biens, dans leur industrie, dans leur culte, à l'égal des Français (1); ils jouissaient d'une égale protection aux yeux de la loi, mais aussi ils devaient respecter cette loi, se soumettre aux peines qu'elle édictait; la France était toujours suzeraine sur son territoire, et si la présence de ces étrangers devenait une cause de trouble ou de danger pour l'ordre public, la loi, qui leur accordait ses faveurs, les leur retirait tout d'un coup et les forçait à sortir du territoire de la France (2).

Malgré les précautions qu'avaient prises la Constituante et la Convention, les généreuses et sages dispositions qu'elles avaient établies ne devaient pas subsister longtemps après elles; — elles devaient disparaître avec leurs constitutions. C'est qu'une violente réaction allait avoir lieu dans les esprits : ces idées de fraternité qui avaient animé la Constituante venaient de recevoir une atteinte mortelle dans les luttes sanglantes des partis; et ces guerres, que la Révolution avait été obligée de soutenir contre l'Europe coalisée, ne contribuèrent pas pour peu à singulièrement ébranler les principes que la Constituante avait essayé d'établir à l'égard des étrangers. Ces luttes continuelles, en effet, avaient dû réveiller dans le cœur de chaque Français l'amour de la patrie, et, dans ces esprits exaltés par le danger et la gloire, le vieil instinct national avait dû revivre, plus vivace que jamais, et, au milieu de ces guerres continuelles, on devait confondre l'étranger avec l'ennemi. — Mais ce qui, plus encore que toutes ces raisons, dut contribuer à l'abrogation de la loi de 1791, ce fut la pensée qui semble avoir inspiré tous les actes du gouvernement qui venait de se substituer au système républicain, — ce fut cette pensée de pouvoir absolu que rêvait déjà le Premier Consul dans son ambition démesurée. Nous n'avons en effet qu'à jeter les yeux sur les discussions qui

------

(1) Constitution de 1791, titre VI.
(2) Loi du 28 vendémiaire an VI.

ont préparé la rédaction de l'article 11 de notre Code civil, pour nous convaincre que tout le système qui va prévaloir, ou, pour mieux dire, qui va entrer de vive force dans nos lois, n'est que l'œuvre du Premier Consul, et que cette œuvre ne repose que sur cette idée ; que tous les droits, tant privés que publics, ne sont que des concessions octroyées par le chef de l'État, que lui seul, guidé par des idées de politique extérieure et de diplomatie, peut relever les étrangers de l'incapacité où naturellement ils doivent être plongés, que lui seul peut leur accorder les faveurs de nos lois. Veut-on en avoir la preuve? Jetons les yeux sur les discussions du conseil d'État, du Tribunat et du Corps législatif! Le projet du Code publié le 15 mars 1801 consacrait les principes de la Constituante ; il était ainsi conçu : « Les étrangers jouissent en France de tous les avantages « du droit naturel, du droit des gens et du droit civil pro- « prement dit, sauf les modifications établies par les lois « qui les concernent. » C'était, comme on le voit, le système de la Constituante ; mais ce système ne cadrait pas avec les idées du Premier Consul, le projet fut renvoyé à la section de législation du conseil d'État, et, sans nul doute, sous l'influence de Bonaparte, cette section substitua au projet primitif cette nouvelle rédaction : « L'étranger « jouit en France des mêmes droits civils que ceux accor- « dés aux Français par la nation à laquelle cet étranger « appartient. » Cette nouvelle rédaction, où le système de la réciprocité apparaît pour la première fois, fut communiquée au Tribunat qui, dans l'espérance du Premier Consul, allait apporter son appui à ce nouveau système; mais cette Assemblée, nous en avons la preuve dans un *Moniteur* de juin 1819, loin d'admettre la rédaction qui lui était proposée, vota, sur le rapport de M. Siméon, le système de la Constituante, et renvoya au conseil d'État la rédaction du projet primitif. La situation aurait pu devenir embarrassante, et le résultat de la lutte entre le Tribunat et le con-

seil d'État était loin d'être assuré ; mais le Premier Consul
ne devait pas être embarrassé pour si peu : ne voulant pas
trancher la question de sa propre autorité, il nomme, pour
la décider, une commission composée de MM. Rœderer,
Tronchet et Portalis, qui déjà avaient émis des opinions
conformes au système de réciprocité. Le résultat ne pouvait être douteux, et M. Rœderer, laissant complétement
de côté la question de droit, la ramène à une pure question
politique ; il fait voir que les nations profitent seules de
l'abolition gratuite de la Constituante ; que, loin de répondre
à la générosité de nos lois, elles continuent à maintenir
contre les Français tous les droits exorbitants qui existaient ; il fait voir que l'abolition gratuite du droit d'aubaine
ne peut être qu'une perte, qu'un désavantage constant, et il
termine son rapport en proposant de ne pas régler la condition des étrangers par un article de loi, mais d'y pourvoir,
d'après les circonstances, par des traités ou par des conventions. C'était, en un mot, le système de la réciprocité dans
toute sa simplicité que l'on renvoyait au conseil d'État,
appuyé de l'avis de toute la commission ; le Tribunat ne
pouvait plus rien objecter, et, après quelques pourparlers,
inutiles du reste, la rédaction de l'article 11 fut définitivement ainsi arrêtée : « L'étranger jouira en France des
« mêmes droits civils que ceux qui sont ou seront accordés
« aux Français par les traités de la nation à laquelle appar-
« tiendra cet étranger. » La pensée entière du Premier
Consul se trouve dans cette rédaction, et les traités que lui
seul signait en réalité lui assuraient le pouvoir absolu dans
cette partie de notre législation.

Lors de la discussion de l'article 11, tous les orateurs, même
ceux du gouvernement, avaient bien déclaré que la question
de l'aubaine était entièrement réservée et qu'on la déciderait
au titre des successions ; mais lorsqu'on arriva à ce titre, les
articles 726 et 912, qui étaient rédigés d'après les principes
de la Constituante, furent mis sans difficulté et sans discussion

en rapport avec le système de l'article 11, et, sans qu'il y ait eu la moindre opposition, on adopta cette rédaction : Article 726. « Un étranger n'est admis à succéder aux « biens que son parent étranger ou français possède dans « le territoire du royaume que dans le cas et de la manière « dont un Français succède à son parent possédant des « biens dans le pays de cet étranger, conformément aux « dispositions de l'article 11. »—Article 912. « On ne pourra « disposer au profit d'un étranger que dans le cas où « cet étranger pourrait disposer au profit d'un Français. »

Le Code avait-il rétabli le droit d'aubaine ? On l'a soutenu et on pourrait effectivement le croire si l'on ne considérait que le titre de la loi de 1819 ; mais on n'a qu'à lire attentivement les articles que nous venons de citer pour se convaincre que le Code n'a nullement songé à rétablir ce droit haineux. Quel était, en effet, sous la monarchie, le droit d'aubaine ? Il comprenait la double incapacité de transmettre et de recevoir, et l'aubaine était la confiscation, soit totale, soit partielle, de la succession de l'étranger au profit du fisc royal. Que ressort-il, au contraire, des articles 726 et 912 de notre Code ? Que l'étranger, à moins de traités de sa nation avec la France, ne peut recueillir, recevoir aucune succession, mais qu'il peut disposer de ses biens, et, lors même qu'il est frappé de l'incapacité de recueillir, que la succession qui lui est échue n'est plus confisquée, comme autrefois, au profit du fisc, qu'elle est dévolue à son plus proche parent français. Toute la pensée de notre Code peut donc se résumer ainsi : L'étranger peut transmettre, mais il ne peut succéder aux biens situés en France qu'autant qu'il y a réciprocité entre sa nation et la nôtre ; il ne peut recueillir la fortune de nos nationaux qu'autant que, dans leur pays, nos nationaux puissent également recueillir la succession de leurs parents étrangers ou Français qui y décèdent. A cette question que nous avons posée : Le Code a-t-il rétabli le droit d'aubaine ? il faut donc répondre Non.

Mais si, à un point de vue, notre Code avait singulièrement adouci la condition de l'étranger telle qu'elle était sous la monarchie, à un autre elle avait aussi considérablement empiré cette condition; car, comme le fait remarquer Defermont, le roi pouvait jadis modifier à son gré le droit d'aubaine, quelquefois même en faire remise complète, tandis que, sous la législation du Code, cette matière, se trouvant dans le domaine exclusif des traités, qui alors se discutaient et étaient votés dans les Chambres comme les lois, était en dehors du pouvoir du chef de l'État. A un autre point de vue encore, le Code était plus rigoureux que l'ancien droit. Dans celui-ci, en effet, l'étranger pouvait transmettre sa succession à ses héritiers légitimes, à ses hoirs procréés de son corps en France, et ceux-ci relevaient de leur incapacité les autres enfants étrangers du *de cujus;* dans le Code, au contraire, l'enfant de l'étranger, quoique né en France, ne peut venir à la succession de son père. Cette différence s'explique, du reste, par les nouveaux principes que venait d'établir le législateur : sous la monarchie, l'enfant de l'étranger qui venait au monde sur le sol de la France naissait Français, tandis que, d'après le Code, il appartient à la nation de son père. Enfin, sur un dernier point encore, le système du Code était plus rigoureux que l'ancien droit : nous voulons parler des dispositions entre-vifs. Sous la monarchie, par une bizarrerie des plus singulières et que l'on ne peut expliquer que par l'influence des idées romaines, l'étranger, qui ne pouvait recueillir par dispositions à cause de mort, pouvait recevoir par dispositions entre-vifs. Le législateur de 1804 fit disparaître cette distinction qu'aucune raison ne pouvait soutenir, et l'étranger ne put recueillir et par dispositions à cause de mort et par dispositions entre-vifs.

Tel est, dans son ensemble, le système nouveau que le Code venait de consacrer sur ce point important de la condition des étrangers; il peut nous paraître bien rigoureux après

les principes si généreux, si fraternels dont la Constituante
et la Convention avaient essayé de doter nos lois; cependant
il ne faut pas exagérer la sévérité de ce système et croire
que le principe de réciprocité posé dans l'article 11 dût
s'appliquer également à tous les droits auxquels auraient
pu prétendre les étrangers. L'article 11, en effet, n'était
dans l'esprit des législateurs de 1804, qu'une règle générale que l'on posait dès le principe, mais qu'on se réservait
de limiter et de restreindre lorsqu'on en arriverait aux différents droits dont les étrangers pouvaient être capables.
C'est un point, du reste, sur lequel nous aurons à revenir
lorsque nous étudierons la condition de l'étranger dans la
législation actuelle; pour le moment, considérons seulement le système du Code au point de vue du droit d'aubaine proprement dit, et demandons-nous si le principe de
la réciprocité était juste et fondé, s'il a atteint le but que
semblait espérer le législateur.

L'Assemblée constituante n'avait agi, principalement,
que sous l'influence d'idées philosophiques, le législateur
de 1804 ne paraît avoir agi, au contraire, que sous l'inspiration d'une idée politique ; il semble avoir voulu remettre
dans la main d'un seul homme le pouvoir de régler la condition de tous ceux qui n'étaient point Français : mais ce
système est-il admissible? Peut-on admettre, comme le dit
si bien M. Demangeat, peut-on admettre l'idée de subordonner à des considérations de politique extérieure, à des
alliances et à des amitiés de souverains, la condition d'une
classe nombreuse de personnes? Jamais un gouvernement
national ne pourra avoir la prétention de pouvoir arbitrai-
rement donner ou refuser aux étrangers, suivant l'état des
relations diplomatiques, certains avantages qui cessent, en
réalité, de mériter le nom de droits si, fondés sur des faits
éminemment variables, ils peuvent être en un instant révo-
qués dès qu'une circonstance quelconque vient rompre la
bonne harmonie entre deux princes. Mais, disait-on, abolir

gratuitement et sans distinction le droit d'aubaine, c'est détruire pour les autres États tout motif de prononcer la même abolition en faveur de la France et autoriser même ceux qui l'ont déjà prononcée, à rétrograder vers la barbarie. Consacrer la réciprocité, c'est engager les étrangers à abandonner d'anciens usages par la perspective des avantages qui leur étaient offerts, ou la crainte des représailles dont ils sont menacés. Tel est le principal argument sur lequel se fondaient les défenseurs du système de la réciprocité; cet argument est-il juste? Évidemment non; jamais la voie des rigueurs n'amènera chez les autres peuples un adoucissement en faveur des étrangers; c'est par le bon exemple seul que l'on force ces peuples à suivre le chemin où l'on est entré; et lors même qu'ils ne veulent pas suivre cet exemple, ce n'est pas une raison pour ne pas continuer à leur servir de guide, car, comme le disait Necker en parlant du droit d'aubaine, « la réciprocité n'est jamais rai-« sonnable quand elle ne peut exister qu'à son propre « désavantage... et le droit d'aubaine est encore plus pré-« judiciable aux nations qui l'exercent qu'aux étrangers « dont on usurpe ainsi la fortune. » En veut-on une preuve incontestable? Que l'on prenne la loi de 1819. Si le système du Code avait été si conforme aux intérêts réels de la France, aurait-il fallu, quinze ans à peine après sa promulgation, abroger ce qu'il avait établi et revenir aux principes anté-rieurs? Du reste, c'est par ses conséquences que l'on juge un système; voyons donc quelles furent les conséquences de la réciprocité établie par le Code. La France, épuisée par toutes les glorieuses guerres de l'Empire, n'avait plus d'argent, on appelle les capitaux étrangers, on prend toutes les mesures pour leur donner toute sécurité, on fait des em-prunts, on mobilise les rentes sur l'État, on fait tout pour attirer l'or des nations : il arrive effectivement, mais pour disparaître aussitôt, grossi des bénéfices considérables qu'il avait permis de faire. La France est appauvrie de plus en plus; la grande culture tend à disparaître par la vente des grandes propriétés que les émigrés ne peuvent plus conserver; la vente des forêts de l'État est ordonnée; toutes les grandes opérations commerciales, toutes les grandes entreprises industrielles sont arrêtées; la disette des capitaux augmente tous les jours, car les étrangers n'osent apporter leur argent : les uns, ceux dont les nations n'ont pas établi la réciprocité avec la France, sont effrayés par la menace des articles 726 et 912, et les autres, ceux dont les nations ont traité avec la France, sont arrêtés par la crainte de voir ces conventions rompues par une déclaration de guerre. Voilà quelles furent les conséquences du système de réciprocité du Code. Quelques années d'une triste et pénible expérience suffirent pour montrer combien ce système était peu raisonnable et peu politique, à quels dangers il exposait la France; quelques années avaient suffi pour prouver que, loin d'être utile aux intérêts de la patrie, il ne pouvait que lui être nuisible, et sous le poids de la nécessité, le législateur allait être obligé de revenir aux principes que la Constituante avait établis; il allait être contraint de faire par calcul ce que la Constituante avait fait par fraternité; car, comme le disait le garde des sceaux dans le projet de loi de 1819, « ce n'est pas par un mouvement de généro-« sité que nous voulons effacer les différences relatives aux « successions et aux transmissions de biens, c'est par « calcul. »

La loi du 14 juillet 1819 imposée, pour ainsi dire, par la force des choses, ne fit, en quelque sorte, que consacrer les principes émis par la Constituante, et quoique partant d'un point de vue tout à fait opposé à celui qui avait animé cette Assemblée, elle n'en continua pas moins son œuvre, et acheva de détruire en France tout ce qui restait du droit d'aubaine. L'article premier de cette loi est ainsi conçu : « Les articles 726 et 912 du Code civil sont abrogés : en « conséquence, les étrangers auront le droit de succéder,

« de disposer et de recevoir de la même manière que les
« Français dans toute l'étendue du royaume. » L'abolition
était complète, et l'étranger pouvait non-seulement transmettre, mais encore recueillir toute succession, recevoir
toute libéralité, qu'elle fût à cause de mort ou qu'elle fût
entre-vifs. Mais cette faveur n'était pas la seule que la loi
de 1819 accordait à l'étranger : un autre bienfait lui était
encore donné. Jusqu'à ce jour, en effet, les étrangers dont
les nations se trouvaient avec nous sur le pied de la réciprocité diplomatique, étaient exposés à voir les faveurs qui
leur étaient accordées par les conventions, leur être tout
d'un coup enlevées en cas de rupture du traité par la déclaration de la guerre ; du moment, au contraire, que cette
faveur devint un bienfait de la loi, rien ne pouvait plus la
faire perdre à l'étranger, et ses droits se trouvaient à l'abri
de toutes les éventualités qui pouvaient semer la discorde
entre les nations.

La loi de 1819, avons-nous dit, ne fit que consacrer les
principes établis par la Constituante ; cependant, elle ne détruisit pas entièrement le système de la réciprocité qui avait
pris naissance dans notre Code ; nous retrouvons, en effet,
une trace de ce système dans l'article 2 de la loi, mais nous
ne saurions le critiquer, car lorsqu'une nation règle ses rapports avec les autres puissances, elle doit prendre soin que
sa générosité ne devienne pas un danger pour elle, une injustice pour ses nationaux, et tel nous paraît être le but de
cet article ; il est ainsi conçu : « Dans le cas de partage d'une
« même succession entre des cohéritiers étrangers et fran-
« çais, ceux-ci prélèveront sur les biens situés en France
« une portion égale à la valeur des biens situés en pays
« étranger dont ils seraient exclus, à quelque titre que ce
« soit, en vertu des lois et coutumes locales. » Rien ne nous
paraît plus sage, plus juste que cette disposition, et la réciprocité ainsi entendue ne saurait attirer la moindre critique,
pas plus au point de vue politique que sous le rapport

moral et philosophique; nous reviendrons, du reste, sur cette disposition et sur son application, lorsque nous étudierons la condition de l'étranger dans notre législation actuelle.

Il ne nous reste plus, pour en avoir fini avec les textes législatifs qui, depuis 1789 jusqu'à nos jours, ont régi la condition civile des étrangers en France, qu'à passer en revue les lois de cette époque qui sont venues réglementer la contrainte par corps à l'égard des étrangers. La première loi qui, après la chute de la monarchie, vint apporter dans cette partie de notre législation les modifications qu'exigeaient depuis longtemps la raison et l'humanité, fut la loi du 9 mars 1793; malheureusement cette loi vint sans transition aucune, et la Convention, en abolissant tout d'un coup et sans ménagement toute contrainte par corps, tant à l'égard des Français qu'à l'égard des étrangers, bouleversa tellement l'opinion publique, brusqua tant d'intérêts que, dès le 24 ventôse an V, le conseil des Anciens, sur la proposition du conseil des Cinq-Cents, dut abroger la loi du 9 mars 1793 et rétablir la contrainte par corps comme sanction des obligations civiles. Mais la loi du 24 ventôse an V ne rétablit pas la contrainte par corps telle qu'elle avait existé dans les lois antérieures, et l'étranger n'y était soumis que dans les cas seulement où le Français s'y trouvait soumis lui-même : l'égalité la plus complète existait entre l'étranger et le Français. Cette égalité continue de subsister dans la loi du 18 germinal an VI, mais le décret du 4 floréal de la même année vint y porter atteinte, du moins pour ce qui regardait les engagements commerciaux; d'après ce décret, l'étranger n'ayant pas de propriétés foncières ou un établissement de commerce en France, est soumis à la contrainte par corps pour tous les engagements commerciaux qu'il aura contractés dans le royaume. Le Code civil laissa, sur ce point, subsister la législation antérieure; en matière commerciale, l'étranger fut soumis au

décret du 4 floréal an VI (article 2070), et en matière civile, l'article 2003 ne changea en rien l'assimilation qui
existait entre le Français et l'étranger. Mais trois ans à
peine après la promulgation du Code, la loi du 10 septembre 1807 vint détruire les principes que la raison et l'humanité avaient inspirés à la Constituante; non-seulement
cette loi fit revivre l'ancienne règle consacrée par la jurisprudence, non-seulement elle établit la contrainte par corps
comme suite nécessaire de tout jugement obtenu contre l'é-
tranger, mais encore elle la prononça comme mesure préventive. Cette loi injuste et cruelle se maintint avec ses rigueurs rétrogrades jusqu'en 1832; mais une loi du 17 avril
de la même année vint enfin apporter quelque adoucissement à ces dispositions si rigoureuses, tendre de nouveau à
assimiler l'étranger au Français; cette assimilation devait
augmenter encore, grâce à la loi du 10 décembre 1848,
jusqu'au moment où la contrainte par corps allait enfin disparaître de nos lois, comme nous le verrons quand, dans
la législation actuelle, nous étudierons la loi du 22 juillet 1867.

DEUXIÈME PARTIE.

———

Après toutes ces oscillations que nous avons vu la condition des étrangers éprouver dans notre ancien droit, après tous ces tâtonnements à travers lesquels nous avons essayé de montrer cette condition se modifiant, s'adoucissant, se mettant à la hauteur de la civilisation moderne, nous arrivons enfin à la législation actuelle et, sans nous demander si le législateur a définitivement résolu le problème de la fraternité, nous allons nous efforcer de peindre, telle qu'elle est de nos jours, cette condition de l'étranger à laquelle chaque siècle semble avoir apporté sa part de sagesse et d'humanité.

Dans notre législation actuelle, pas plus que dans la législation précédente, nous ne trouvons une théorie complète de la condition de l'étranger; c'est dans des textes épars, dans des dispositions diverses, dans des lois, des décrets, des règlements administratifs traitant, pour la plupart, de points tout à fait spéciaux, qu'il faut chercher les principes qui régissent toute cette matière; ce sont ces textes, en général fort laconiques, confus, presque tous donnant lieu à des interprétations diverses, qu'il va nous falloir grouper, coordonner, pour essayer de pénétrer l'esprit du législateur, pour mettre en lumière le système général des principes qui régissent les droits de l'étranger en France. Nous ne nous faisons point illusion sur la difficulté de notre tâche, mais nous espérons, pour la mener à bonne fin, trouver un puissant secours dans l'histoire que nous venons de faire de cette partie de notre législation; pénétré comme nous le sommes des origines, des modifications des divers principes qui, successivement, ont régi cette matière, il nous semble qu'il nous sera plus facile de saisir la pensée de nos législateurs, car cette pensée ne saurait être que le résultat de l'expérience des siècles. Nous allons donc, maintenant, prendre l'étranger dès le moment où il touche le sol de la France, nous allons le suivre dans tous ses actes, voir quelle est sa condition tant au point de vue du droit constitutionnel qu'au point de vue des droits privés, quels sont les droits qui lui sont accordés, quelles obligations lui sont imposées; nous allons voir par quelle loi est déterminé son état, sa capacité, par quelle loi sont régies les propriétés qu'il peut posséder en France. Et lorsque nous aurons examiné ces questions aussi complexes que difficiles, nous nous efforcerons d'exposer la compétence de nos tribunaux dans les contestations soit entre étrangers et Français, soit entre étrangers entre eux; nous ferons voir les diverses mesures de précaution que le législateur a cru devoir prendre à l'égard des étrangers pour venir protéger ses nationaux, et nous terminerons en appréciant quelle peut être en France l'autorité et l'exécution des actes, jugements et sentences arbitrales passés ou rendus en pays étrangers.

La condition de l'étranger n'est pas identique dans notre législation; nous ne trouvons pas évidemment dans nos lois toutes les nombreuses distinctions qui existaient dans nos anciennes coutumes, tous ces droits variant suivant les diverses classes d'étrangers, mais nous trouvons, pourtant, une distinction importante qui, si elle n'est pas fondée sur les mêmes motifs, n'en conduit pas moins à des dispositions différentes. — Les étrangers, en effet, peuvent être divisés en étrangers privilégiés et en étrangers ordinaires : les étrangers privilégiés, ceux, du moins, auxquels nous donnons ce nom, sont ceux qui ont été admis par le Gouvernement à établir leur domicile en France; les étrangers ordinaires sont ceux qui n'ont pas demandé cette faveur au Gouvernement ou qui, l'ayant demandée, ne l'ont pas obtenue.

Nous voudrions pouvoir montrer avec quelques détails les différences existant entre ces deux classes d'étrangers; mais un semblable développement nous entraînerait peut-être bien loin, et le cadre de cet ouvrage ne nous semble pas le renfermer; cette distinction, du reste fort importante sous le régime du Code, a perdu une grande partie de son intérêt depuis les lois de 1819, de 1832 et de 1867, et nous nous bornerons ici à tracer un aperçu aussi rapide que succinct de la condition de l'étranger admis à établir son domicile en France.

L'étranger qui a obtenu du Gouvernement l'autorisation de fixer son domicile en France n'est plus tout à fait un étranger aux yeux de la loi; il n'est pas, non plus, un Français; tous les droits politiques lui sont refusés, mais il jouit de tous les droits civils; « car, bien que son adoption politique ne soit pas complète », disait M. Boulay au conseil d'État, « on doit regarder au moins son adoption comme « une adoption civile. » Quant à la raison de cette condition de faveur accordée à cet étranger par l'article 13 de notre Code civil, il est facile de la comprendre : elle n'a d'autre but que de faciliter la naturalisation de l'étranger, en ne le soumettant pas aux différentes incapacités qui l'auraient frappé durant le stage qu'il est tenu de faire avant d'obtenir sa naturalisation, que de rendre cette épreuve moins dure, moins pénible pour ceux qui voudraient devenir Français, peut-être aussi d'attirer et de retenir en France, par l'avantage de ce bénéfice, les étrangers qui voudraient résider dans notre pays, sans pourtant abandonner leur nationalité. Avant la loi du 14 juillet 1819, la faveur de l'article 13 avait une grande importance, car les articles 726 et 912 du Code n'étaient pas applicables à l'étranger qui l'avait obtenue; mais, depuis l'abrogation de ces articles, la condition de l'étranger, qu'il ait ou qu'il n'ait pas obtenu l'autorisation de fixer son domicile en France, est identique en ce point : l'un et l'autre, ils peuvent transmettre et recueillir soit *testat* soit *ab intestat*. Les lois de 1832 et de 1867 sont également venues singulièrement annihiler la faveur inscrite dans l'article 13, car si, avant ces lois, l'étranger domicilié en France n'était point soumis, comme les autres étrangers, à la contrainte par corps, la loi de 1867 étant venue abroger cette contrainte par corps, toute distinction dut encore disparaître sur ce point.

Malgré ces atteintes importantes apportées à la faveur que l'article 13 avait établie, il ne faut pas croire, pourtant, qu'elle soit aujourd'hui dénuée de tout intérêt; elle affranchit l'étranger domicilié en France de certaines incapacités auxquelles sont soumis les étrangers ordinaires : il est, en effet, dispensé de fournir la *cautio judicatum solvi*, il jouit du bénéfice de cession de biens, il peut opposer la règle : *Actor sequitur forum rei*, il peut assigner devant nos tribunaux ses adversaires à quelque nation qu'ils appartiennent, sans crainte qu'ils puissent lui opposer aucune exception d'incompétence; en un mot, ils jouissent de tous nos droits civils.

Mais si la condition de l'étranger admis à établir son domicile en France est plus avantageuse, à certains égards, que celle de l'étranger ordinaire, il ne faut pas croire qu'elle soit identique à celle du Français; d'importantes différences les séparent : sans parler, en effet, des droits politiques qui lui sont entièrement refusés, les droits civils dont il a la jouissance ne lui sont accordés qu'autant qu'il réside réellement en France, et il les perd d'une manière définitive s'il quitte notre pays, ou, du moins, s'il cesse d'y demeurer habituellement; il se peut même, quoiqu'il continue d'habiter en France, que ces droits lui soient enlevés, car le gouvernement qui lui a accordé cette faveur, peut également la lui reprendre suivant les circonstances; lui seul est le juge de l'opportunité qu'il peut y avoir à faire participer un étranger à toutes les faveurs de nos lois. Enfin, comme dernière différence avec le Français, et c'est la plus importante, cet étranger n'est pas soumis, quant à son état et à sa capacité, aux lois françaises; les règles de son statut personnel continuent à le régir. Cependant, notre éminent maître, M. Valette, fait une distinction sur ce point (*Sur Proudhon*, 1-178); il dit que si l'étranger obtient l'autorisation de fixer son domicile en France, afin de parvenir à la naturalisation, son état et sa capacité doivent être régis dès ce moment par les lois françaises; que si, au contraire, il demande cette autorisation sans avoir l'intention d'abdiquer sa nationalité, son état et sa capacité continuent alors à être régis par la loi de sa nation. — Cette distinction est-elle juste? est-elle fondée? Nous ne le croyons pas, car elle nous paraît en opposition formelle avec le principe du statut personnel qui veut que l'état et la capacité d'une personne soient, en quelque lieu, régis par la loi de son pays tant qu'il n'a pas perdu sa nationalité; or, l'étranger qui a été admis à établir son domicile en France, a-t-il perdu sa nationalité? est-il devenu Français? Non. — Peut-être le deviendra-t-il, mais il ne l'est pas encore; sa demande même ne prouve rien à cet égard, car peut-être n'a-t-il pas réellement l'intention d'abdiquer sa patrie, peut-être même le gouvernement trouvera opportun de ne pas lui accorder la naturalisation; il est donc encore étranger, et tant qu'il le sera il doit être, quant à son état, régi par la loi de son pays. Cependant, dans un cas, le principe du statut personnel nous semble devoir fléchir devant l'équité : nous voulons parler du cas où l'étranger, par le fait de son établissement en France, encourrait, comme déchéance aux yeux de sa loi, la perte de sa nationalité; dans ce cas, quoiqu'il ne soit pas encore Français, l'équité ou, pour mieux dire, la nécessité exige que sa capacité et son état soient régis par la loi française; mais, en dehors de ce cas unique, nous croyons que l'état et la capacité de l'étranger admis à fixer son domicile en France doivent continuer à être régis par la loi de son pays, et nous dirons, comme conséquence naturelle de ce principe, que son enfant, quoique né en France, suivra sa nationalité, à moins qu'il ne se trouve dans un des cas prévus par les lois des 22 mars 1849 et 7 février 1851.

Du reste, l'autorisation accordée à l'étranger lui est personnelle et ne peut s'étendre aux membres de sa famille qui l'ont suivi sur notre territoire, car si cet étranger n'a point réclamé cette autorisation pour toute sa famille, c'est peut-être qu'il a craint de lui faire encourir les déchéances auxquelles l'exposerait, dans son pays, une pareille autorisation. D'autre part, le gouvernement, qui n'accorde le bénéfice du domicile en France qu'après enquête sur la personne de l'étranger, pourrait-il se livrer à cette enquête, pourrait-il être censé accorder ce bénéfice à des individus dont il ignore l'existence, dont on ne lui a pas seulement parlé?

En résumé, l'étranger admis à établir son domicile en France se distingue de l'étranger ordinaire en ce qu'il jouit de tous nos droits civils, et diffère du Français en ce qu'il n'a aucun droit politique, qu'il ne jouit des droits civils qu'autant qu'il réside en France et qu'il peut les perdre pour des raisons dont le gouvernement est le seul juge. Telle est, vue dans son ensemble et en ses points essentiels, la condition de l'étranger domicilié en France; nous voudrions également parler de l'étranger ayant obtenu des lettres de naturalisation; mais ce développement, encore moins que le précédent, ne saurait rentrer dans le cadre de cet ouvrage; nous le laisserons donc de côté pour en arriver de suite à l'étranger véritable, au seul qui doive nous occuper ici, c'est-à-dire à l'étranger qui, par les besoins de son commerce ou de l'industrie, ou qui, animé par la passion des voyages, ou qui, attiré par la douceur de notre climat, ou pour quelque autre raison, voyage ou s'établit sur notre territoire.

CHAPITRE PREMIER.

Considéré à un point de vue général, on entend par droit public l'ensemble des principes qui règlent l'organisation de la puissance publique, qui déterminent les facultés de participer à cette puissance, qui fixent la part de liberté, l'usage des facultés dont tout individu peut jouir dans l'État, en un mot, l'ensemble des principes qui règlent les rapports des individus avec la société; mais, considéré à un point de vue plus restreint, dans son sens propre, le droit public ne s'entend pas de la constitution de l'État, des rapports du gouvernement et des gouvernés, il comprend seulement l'ensemble des règles qui déterminent les facultés tant physiques qu'intellectuelles dont tout individu peut se servir dans le sein de l'État; qui garantissent et protégent l'usage de ces facultés, tout en les restreignant de manière à ce qu'elles ne puissent nuire à la société, porter atteinte au bien commun. Le droit public peut donc se diviser en deux branches bien distinctes : en droit politique et en droit public proprement dit; cette distinction, que nous trouvons écrite dans les chartes de 1814 et de 1830, ont une importance extrême pour le sujet que nous traitons ici; car, comme nous le verrons dans le chapitre suivant, si les étrangers sont complétement exclus des droits politiques, ils jouissent, au contraire, d'une manière pleine et entière, des droits publics; ce sont ces droits dont nous allons nous occuper dans ce chapitre.

La jouissance et l'exercice des droits publics sont, ve nons-nous de dire, accordés aux étrangers : c'est que ces droits sont en quelque sorte naturels, inaliénables, sacrés, qu'il est de leur essence d'appartenir à tout individu, aussi bien à l'enfant, à la femme, à l'étranger, qu'au Français mâle et majeur; c'est qu'ils sont en quelque sorte inhérents à la dignité humaine, qu'ils suivent, qu'ils accompagnent l'homme partout où il se trouve. Le caractère général et absolu de ces droits suffit pour les déterminer; ce sont : l'égalité civile, la liberté individuelle, la liberté de conscience, le droit de manifester sa pensée par la voie de la presse ou autrement, la liberté de la propriété, le droit de demander justice, le droit de s'associer; nous allons prendre successivement les principaux de ces divers droits et voir comment la jouissance accordée à l'étranger en est réglementée.

Le principe d'égalité civile, que nous retrouvons inscrit dans toutes nos constitutions depuis la déclaration des droits de l'homme proclamée par la Constituante, ne saurait comprendre pour les étrangers la faculté d'être admis aux fonctions publiques, puisque nous savons déjà que tous les droits politiques leur sont entièrement refusés; mais, en dehors de ce point, le principe d'égalité civile est aussi complet pour l'étranger que pour le Français; il lui assure la même protection, la même application des lois et des dispositions réglementaires. — C'est ainsi que les dispositions de nos lois sur l'organisation judiciaire, sur la procédure, lui sont applicables comme aux Français, qu'il peut se servir de ces lois pour obtenir la réparation du dommage qui lui a été causé, comme aussi il doit se soumettre à l'application de ces lois en cas, de sa part, de crimes, de délits ou de contraventions. Cependant, dans quelques cas, fort rares du reste, la loi française se montre plus rigoureuse lorsque le coupable est un étranger, par exemple (art. 35, C. P.), lorsqu'un tribunal prononce la peine de la dégradation civique contre un étranger, il est tenu d'y ajouter toujours un emprisonnement pouvant s'élever jusqu'à cinq ans; mais, en dehors de ces cas tout à fait exceptionnels, le principe de l'égalité civile est aussi formel pour l'étranger que pour le national.

La liberté individuelle de l'étranger est également assurée par nos constitutions ; celle de 1791 s'exprimait ainsi : « Nul homme ne peut-être accusé, arrêté, ni retenu que « dans les cas déterminés par la loi et selon les formes « qu'elle a prescrites. » Les constitutions qui ont successivement régi la France ne s'expriment pas autrement, et toutes garantissent et protégent la liberté de tout individu, de quelque nation qu'il soit. Cependant, une restriction importante doit être apportée à ce principe de liberté individuelle; car s'il est juste que l'étranger soit protégé aussi énergiquement, avec autant de sollicitude que le Français, il est juste aussi que le gouvernement ait les moyens de veiller à sa conservation, d'assurer et de maintenir l'ordre public; il est juste qu'il puisse empêcher l'étranger de venir porter le trouble dans l'État, qu'il puisse l'expulser de tout le territoire. Cette restriction à la liberté individuelle est, du reste, si sage, si nécessaire, qu'elle a toujours été admise de tous temps et que nous la retrouvons même sous la Constituante au moment où elle déclarait que la France, libre, ouvrait son sein à tous les peuples de la terre. L'article 7 de la loi du 3 décembre 1849 règle encore aujourd'hui ce droit d'exclusion du territoire, il appartient au ministre de l'intérieur et aux préfets des départements frontières, à charge d'en avertir aussitôt le ministre.

Quant à la liberté de conscience, quant à la liberté de la pensée ainsi que de la parole, quant à la liberté de la presse, ce sont des droits tellement inhérents à la dignité humaine, que nos constitutions n'ont jamais eu l'idée d'empêcher qui que ce soit de suivre les prescriptions de son culte, pas plus que de mettre à la lumière, de publier l'inspiration de ses pensées, le résultat de ses travaux, dans les limites de ce qui est juste et raisonnable, de ce qui ne peut porter atteinte à la sécurité de l'État, à l'ordre public. Ces droits, du reste, sont si naturels, il est si évident que les étrangers, aussi bien que les nationaux, en ont la jouissance, que nous nous serions bornés à en constater l'existence sans entrer dans aucun détail si, à propos de la liberté de la presse, on ne nous objectait l'article premier du décret organique sur la presse du 17-23 février 1852, dont la disposition est reproduite dans l'article 1er de la loi de 1868. L'article 1er de cette loi de 1852 est, en effet, conçu dans ces termes : « Tout Français majeur et jouissant de ses « droits civils et politiques peut, sans autorisation préala- « ble, publier un journal ou écrit périodique paraissant soit « régulièrement et à jour fixe, soit par livraisons et irré- « gulièrement. » A ne prendre cette disposition qu'à la let- tre, il faudrait évidemment reconnaître que la presse serait entièrement interdite à l'étranger; mais telle n'est point la pensée de cette loi, et lorsque nous nous pénétrons de son esprit, il est facile de voir qu'elle ne prétend point empê- cher qu'un étranger puisse publier ses idées librement dans un journal ou toute autre feuille périodique; elle ne veut point seulement qu'un étranger puisse être gérant respon- sable d'un journal, et cette prohibition a véritablement sa raison d'exister, car le gérant responsable est, en quelque sorte, la personnification du journal; il répond de toutes ses obligations, et l'on aurait pu craindre qu'un étranger, gérant responsable, puisse, par une fuite qui lui est tou- jours si facile, échapper à la répression des délits qui au- raient été commis dans le journal et dont il aurait répondu aux yeux de la loi. Telle est la véritable pensée de la loi de 1868; ce n'est point, comme on l'a prétendu, une atteinte à la liberté de la presse, car cette disposition n'est, en quel- que sorte, qu'une mesure préventive, et en la prenant, le gouvernement n'a nullement empêché les étrangers d'écrire et de répandre par les journaux leurs idées, leurs pensées véritables, même en matière politique; il a pris seulement des précautions pour assurer l'exécution de la répression des délits de la presse.

A côté de la liberté de la pensée se place, naturellement, la question de la propriété littéraire; et quoique cette question se rattache, par certains côtés, aux droits civils, elle nous paraît si intimement liée à cette liberté dont nous venons de poser les principes, que nous la rangerons à la suite des droits publics. Il n'entre point, du reste, dans notre cadre d'étudier toutes les nombreuses controverses auxquelles ont donné lieu les principes qui dominent toute cette matière, car il importe peu, pour le sujet que nous traitons ici, de savoir s'il est juste que le droit de reproduire un livre appartienne à l'auteur, comme le droit de tirer les fruits de sa chose appartient à tout propriétaire, de savoir s'il est juste que ce droit de reproduction forme un bien dans le patrimoine de l'auteur, ou bien que le public acquiert la possession d'un livre du jour même de sa publication et que l'auteur en perd toute propriété du moment qu'il en fait part à la société. Nous laisserons donc de côté ces questions, quelque intéressantes qu'elles puissent être, pour nous demander seulement si l'étranger doit être encore, sur ce point, traité à l'égal de nos nationaux, s'il doit jouir du monopole que nos lois accordent à l'auteur ou à ses héritiers français. Quoique ce droit soit, en réalité, un monopole, aucun doute ne saurait exister à cet égard, car l'intérêt que nous avons à garantir un semblable droit aux nations étrangères est trop évident, trop considérable, pour que nos lois puissent les leur refuser; le législateur a même pris la peine de s'en expliquer formellement, et nous voyons dans l'article 40 du décret du 3 février 1810, que : « Les auteurs, soit nationaux, soit étrangers, peuvent céder « leurs droits à un imprimeur ou libraire, ou à toute autre « personne qui est, alors, substituée en leur lieu et place « pour eux et leurs ayants cause. » Le décret de 1810 ne s'était occupé que des ouvrages publiés en France; ceux publiés à l'étranger ne se trouvaient donc pas sous la protection de la loi ; ce ne fut que par un décret du 28 mars 1852, complété par la loi de juillet 1860, que les auteurs ayant publié leurs ouvrages à l'étranger reçurent une égale protection, qu'ils fussent d'une nation étrangère ou qu'ils appartinssent à la France. Cette protection, du reste, ne leur est accordée qu'autant qu'ils ont accompli les conditions exigées relativement aux ouvrages publiés en France, et pour être admis en justice à poursuivre les contrefaçons, les auteurs étrangers ou leurs ayants cause doivent avoir effectué le dépôt de deux exemplaires de leurs ouvrages au ministère de l'intérieur, à Paris, ou au chef-lieu de préfecture dans les départements. Cette formalité n'est même pas toujours exigée : en sont dispensés les auteurs appartenant à des nations qui ont signé avec la France des conventions qui ne portent pas l'obligation du dépôt. (Loi du 19 juillet 1793, décret du 28 mars 1852).

Nous voudrions pouvoir approfondir davantage cet exposé des droits publics, mais nous devons nous contenter de cette esquisse rapide de ces principaux droits, car nous avons hâte d'étudier quelle est la condition de l'étranger à l'égard des droits politiques, pour en arriver, enfin, aux droits civils, et nous ne ferons que constater aux étrangers le droit de s'associer; c'est un principe, du reste, si universellement admis, qu'il ne saurait s'élever aucune difficulté à cet égard.

Nous n'avons parlé, jusqu'ici, que des droits qui, dans cette partie de notre législation, étaient accordés aux étrangers; il est temps d'en arriver aux obligations qui, par une juste réciprocité, leur sont imposées en cette matière. — Du moment, en effet, que l'étranger met le pied sur notre sol, il est sûr de trouver dans le gouvernement un protecteur, et pour sa personne et pour ses biens; il jouit de tous les bienfaits de l'ordre public; il est donc naturel qu'il contribue aux dépenses, aux impositions qui permettent au

gouvernement de maintenir et d'assurer cet ordre public.
Ainsi, l'étranger est tenu de payer sa part des impôts : impôts indirects, impôt foncier, impôt des portes et fenêtres,
patentes, il est tenu de les payer tous; il n'y a d'exception
que pour la contribution personnelle que, d'après la loi du
21 avril 1832, on ne peut exiger de lui qu'après six mois
de séjour. Mais il ne suffit pas que l'étranger contribue,
pour sa part, à fournir les moyens d'assurer l'ordre public
dont il est le premier à profiter, il faut encore qu'il ne fasse
rien pour troubler cet ordre public; protégé, défendu par
nos lois, il faut qu'il les respecte à son tour. L'hospitalité
qu'on lui donne appelle et force sa reconnaissance. D'autre
part, comment l'État qui a le droit, le devoir de veiller à
sa conservation, pourrait-il arriver à ce but s'il existait dans
son sein des hommes qui pussent impunément enfreindre sa
police et troubler sa tranquillité, s'il n'appliquait, à tous
ceux qui se trouvent sur le territoire, des lois sans lesquelles,
comme disait M. Portalis au conseil d'État : « un gouverne-
« ment ne saurait subsister, ces lois qui maintiennent la
« police de l'État et qui veillent à sa sûreté. » Par leur
nature même, ces lois doivent régir tous ceux qui résident
sur le sol de la France; elles ne doivent pas s'appliquer
seulement à l'étranger qui séjourne sur notre sol, mais
encore à celui qui ne fait que passer sur notre territoire;
car, disait M. Faure au Corps législatif : « par le seul fait
« de son entrée en France, il contracte, par là, l'obligation
« de respecter la loi, et s'il est assez téméraire pour l'en-
« freindre, il ne peut espérer d'être traité plus favorablement
« que les citoyens eux-mêmes. »

C'est le principe que nous trouvons écrit dans l'article 3
de notre Code civil : « Les lois de police et de sûreté obli-
« gent tous ceux qui habitent le territoire. » Et par ces lois
de police et de sûreté, il ne faut pas entendre seulement les
dispositions pénales qui assurent la répression des crimes
des délits et des contraventions, les arrêtés et règlements

administratifs que les divers pouvoirs constitués ont le droit de rendre dans la mesure de leurs attributions, mais encore toutes les mesures qui tendent à garantir la sûreté des propriétés, à protéger les personnes, à assurer le bon ordre et, par cela même, toutes les dispositions de nos lois civiles qui, bien que dépourvues de sanctions pénales, sont inspirées par des considérations d'ordre public ou social. Ainsi, l'étranger est tenu de se soumettre non-seulement à nos lois pénales, mais encore à toutes nos dispositions civiles se rattachant de près ou de loin à l'ordre public; c'est ainsi que les étrangers ne peuvent éluder nos règles sur la propriété et ses démembrements, qu'ils ne peuvent déroger au principe de la dévolution des biens telle qu'elle est établie dans nos lois; c'est ainsi que les tribunaux, bien qu'incompétents pour prononcer la séparation de corps entre étrangers, peuvent autoriser la femme à quitter le domicile conjugal pour s'établir dans un lieu fixé par eux, qu'un mari peut-être condamné, dans l'intérêt de l'ordre public, à fournir des aliments à sa femme (arrêt de la cour de Paris du 19 décembre 1833), qu'un tribunal peut pourvoir à la tutelle provisoire d'un mineur étranger, abandonné sans protection sur notre territoire (arrêts de la Cour de cassation des 18 et 25 août 1847). Nous pourrions citer encore une quantité de cas semblables, mais ces quelques exemples suffisent pour bien faire comprendre ces dispositions civiles que nous appellerons d'ordre public.

Nous avons déjà eu l'occasion de voir que les étrangers étaient soumis aux mêmes peines que les Français pour tous crimes ou délits commis en France; que quelquefois, cependant, cette pénalité était plus rigoureuse à leur égard; enfin, que le gouvernement avait toujours le droit de les expulser de notre territoire; nous ne reviendrons donc pas sur ces points. Quant aux crimes commis hors de la France, l'étranger qui en est coupable ne saurait être poursuivi devant nos tribunaux, car le principe est que le droit de

punir expire sur la frontière; cependant il est quelques cas
exceptionnels où le coupable pourra être jugé et puni
d'après les lois françaises, s'il est arrêté en France ou si le
gouvernement en obtient l'extradition; mais en dehors de
ces crimes tout à fait exceptionnels, qui sont des atteintes à
la sûreté, à la souveraineté, au crédit de l'État (Articles *b*,
c, *d*, Inst. c.), la justice de la France ne saurait s'étendre en
dehors de son territoire, et le Français qui, chez une nation
étrangère, a été la victime du crime le plus affreux, ne peut
espérer trouver de secours et de protection que dans la justice de la nation où le crime a été commis.

Il ne nous reste plus, pour terminer tout ce qui a rapport aux lois de police et de sûreté, qu'à dire quelques
mots d'une mesure de surveillance que la situation passa-
gère de l'étranger a inspirée contre lui : nous voulons parler
de la nécessité où il se trouve d'être muni d'un passe-port
pour voyager sur notre territoire. La loi du 23 messidor
an III et une circulaire ministérielle du 20 août 1816 permettent au gouvernement d'appliquer l'article 272 du Code
pénal à l'étranger qui ne serait pas muni d'un passe-port
et de le faire reconduire à la frontière comme vagabond. Et,
même en dehors de la nécessité du passe-port, une ordonnance du préfet de la Seine du 8 septembre 1851 ordonna
aux étrangers se trouvant à Paris de demander, dans les
huit jours de leur arrivée, un permis de séjour au préfet de
police. Mais, hâtons-nous de le dire, ces formalités ne sont
guère observées, et quoique les lois que nous venons de
citer ne soient pas abrogées, la multiplicité des rapports
internationaux en a rendu l'application si difficile, que,
depuis déjà longtemps, elles ont cessé d'être en vigueur.

CHAPITRE II.

DE L'ÉTRANGER AU POINT DE VUE DES DROITS POLITIQUES.

Autant il est juste, il est naturel que les étrangers participent à tous nos droits publics, jouissent de toutes les faveurs accordées par nos lois au libre développement des facultés intellectuelles, autant il serait inadmissible que l'étranger puisse participer d'une manière quelconque à l'administration, au gouvernement de notre pays. On ne saurait, en effet, concevoir une nation qui ne craindrait pas de confier une partie de son autorité entre des mains dont rien ne lui assure le dévouement et la fidélité; car il ne suffit pas, pour être admis de près ou de loin au gouvernement d'un peuple, d'avoir l'expérience et la force nécessaires, de connaître et de pouvoir satisfaire ses besoins, ses intérêts, il faut avant tout être membre de ce peuple, faire partie de la nation, être intéressé à sa gloire et à sa prospérité.

Les droits politiques d'une nation sont l'apanage de ses sujets; ils ne leur sont même accordés qu'autant qu'ils offrent certaines garanties d'aptitude et de moralité : les étrangers ne sauraient donc y prétendre à aucun titre.

Ainsi, l'étranger ne peut être ni électeur ni éligible; il ne peut être membre de l'Assemblée nationale, ni des conseils généraux, ni des conseils d'arrondissement, ni des conseils municipaux (Ordonnance du 4 juin 1814. — Loi du 19 avril 1832); il ne peut, par son vote, contribuer à faire entrer une autre personne dans une assemblée; il ne peut être investi d'aucune fonction qui serait comme une émanation directe ou indirecte du pouvoir du chef de l'État : il ne peut donc être ministre, conseiller d'État (Article 58, Constitution du 22 frimaire an VIII), préfet, sous-préfet (article 59 de la Constitution de l'an VIII), maire, conseiller de préfecture; il ne peut prétendre à aucunes fonctions ecclésiastiques (article 16 du Concordat); il ne peut être conseiller soit à la Cour de cassation, soit à une Cour d'appel; il ne peut être juge, procureur de la République (article 67 de la Constitution de l'an VIII), juge de paix (article 8 du Sénatus-Consulte du 8 thermidor an X), juré (article 383 du Code d'instruction criminelle), notaire, avoué, agent de change; en un mot, il est exclu de toute fonction administrative, diplomatique, ecclésiastique et judiciaire.

Enfin, si l'étranger ne peut espérer aucune fonction qui se rattache d'une manière plus ou moins immédiate à l'organisation, à l'administration de l'État, à bien plus forte raison ne peut-il entrer dans les rangs de nos armées de terre ou de mer, car la France ne peut confier qu'à ses enfants l'honneur, la gloire de la défendre et de la protéger.

Voyons maintenant quelques points de détail qui pourraient donner naissance à certains doutes. Il est évident qu'un étranger ne peut être témoin dans un acte authentique, car, dans tout acte notarié, le témoignage de ceux qui signent cet acte font partie de cet acte lui-même et contribuent à lui donner cette existence légale, cette force que lui reconnaît la loi. Faire un semblable témoignage, c'est donc, en quelque sorte, remplir une fonction publique; par conséquent, l'étranger doit en être exclu. Mais si l'étranger ne peut être témoin dans un acte notarié, ne peut-il être appelé en témoignage devant la justice? ne peut-il servir de témoin dans les actes de l'état civil? Le doute ne me paraît pas possible sur l'un et l'autre de ces points. En effet, lorsqu'il s'agit de témoigner en justice, c'est pour constater un fait, certifier certaines circonstances, éclairer les juges et leur faciliter les moyens de former leur conviction; un semblable témoignage est donc nécessaire, et, sous le prétexte qu'il n'est pas de notre nationalité, on ne saurait écarter un témoin dont le témoignage va peut-être apporter la lumière dans l'esprit des juges. C'est par une raison à peu près analogue que nous dirons qu'un étranger peut être témoin dans les actes de l'état civil, car la loi, voulant que ces actes fussent rédigés dans un délai excessivement bref, craint d'en entraver la rédaction en exigeant certaines qualités des témoins; elle élargit, au contraire, autant qu'elle le peut, le cercle dans lequel peuvent être pris ces témoins, et l'étranger y rentre certainement. Quelle est, en effet, la pensée de la loi? Que l'individu qui a été présent soit à une naissance, soit à un décès, vienne constater les faits qui se sont passés sous ses yeux. Or, faudrait-il que cette constatation n'eût pas lieu parce que le témoin n'appartiendrait pas à notre nation? Enfin, à quel titre pourrait-on écarter les parents étrangers de la rédaction d'un acte qui les intéresse, lorsque la loi recommande de choisir les témoins parmi les parties intéressées?

Nous avons vu que, d'après l'article 67 de la Constitution de l'an VIII et d'après l'article 383 du Code d'instruction criminelle, un étranger ne pouvait siéger sur les bancs de la justice ni comme juge ni comme juré; mais ne peut-il être arbitre ou expert? Il est évident que lorsqu'il y avait des arbitrages forcés, lorsque les tribunaux de commerce étaient obligés de déléguer leur autorité à des individus qui devaient remplir leurs fonctions, il est évident qu'alors l'étranger ne pouvait être arbitre, puisqu'à ce titre il aurait été revêtu d'une partie des fonctions du juge, fonctions qui lui étaient formellement refusées. Mais depuis que la loi du 17 juillet 1856 est venue supprimer ce genre d'arbitrage, depuis que l'arbitrage est devenu libre et volontaire dans tous les cas, il n'y a plus aucune raison de refuser ce droit. Qu'est-ce, en effet, que l'arbitrage ainsi conçu, si ce n'est une convention librement formée qui doit tenir lieu de loi entre les deux parties? Que les arbitres aient été nommés par les parties elles-mêmes ou qu'ils aient été désignés par les juges, dans l'un et l'autre cas ce n'est qu'un acte privé, et non point une fonction publique qui pourrait être refusée à l'étranger.

Nous dirons également que les parties ou le tribunal peuvent désigner comme expert un étranger, car les raisons que nous avons données pour décider que ce dernier pouvait être appelé en témoignage devant la justice existent ici au même degré. Le rapport de l'expert, en effet, n'est en quelque sorte qu'un témoignage, qu'un simple renseignement qui ne saurait lier les juges en aucune façon.

Nos écoles de médecine sont ouvertes aux étrangers; ils peuvent y acquérir tous les grades et exercer leur profession en France; mais s'ils ont été gradués dans les universités étrangères, ils ne pourront exercer cette profession qu'autant qu'ils auront obtenu l'autorisation du gouvernement. Les écoles de droit sont également ouvertes aux étrangers, qui peuvent y obtenir tous les diplômes, mais peuvent-ils être avocats? Il semble, au premier abord, qu'il n'y ait aucun motif de refuser ce droit aux étrangers, car la profession d'avocat est assez indépendante pour qu'on ne la considère pas comme une fonction décernée par l'État; aussi les cours admettent les étrangers au serment professionnel; mais les conseils de l'ordre, dans un oubli malheureux de leurs traditions libérales, n'ont pas voulu détruire une doctrine constante dans l'ancien droit et ont toujours repoussé les étrangers lorsqu'ils ont voulu commencer leur stage. Nous avons sur ce point deux décisions : l'une du Conseil de l'ordre des avocats de Grenoble, en date du 6 février 1830, et l'autre du Conseil de l'ordre des avocats de Marseille, en date du 12 août 1840; la première de ces décisions est fort longuement motivée : les principaux arguments que l'on met en avant pour refuser l'accès du barreau aux étrangers consistent à dire que tout avocat, pouvant être appelé d'un moment à l'autre à suppléer soit les juges, soit le ministère public, doit nécessairement avoir la qualité de Français; qu'enfin un étranger ne saurait pouvoir prêter le serment constitutionnel exigé de tout avocat. Ces arguments, et d'autres que nous laissons de côté, nous paraissent bien peu solides; le premier seul a quelque fondement, car le second ne saurait plus exister aujourd'hui que le serment exigé de l'avocat est devenu purement professionnel. Cette exclusion, que rien ne saurait justifier, n'est en réalité qu'une ancienne trace d'égoïsme et de mesquine jalousie; aussi ne saurions-nous faire assez de vœux pour la voir disparaître et pour voir ouvrir l'entrée du barreau aux étrangers; car, losqu'il s'agit de liberté, la France ne saurait rester en arrière et déjà, depuis longtemps, la plupart des nations étrangères se font un honneur d'accueillir avec faveur et sympathie nos avocats, lorsqu'ils se présentent devant leurs tribunaux.

CHAPITRE III.

De quels droit jouissent les étrangers? Sont-ils admis à la jouissance, à l'exercice de tous les droits civils, ou ne leur accorde-t-on que la faveur de quelques-uns de ces droits, qui seraient alors l'apanage exclusif des nationaux? Telles sont les questions auxquelles il nous faut répondre et auxquelles il nous paraît bien difficile de donner une réponse formelle et décisive; car, sur cettle partie si délicate de notre législation et qui intéresse à un si haut degré le commerce, l'industrie, la richesse de la nation, nous ne trouvons dans nos lois que des décisions éparses, confuses, laconiques, souvent divinatoires; nous ne voyons pas apparaître un principe dominant sur lequel on puisse édifier à coup sûr un système complet, embrassant dans tous ses détails la condition civile de l'étranger; on dirait que le législateur lui-même, en édictant nos codes, n'eût pas de plan arrêté, de théorie précise et déterminée, qu'il ne sût à quel parti se résoudre au milieu de tous ces intérêts si vastes et si opposés.

L'article 11 de notre Code civil semble pourtant, avoir été posé dans notre législation comme un principe général; mais faut-il, en prenant son texte à la lettre, décider que l'étranger ne jouit en France que des mêmes droits civils que ceux qui sont accordés aux Français par les traités de la nation à laquelle cet étranger appartient? Faut-il dire qu'en dehors des traités diplomatiques signés par la France avec sa nation, l'étranger ne jouit sur notre sol d'aucun de nos droits civils ? Faut-il dire qu'en dehors de ces traités l'étranger n'est, au milieu de nous, qu'un paria, qu'un individu hors la loi, indigne des faveurs de nos lois ? Nous ne le croyons pas, heureusement ; nous avons-même l'intime conviction du contraire, et pourtant telle ne parait pas avoir été la pensée, l'intention du législateur en inscrivant l'article 11 dans notre Code. Rappelons, en effet, ce que nous avons déjà dit sur l'historique de cet article ; rappelons-nous toutes les luttes, toutes les difficultés auxquelles il avait donné naissance lors de sa discussion, et nous aurons l'intime conviction qu'il n'est entré dans notre Code que sous l'influence, sous la pression du génie qui tenait alors les destinées de la France entre ses mains et que, dans l'esprit du premier Consul, il était la base de tout un système qui refusait tout droit civil à l'étranger, en dehors de ceux qui lui étaient accordés, à charge de réciprocité, par les traités que la France, c'est-à-dire le Premier Consul, aurait pu signer avec sa nation. Mais si un semblable système devait naître naturellement dans l'esprit d'un homme qui ne visait qu'au pouvoir absolu, qui prétendait que les lois n'étaient que des faveurs octroyées par le souverain à ses sujets, il ne devait pas en être de même pour le législateur, et tout nous prouve que ni le Tribunat, ni le Corps législatif n'adoptèrent jamais les idées du premier Consul, le système qu'il voulait faire entrer dans nos lois. Ces assemblées, il est vrai, durent plier devant cette autorité à qui la France venait de confier sa fortune et qui faisait tout céder devant sa volonté ; elles durent inscrire dans notre Code la règle que le premier Consul avait formulée, mais, tout en l'inscrivant, elles se réservèrent tacitement la faculté d'en limiter la portée, d'en restreindre l'application, à mesure qu'elles arriveraient aux différents droits, aux diverses manières de les acquérir. Malheureusement ces assemblées, toujours sous la même influence, et dans la crainte sans doute d'attirer contre elles le mécontentement, la colère de celui qui allait devenir le maître de presque toute l'Europe, n'osèrent entrer franchement en lutte avec lui, détruire, dans l'application, le principe qu'elles avaient été contraintes d'accepter et préférèrent, par des voies détournées, restreindre une règle qui leur paraissait injuste et barbare; de là ces dispositions laconiques que nous trouvons éparses dans notre Code et qui nous semblent confuses, presque divinatoires; de là ce défaut apparent de système et de théorie. Le premier Consul avait voulu établir ce principe que l'étranger, à moins de traités, ne jouit d'aucun droit; les législateurs édictèrent, au contraire, que l'étranger jouit de tous les droits civils, sauf ceux qui lui sont refusés par des lois formelles. Cette lutte entre le pouvoir exécutif voulant établir un principe et le pouvoir législatif contraint de faire passer le principe dans nos lois, mais l'amoindrissant aussitôt, le détruisant même par des dispositions restrictives, peut paraître singulière, bizarre, nous en convenons, mais nous ne la croyons pas moins exacte, et c'est ce que nous allons essayer de prouver.

Nous ne reviendrons point ici sur la rédaction du projet primitif du Code, ni sur les moyens que le premier Consul a employés pour faire substituer une nouvelle rédaction à cette rédaction primitive, pour faire admettre par le Tribunat le système de réciprocité; ce sont des points que nous avons suffisamment établis, nous l'espérons du moins, quand nous avons fait l'historique de notre article 11, et nous croyons qu'il ne nous est pas nécessaire de revenir ici sur ces détails; nous espérons que l'on voudra bien s'en rappeler la vérité, et nous ne considérerons que la conduite du Tribunat, du Corps législatif, pour résister au premier Consul ou, tout au moins, rendre vaine sa volonté si formellement manifestée. Lorsque le Tribunat fut contraint de renoncer aux principes établis par la Constituante, principes qu'il voulait faire passer dans notre Code; lorsqu'il se vit

contraint d'accepter le système de réciprocité, il n'essaya
plus de lutter sur ce point, il l'admit ; mais il fit tous ses
efforts pour en limiter aussitôt la portée et nous voyons ses
orateurs s'écrier : « Quoi ! les étrangers n'auront en France
« la jouissance d'aucun de nos droits civils ! Ils seront donc
« au milieu de nous comme des morts civilement ? Ne leur
« sera-t-il pas permis de se marier, d'ester en justice ?....
« Cela serait absurde et ce n'est certainement pas la pensée
« du projet. » Ces observations étaient trop justes, trop
vraies pour qu'elles ne parvinssent pas à triompher, et l
gouvernement dut céder, malgré toute sa répugnance, et reconnaître devant l'opinion des tribuns que la jouissance des
droits civils ne pouvait être l'apanage exclusif des nationaux, que les étrangers devaient également y être appelés,
qu'ils devaient jouir de ces droits, sauf quelques-uns qui
devraient leur être refusés. Le principe de l'article 11 disparaissait donc presque dans son entier et la rédaction de cet
article avait lieu d'être singulièrement modifiée ; le Tribunat voulut assurer le triomphe de ses principes et demanda
que les termes du projet fussent changés ou, du moins, que
l'on introduisît dans l'article 11 l'énumération limitative
des droits qui seraient réservés aux Français et dont la
jouissance serait refusée aux étrangers, à moins de traités
avec leurs nations. Mais le gouvernement qui, tout en cédant
sur un point, n'avait nullement l'intention de renoncer à
son système de réciprocité, refusa de modifier l'article 11,
d'y donner même une indication limitative des droits qui
seraient refusés à l'étranger et couvrit ses prétentions d'un
motif assez plausible : « On objecte », dit l'orateur du gouvernement, « que la loi ne détermine pas assez quels sont
« les droits civils. Mais il y a une démarcation exacte.... ;
« ces droits, dont les étrangers seront privés, seront mar-
« qués dans les titres du Code qui y auront trait. On ne les
« oubliera certainement pas lorsqu'il sera question de la
« faculté de tester, de la capacité de recevoir par testa-

« ment ou de succéder. Mais dans un titre où il s'agit seu-
« lement de la jouissance des droits civils, cette énuméra-
« tion n'est pas nécessaire. » Le Tribunat dut se contenter
de cette raison qui, si elle ne lui donnait pas satisfaction
complète, lui reconnaissait du moins l'existence du principe
qu'il voulait établir; il adopta donc la rédaction de l'article 11 telle qu'elle lui était proposée, se réservant d'user
largement de la faculté qu'il avait obtenue d'énumérer au
fur et à mesure les cas où cet article serait applicable; en
un mot, d'en restreindre autant que possible la portée, de
façon que la règle posée dans cet article disparût dans l'exception; de là les articles 14, 16, 726, 912 du Code civil,
l'article 903 du Code de procédure civile et les dispositions
de la loi sur la contrainte par corps.

Prenons quelques-unes de ces dispositions, elles vont
nous faire voir l'œuvre du Tribunat, nous faire saisir l'esprit
véritable de notre législation à l'égard de la condition civile
de l'étranger; elles vont nous montrer à l'évidence que,
malgré la généralité des termes de l'article 11, tous les
droits civils étaient loin d'être refusés à l'étranger, elles
vont nous montrer que si nous laissons de côté les mots pour
nous attacher uniquement à leur esprit, elles ne sont que
des dispositions limitatives et que l'article 11 n'a, en réalité,
d'autre but que de permettre à l'étranger d'être, par des
traités, relevé des quelques incapacités dont il est frappé,
en un mot, que la capacité de l'étranger est la règle, son
incapacité l'exception.

Prenons, par exemple, les articles 726 et 912; qu'y
voyons-nous? Que l'étranger est frappé de l'incapacité de
recueillir soit une succession, soit un legs, soit une donation
entre-vifs; mais si le principe posé dans l'article 11 est
aussi absolu que semblent l'indiquer les termes de cet article, que viennent faire ces dispositions prohibitives ? Faut-il
dire que le législateur n'a pris qu'une peine inutile, qu'il
n'a fait qu'appliquer à un cas particulier le principe d'inca-

pacité absolue déjà édictée dans l'article 11? Non, nous ne pourrons jamais croire que le législateur ait pu écrire une disposition qui n'avait point de raison d'être, et s'il a reproduit dans ces articles le principe de l'article 11, c'est évidemment qu'il a voulu établir que ce principe n'était pas absolu et qu'en l'appliquant à ce cas, il n'existait pas pour tous les autres. Si, en effet, ce principe devait être considéré comme absolu, pourquoi, dans ces articles, n'est-il question que de l'incapacité de recevoir et n'est-il fait aucune mention de l'incapacité de transmettre? Faut-il dire que le législateur, pour appliquer la même règle à deux faits distincts, se contente de faire à l'un le contraire de ce qu'il fait à l'autre? Évidemment non; jamais il ne pourra entrer dans notre pensée qu'un législateur raisonnable, après avoir établi un principe absolu, vienne faire l'application de ce principe à un cas qui rentrait naturellement dans la règle et fasse l'application de ce principe de telle sorte qu'un cas identique et qui, jusqu'à ce jour, n'avait jamais été séparé du précédent, ne puisse y rentrer en aucune façon, car : « *qui dicit de uno negat de altero* », et du moment que l'étranger est déclaré incapable de succéder, c'est qu'il est reconnu capable de transmettre, ou l'argument *a contrario* n'a plus aucune certitude. Mais alors, quelle peut être la raison de cette disposition? Comment se peut-il que le législateur, après avoir établi que l'étranger est incapable de tout droit civil, vienne le déclarer incapable de succéder et lui accorde la faculté de transmettre? On a dit que l'article 726 se trouvant dans une section où il était seulement question des qualités requises pour succéder, le législateur n'avait pu y parler de l'incapacité de transmettre, et que s'il ne s'en est pas occupé ailleurs, c'est qu'il a trouvé que la règle établie dans l'article 11 était suffisante. Mais cet argument n'est pas sérieux, car la loi de 1819 prouve à l'évidence que, même sous le Code, l'étranger jouissait de la faculté de recevoir; les questions que nous avons posées restent donc pleines et entières. Mais comment peut-on les expliquer? Pour nous, la réponse est facile et elle est la preuve incontestable du système que nous avons exposé; nous ne saurions voir, en effet, dans ces dispositions contradictoires et, en apparence, illogiques, que l'œuvre du Tribunat. Cette assemblée, ne pouvant abroger le principe de l'article 11 qu'elle avait été contrainte d'accepter, cherche, du moins, à le limiter, à le restreindre; malheureusement elle n'ose le faire d'une manière ouverte et formelle, et elle nous donne, dans les articles 726 et 912, un exemple de plus de ces manœuvres habiles et cachées dont nous ne trouvons que trop de traces dans la rédaction et la discussion des différents articles de notre Code. Le premier consul avait voulu avoir dans la main le pouvoir de réglementer la condition des étrangers; le Tribunat avait dû se soumettre et accepter le système de réciprocité; mais, tout en ayant l'air de l'adopter, de le reproduire même, dans les articles 726 et 912, elle le détruit en réalité, car, du moment que l'une des principales incapacités de l'étranger disparaît, du moment que le Code lui accorde la faculté de transmettre, l'article 11 n'existe plus dans la généralité de ses termes, l'étranger n'est pas privé en masse de la jouissance de tous les droits civils.

Si quelque doute pouvait encore exister sur ce point, l'article 903 du Code de procédure civile, la loi du 10 septembre 1807 sur la contrainte par corps, suffiraient pour le faire entièrement disparaître, et nous y trouverions la confirmation éclatante de tout ce que nous venons de dire; enfin, si nous considérons les articles 12, 15 et 19 de notre Code civil, nous voyons que les étrangers jouissent de certains droits auxquels personne ne peut refuser le caractère de droits civils; nous voulons parler des droits de propriété et, par conséquent, de ses démembrements, du droit de contracter mariage, d'ester en justice. De tout cela que faut-il conclure? Évidemment que l'article 11 n'a pas toute la portée que la généralité de ses termes semble indiquer, qu'il faut en restreindre l'application aux différents cas que le Code a eu soin de limiter et qu'il faut dire que, dans le système du Code, l'étranger jouit des mêmes droits civils que les Français, sauf quelques-uns qui leur sont refusés, mais qu'il peut acquérir conformément aux prescriptions de l'article 11.

Ce système, nous dit-on, n'est pas conforme au texte de l'article 11; nous en convenons, mais les différentes dispositions de notre Co le relatives aux étrangers sont-elles conformes à cet article 11 ? Et cette anomalie, si anomalie il y a, ne l'avons-nous pas expliquée d'une manière assez péremptoire en montrant la lutte du législateur et du pouvoir exécutif, en faisant voir le législateur faisant tous ses efforts pour limiter, détruire un principe qu'il avait été contraint d'accepter? Enfin, en admettant que ce système n'est pas entièrement conforme aux termes de l'article 11, faut-il le rejeter lorsque nous le voyons conforme à l'ensemble des textes, lorsque nous en trouvons le germe, la preuve dans les travaux préparatoires et surtout lorsqu'il a l'avantage incontestable d'éviter toute difficulté d'application ? Mais disons quelques mots des différents systèmes qui ont été émis sur ce point; en montrant quelles anomalies ils contiennent, à quel arbitraire ils ouvrent la voie, nous saurons mieux apprécier les avantages du système que nous venons d'exposer.

Le principal de ces systèmes, celui qui semble aujourd'hui être généralement admis et que la jurisprudence paraît accepter, a été soutenu avec une grande habileté par MM. Aubry et Rau, et a trouvé un puissant soutien dans l'autorité de nombreux auteurs. Ce système n'est que l'ancienne doctrine du Digeste passée dans nos coutumes, la reproduction de la distinction romaine du *jus gentium* et du *jus civile ;* selon ces auteurs, les droits dont il est parlé dans l'article 11 ne seraient que les droits réservés à Rome aux citoyens seuls; ce ne serait que les facultés dérivant du *jus civile*, les prérogatives qui sont l'œuvre directe du législateur qui seraient refusées aux étrangers, tandis qu'ils auraient toujours le droit d'invoquer tous les droits qui n'ont ni leur origine, ni leur fondement dans le droit positif de la nation, toutes les dispostions du *jus gentium*, en un mot, tous les droits qui ont leur base dans la loi naturelle, qui existent par eux-mêmes sans qu'ils aient besoin d'être promulgués. — Ainsi, d'après ce système, l'étranger est capable de tous les droits du *jus gentium*; il n'a pas, au contraire, les autres droits privés et il ne peut en jouir que dans les cas et sous les conditions déterminées par l'article 11.

Cette distinction, sur laquelle repose tout ce système, est-elle admissible? Évidemment non; elle ne saurait être que dangereuse, car comment discerner, déterminer avec précision les droits civils des droits naturels? A quels caractères les reconnaître? — A quels signes se fier pour tracer entre eux une ligne précise de démarcation? — Admettre le principe d'une semblable classification, c'est ouvrir la porte aux plus graves difficultés, c'est l'incertitude la plus complète, c'est l'arbitraire le plus absolu. Sans doute cette classification existait à Rome, elle avait même sa raison d'être, vu les mœurs nationales et la constitution politique du peuple romain; mais, de nos jours, est-elle admissible en France? nos mœurs, nos principes philosophiques, notre civilisation ne la repoussent-ils pas formellement? Et puis, à Rome, cette classification n'avait pas été faite en un jour, elle avait été préparée de longue main, elle avait été constatée par la tradition des auteurs et la jurisprudence; il n'y avait point d'incertitude, point d'arbitraire, le caractère de chaque droit était déterminé et il ne pouvait y avoir la moindre difficulté pour savoir si tel droit rentrait dans le *jus civile* ou faisait partie du *jus gentium*; mais dans notre législation, apercevons-nous aucune trace d'une semblable classification? Voyons-nous un seul principe qui puisse nous permettre de la déterminer d'une manière précise? Faudrait-il donc se reporter à l'ancienne classification romaine? Mais qui ne voit que cette classification ne saurait exister de nos jours, qui ne voit que le droit des gens est intimement lié à la civilisation, qu'il suit sa marche, ses progrès, et que ce qui était hier un droit positif devient aujourd'hui un droit naturel? Qui ne voit que la classification romaine ne serait qu'un non-sens dans l'état actuel de notre société?

Ainsi, ce système aurait pour résultat de faire revivre une distinction qui est en opposition avec l'esprit de toutes nos lois; pour conséquence naturelle et forcée, ou de faire revivre l'ancienne classification romaine, ce qui serait absurde vu notre état social actuel, ou de laisser à la jurisprudence le soin de faire elle-même cette classification, ce qui serait donner le champ à l'arbitraire le plus absolu. On le comprend, on ne saurait accepter un semblable système qu'autant qu'il fût appuyé sur des arguments bien sérieux, sur des raisons décisives; or, en est-il ainsi? Les auteurs de ce système prétendent trouver la preuve de leur opinion dans les précédents historiques et dans les travaux préparatoires. Nous reconnaissons volontiers que les précédents historiques sont indiscutables et d'un grand poids dans la question, et nous avouerions qu'ils sont entièrement démonstratifs si, comme le prétendent les auteurs de ce système, le législateur de 1804 n'avait fait que les consacrer dans son œuvre. Mais, heureusement, cette prétendue consécration n'existe pas; nous avons beau, en effet, lire avec la plus grande attention les travaux préparatoires du Code, nous n'y voyons aucune trace de cette distinction que le législateur, aurait, dit-on, inscrite dans nos lois, et nous y voyons, au contraire, la preuve évidente que le législateur n'a pas admis l'ancienne distinction qui nous venait de Rome; comment, en effet, s'il avait eu l'intention de faire revivre cette distinction, s'il avait eu la pensée de priver l'étranger de tous les droits civils, de tous les droits découlant du *jus civile*, comment lui aurait-il accordé une des plus précieuses facultés de ces droits? Comment, lui refusant la capacité de recevoir par donation entre-vifs, ce qui avait toujours été considéré comme du droit des gens, lui aurait-il accordé la faveur de disposer par testament, quand ce droit avait toujours été considéré comme un droit éminemment civil? Nous n'insisterons pas davantage; comme on le voit, les arguments mis en avant par les auteurs de ce système pour l'appuyer et le soutenir, ne servent, en réalité, qu'à le détruire, qu'à le renverser complétement. Nous le laisserons donc de côté pour en arriver au système de M. Demolombe.

Cet illustre auteur est encore plus sévère pour l'étranger que les partisans du système précédent; il soutient qu'en principe, l'étranger est frappé d'incapacité non plus seulement à l'égard des droits civils proprement dits, mais encore à l'égard de tous les droits privés, et qu'il ne jouit que des droits qui lui sont accordés formellement par la loi. Voici comment, pour soutenir ce système, raisonne M. Demolombe : «Dans l'article 8 », dit-il, « qui est ainsi conçu : « Tout Français jouit des droits civils », « l'expression « droit civil ne saurait s'entendre seulement des droits civils « proprement dits, elle comprend tous les droits privés, car, « dans cet article, droit civil est pris en opposition de droit « politique, pour montrer la différence existant entre ces « deux droits, pour faire bien voir que si les droits civils « sont accordés à tous les Français, les droits politiques, « au contraire, ne sont accordés qu'aux Français qui rem- « plissent certaines conditions d'aptitude. Or, si l'expres- « sion « droit civil », dans l'article 8, comprend, embrasse « tous les droits privés, il doit en être de même dans l'ar- « ticle 11, car, à si peu de distance, le législateur n'a pu « prendre la même expression dans un sens différent. » Partant de ce principe, M. Demolombe prétend que l'article 11 refuse à l'étranger la jouissance de tout droit privé et s'appuie, pour le prouver, sur ce même article 8, car, dit-il, « du moment que le législateur n'accorde les droits « civils, c'est-à-dire les droits privés, qu'aux Français, « c'est par *a contrario* qu'il les refuse à l'étranger : *Qui* « *dicit de uno, negat de altero.* »

Tel est le point de départ du système de M. de Demolombe; mais une fois que cette première idée est établie, cet habile auteur, comprenant que ce principe est trop absolu, qu'il est impossible de placer l'étranger absolument en dehors de la société, de lui refuser toute espèce de droit, s'empresse d'apporter à ce principe de nombreux et larges tempéraments; il avait dit que l'étranger ne jouit d'aucun de nos droits civils, « à moins que ces droits ne lui « soient concédés par le législateur », il fait alors une distinction aussi subtile que spécieuse, il établit que cette concession peut être expresse ou tacite. En effet, de ce que, dans l'article 3, le législateur parle des étrangers comme pouvant être possesseurs d'immeubles, c'est que le législateur leur reconnaît implicitement le droit de propriété et tous ses démembrements : le droit d'usufruit, le droit d'usage, les servitudes, ainsi que tous les modes d'acquisition et d'extinction qui s'y rattachent; de même, si les articles 11 et 19 reconnaissent à l'étranger le droit de contracter mariage avec une personne française, c'est qu'implicitement le législateur accorde à cet étranger les droits de puissance maritale et paternelle, en un mot les droits de famille; enfin, si l'article 19 établit que l'étranger peut figurer dans un procès comme créancier ou débiteur, c'est que cet étranger peut faire tous les actes nécessaires à l'acquisition et à la conservation des créances.

On le voit, tout en partant d'un principe strict et absolu, M. Demolombe n'en arrive pas moins aux concessions les plus larges, les plus libérales; mais, malgré tous ces tempéraments, ce système est-il admissible? Nous ne le croyons pas, car, bien que plus juridique, plus raisonnable que le précédent, nous y apercevons les mêmes anomalies, les mêmes inconvénients. A quel arbitraire, en effet, à quelles difficultés ne nous conduit-il pas? En dehors des points formellement concédés par la loi, tout ne devient-il pas douté, tout n'est-il pas sujet à controverse? Quelque large, en effet, que soit la formule de M. Demolombe, elle est insuffisante pour résoudre les difficultés de cette matière, dont, comme disent MM. Aubry et Rau, en maintes circonstances on est contraint de chercher la solution en dehors de la loi et des inductions plus ou moins indirectes qu'elle peut fournir. On peut, par exemple, jusqu'à un certain point, admettre que l'étranger peut, par prescription, acquérir un immeuble situé dans notre pays, car, du moment que l'article 3 suppose qu'il peut en être possesseur, on peut, sans trop de subtilité, en conclure que l'étranger peut acquérir cet immeuble par tous les modes admis par la loi et, par conséquent, par prescription; mais, dans ce système, comment pourra-t-on établir que l'étranger peut acquérir des meubles de quelque façon que ce soit? Nous ne trouvons, en effet, dans notre Code, aucune disposition qui, expressément ou tacitement, reconnaisse ce droit à l'étranger et, du moment que l'on pose en principe le fait que l'étranger ne jouit en France que des droits qui lui sont concédés d'une manière soit directe, soit indirecte, on est contraint d'admettre, si l'on est logique, que l'étranger ne peut, en France, ni acquérir, ni posséder des meubles. Ainsi, d'après M. Demolombe, l'étranger peut bien transmettre tous ses biens situés en France et il ne peut y posséder de meubles! En vérité, une semblable inconséquence dans la loi est-elle admissible et ne suffit-elle pas pour renverser tout ce système?

Mais allons plus loin : cette idée d'une concession législative des droits de propriété, de créance, en un mot des avantages du droit civil, cette idée qui fait le fond du système de M. Demolombe et que nous venons de voir conduisant aux inconséquences les plus étranges, cette idée est-elle bien fondée? Évidemment non; car, comme le fait remarquer avec tant de raison M. Valette, elle ne porte en rien le cachet de la pratique ancienne et n'apparaît pas davantage dans la rédaction de notre Code civil. Notre Code, il est vrai, suppose, dans les articles 3, 12, 14, 15 et 19, qu'un étranger peut être propriétaire, créancier en France, qu'il peut se marier avec une personne française, qu'il peut intenter une action en justice; mais, qu'on le remarque bien, ces articles n'accordent nullement ces droits à l'étranger, ils ne font qu'en régler l'exercice pour les cas où l'étranger en aurait la jouissance, et ils laissent pleine et entière la question de savoir dans quels cas l'étranger en aura la jouissance.

Or, dans quels cas l'étranger en jouira-t-il? Sans nul doute, si l'on suit les principes de M. Demolombe, si l'on prétend que l'article 11 a le sens général qu'il lui donne, dans le cas seulement d'un traité intervenu entre la nation de l'étranger et la nôtre, dans ce cas uniquement, car tous ces articles, sauf l'article 3, se trouvant postérieurs à l'article 11, ne sauraient évidemment viser que l'hypothèse prévue par cet article. Ainsi, si l'on tire des conclusions logiques du principe établi par M. Demolombe, il faudrait dire qu'en dehors des traités, l'étranger ne jouit en France d'aucun de nos droits civils, que le législateur est non-seulement revenu sur les concessions de la Constituante, mais encore qu'il a fait revivre tous ces anciens principes que, de bonne heure, la monarchie avait été contrainte de laisser tomber en désuétude. Une semblable théorie est, sans doute, inique et barbare, et cependant c'est à cette théorie que nous conduit logiquement le système de M. Demolombe.

Tels sont, dans leur ensemble et dans leurs conséquences les plus naturelles, les deux systèmes qui partagent la jurisprudence et une partie des auteurs. Nous n'insisterons pas davantage sur les principes qu'ils établissent, ni sur les anomalies, les impossibilités, les dangers que nous avons cru y voir, mais qu'il nous soit permis de leur comparer le système que nous avons soutenu. Dans ce système, point d'incertitude, point d'arbitraire; conforme aux idées larges et libérales que la Constituante avait fait passer dans nos lois et dont nous trouvons des traces évidentes dans les travaux préparatoires, conforme, sinon à l'article 11, du moins à l'ensemble des textes, il pose nettement un principe unique, une formule universelle qui, fermant toute issue à l'arbitraire, ne laissant aucune prise à la controverse, évite toute anomalie, toute difficulté d'application.

Entre ces systèmes, le doute est-il possible? Nous ne le pensons pas et, sans crainte de nous tromper, nous croyons pouvoir dire que l'étranger jouit en France des mêmes droits civils que le Français et que si quelques-uns de ces droits sont uniquement réservés à ce dernier, l'étranger peut les acquérir en se conformant au principe de réciprocité établi dans l'article 11.

Maintenant que le principe est posé, il nous faut l'appliquer aux divers droits reconnus par nos lois, il nous faut voir les différences existant entre la condition civile de l'étranger et celle du national; mais cette question est complexe et se présente sous deux jours différents. Il ne suffit pas, en effet, de déterminer quels sont les droits dont la jouissance est accordée à l'étranger, il faut encore, à mesure que l'on a reconnu que chaque droit est accordé à l'étranger, examiner par quelle loi est régi ce droit et s'il doit être réglé par la loi française ou par la loi personnelle de l'étranger. Pour jeter plus de clarté dans ces questions fort délicates, nous nous contenterons, pour le moment, d'énumérer les différents droits dont la jouissance est accordée à l'étranger, en ayant soin de faire connaître les controverses qui ont pu naître sur la plus ou moins grande capacité à l'égard de ces droits, et dans le chapitre suivant, nous verrons par quelles lois, quant au fond et quant à la forme, doivent être régies ces facultés ainsi accordées à l'étranger.

Il est incontestable que l'étranger jouit, aux yeux de la loi française, de tous les droits de famille, car ces droits sont plus des droits naturels que des droits civils; nul doute qu'il ne puisse contracter mariage avec une personne française soit en France, soit en pays étranger: les articles 12 et 19 § 1 du Code civil le déclarent d'une manière formelle en déterminant quels effets un semblable mariage produira au point de vue de la nationalité.—Quant aux droits de puissance maritale et de puissance paternelle, ils devront également être accordés à l'étranger, car ils ne sont qu'une conséquence du droit de contracter mariage. Ainsi, je reconnaîtrai à l'époux étranger le droit de contraindre sa femme à rentrer dans le domicile conjugal, à employer même, dans ce but, les moyens de coercition que la loi française accorde à ses sujets; je reconnaîtrai au père étranger tous les droits inscrits dans les articles 371 et 374 de notre Code civil, ainsi que les droits de garde et de correction, le droit de faire opposition au mariage de ses enfants. Enfin, du moment que l'on admet qu'un étranger, aux yeux de nos lois, peut être père légitime, on est forcément amené à admettre qu'il peut reconnaître son enfant naturel, qu'il peut le légitimer par un mariage subséquent, et c'est moins une faveur qu'on lui accorde, qu'un devoir qu'on lui permet de remplir.

A ces droits vient naturellement se rattacher le droit de tutelle, car ce droit n'est, pour ainsi dire, qu'une image de la puissance paternelle. Un étranger peut-il être tuteur? Cette question a soulevé et soulève encore bien des controverses; mettons d'abord de côté les points qui ne sauraient faire aucun doute aujourd'hui. Il est incontestable que les rapports de tutelle peuvent exister entre étrangers, qu'un étranger pourra être le tuteur de son parent étranger et résidant en France : c'est le droit positif, tout autant que le droit naturel, qui l'ordonne. Nul doute encore qu'un Français puisse être le tuteur d'un étranger se trouvant en France sans parents, sans amis; l'humanité le demande, le maintien de l'ordre public l'exige. Mais arrivons au point controversé de la matière : Un étranger peut-il être le tuteur d'un Français? Quoique la plupart des auteurs tiennent pour la négative, nous croyons pouvoir dire qu'un étranger peut être et tuteur légitime et tuteur datif d'un Français. Comment, en effet, sous le prétexte d'une nationalité différente, pourrait-on refuser à un père, à un ascendant, d'être le tuteur de son enfant? Qui ne voit que ce n'est pas dans la loi positive, que c'est dans un droit naturel antérieur et supérieur à toute législation écrite, que prend naissance une semblable tutelle? C'est là, en effet, une institution qui repose sur les sentiments et les besoins innés du cœur humain et qui se trouve, malgré des différences de détail, avec le même caractère chez tous les peuples : car elle n'est autre chose qu'une des conséquences du mariage et une sorte de prolongation de la puissance paternelle.

C'est là un principe que les auteurs que nous combattons ne sauront jamais nier, pas plus qu'ils ne sauront jamais justifier cette inconséquence extraordinaire à laquelle les conduit leur système, cette anomalie de reconnaître au père étranger tous les attributs de la puissance paternelle sur ses enfants et de lui refuser le droit d'être leur tuteur.

Le principal argument, ou, pour mieux dire, l'unique considération à l'appui du système qu'ils soutiennent, est que la tutelle est une délégation de la puissance publique, une institution nationale pour satisfaire à l'un des premiers besoins de l'État, la protection des mineurs, qu'elle est un *munus publicum* et que la condition nécessaire pour recevoir cette délégation, pour exercer ce *munus publicum*, c'est d'être Français et apte à exercer des fonctions publiques. La tutelle, un *munus publicum?* Oui, certes; il en était ainsi Rome, il en a même été ainsi dans notre ancien droit; mais le Code a-t-il reproduit cette distinction aussi illogique que surannée? Les commentateurs de notre Code le répètent à l'envi, mais où est le texte qui la justifie? En cite-t-on un seul? sont-ce les articles 390, 402, 403? Ils sont conçus dans les termes généraux, et il n'y est nullement question de nationalité. L'article 430, il est vrai, emploie le mot : Citoyen, mais pourquoi? Parce qu'il s'applique à des personnes exerçant une fonction publique; il prévoit un cas tout particulier et n'a nullement la prétention d'exiger cette qualité du tuteur; ce qui le prouve, du reste, à l'évidence, c'est que les femmes, qui, du reste, ne jouissent pas des droits politiques, peuvent être investies de la tutelle légale.

Quant à l'argument tiré de l'intervention du juge de paix dans le conseil de famille, on ne saurait en tirer aucun argument en faveur du *munus publicum;* un seul mot suffit pour y répondre. Le mariage se contracte devant le maire qui est au moins au même degré, revêtu d'une délégation de la puissance publique : cesse-t-il d'être pour cela, de l'aveu de tous, la première institution de droit naturel? le refuse-t-on à l'étranger?

Ainsi, point un seul texte, point un argument pour venir soutenir ce prétendu *munus publicum;* maintenant, comment les auteurs qui défendent ce système, qui prétendent que le législateur a consacré l'ancienne idée romaine, comment expliqueront-ils l'article 34 du Code pénal sur la dégradation civique? On sait jusqu'où s'étendent les incapacités résultant de cette peine; elle enlève au condamné la plupart de ses droits même naturels; il en est un, cependant, qu'elle lui laisse : il peutêtre tuteur de ses propres enfants, sur l'avis conforme de la famille. En présence d'une semblable disposition, peut-on dire encore que la tutelle est une fonction publique, peut-on nier qu'elle a son véritable fondement dans l'affection du père ou de l'ascendant? Et si cette affection est, aux yeux de loi, un titre suffisant chez le forçat, osera-t-on dire qu'elle doit se montrer plus sévère pour l'étranger?

A moins de fermer les yeux à l'évidence, il nous semble que l'on ne peut résister à cet argument, et nous croyons pouvoir dire que la tutelle légitime dérive, comme la puissance paternelle, du droit naturel de protection et de surveillance qui appartient à l'ascendant sur ses descendants et qu'à ce titre elle appartient à l'étranger; la lui refuser serait porter atteinte aux principes de la tutelle elle-même, aux intérêts de l'enfance, au principe d'autorité qui sert de base à la famille.

Faut-il dire de même qu'un étranger peut être tuteur datif? Nous le croyons, car nous ne voyons aucune raison de lui refuser ce droit, l'intérêt même du mineur semble l'exiger. Qu'on suppose, en effet, un mineur français n'ayant que des parents, que des amis étrangers; faudra-t-il écarter de sa tutelle ces étrangers qui l'aiment, qui tiennent à son bien-être, à sa prospérité, pour y appeler un Français qu'aucun lien, qu'aucune affection ne rattachera à son pupille et dont on ne pourra attendre ni la même vigilance, ni le dévouement véritable, ni cet attachement aux traditions de la famille, le soin de conserver dans le patrimoine les objets qui les représentent, toutes conditions essentielles d'une gestion bien entendue des intérêts et de la fortune du mineur? Pour nous, ce point ne saurait faire l'ombre d'un doute; du moment, en effet, que nous posons en principe que l'étranger jouit de tous les droits qui ne lui sont pas formellement refusés, nous devons reconnaître ce droit à l'étranger, puisque, dans les articles qui énumèrent les causes d'incapacité de tutelle, nous ne trouvons dans aucun d'eux l'extranéité figurant parmi ces causes d'incapacité.

Nous n'avons vu jusqu'ici que les droits de famille qui prennent naissance dans la loi elle-même; il nous reste à parler de ceux qui dérivent des contrats, de l'adoption et de la tutelle officieuse. Sur ce point, nous trouvons une controverse non moins vive que celle relative à la tutelle, et comme tout à l'heure, nous allons voir revivre cette ancienne distinction du *jus civile* et du *jus gentium*.

Tout d'abord, mettons de côté un point qui ne saurait être l'objet de controverse. Il est évident que le contrat d'adoption intervenu entre deux étrangers est valable en France, et qu'il faudrait en tenir compte, par exemple, relativement à la succession immobilière que l'adopté, décédé sans enfants, laissera en France. Mais le contrat d'adoption peut-il exister entre Français et étrangers? Généralement on refuse l'avantage de ce contrat à l'étranger, et l'on se fonde, pour soutenir cette opinion, sur ce qui se passait à Rome, sur ce que l'adoption est, comme en droit romain, éminemment de droit civil. Sans doute, à Rome, l'adoption était uniquement réservée aux citoyens, car la *patria potestas*, l'*agnatio* ne pouvaient exister entre un citoyen et un pérégrin, mais l'*agnatio*, la parenté civile du droit romain, n'a pas survécu à Rome, et depuis longtemps déjà, sous les progrès de notre civilisation, la *patria potestas*, la puissance paternelle, a perdu ce cachet d'égoïsme civil et politique dont elle était empreinte dans les coutumes romaines; des principes entièrement opposés servent de base à toute notre législation. L'argument tiré de ce que l'adoption était à Rome uniquement réservée aux citoyens ne saurait donc avoir aucune valeur, et du moment que l'on admet que, contrairement au droit romain, l'étranger a en France tous les droits de famille, qu'il peut se marier, qu'il a la puissance paternelle, qu'il peut reconnaître ses enfants naturels, qu'il peut les légitimer, on est forcément amené à reconnaître à l'étranger le pouvoir d'adopter un Français, le pouvoir de créer des rapports fictifs de paternité et de filiation. En quoi, nous le demandons, la faculté accordée à l'étranger de récompenser son sauveur, de pouvoir légalement protéger l'individu auquel il a donné des soins continus pendant son enfance, pourra-t-elle rompre l'économie de nos lois ? On dit que par l'adoption la France pourrait perdre un de ses citoyens, que, sans recourir à la naturalisation, on rendrait Français un étranger. Cette objection serait sans doute d'une certaine valeur si le fait qu'elle met en avant était établi, mais il n'est point exact et l'on ne saurait citer un seul texte, une seule disposition qui autorise à dire que l'adoption fasse changer de nationalité l'adopté ; notre Code, au contraire, reconnaît formellement qu'elle ne fait pas sortir l'adopté de sa famille naturelle et nous autorise à dire, par *a fortiori*, qu'elle ne lui fait pas perdre sa nationalité. Mais, dit-on encore, permettre à un étranger d'être adopté par un Français, c'est permettre aux fortunes françaises de passer en des mains étrangères ; tout d'abord, je ferai remarquer qu'il y a compensation et qu'un étranger riche peut adopter un Français pauvre, et qu'ensuite ce danger existe tout autant quand une femme française épouse un étranger et que, pourtant, on n'a jamais eu la pensée de prohiber un semblable mariage. En résumé, pour nous, il ne saurait y avoir aucun doute à ce que l'étranger puisse adopter et être adopté en France ; nous en avons la preuve dans les articles 343 à 346, 355, car, du moment que, dans l'énumération des conditions exigées pour la validité de l'adoption, ne figure point la nationalité des contractants, c'est que l'on est dans le droit commun, et qu'en vertu de notre principe général, l'étranger jouit du droit d'adopter à l'égal du Français. Et ce que je dis de l'adoption, je le dis également de la tutelle officieuse qui n'est qu'un acheminement à l'adoption.

Droits réels. — Ici, point de difficultés, point de controverses ; tous les auteurs, quel que soit le système qu'ils embrassent sur l'article 11, qu'ils admettent que l'étranger ne jouisse en France que des droits qui lui sont concédés ou qu'il ait la jouissance de tous nos droits civils, reconnaissent sans discussion que l'étranger a une capacité complète à l'égard de tous les droits réels, qu'il peut avoir non-seulement la propriété immobilière et mobilière comme l'indique l'article 3, mais encore qu'il peut en avoir tous les démembrements. On ne fait pas, en effet, revivre sur ce point l'ancienne distinction romaine que nous avons déjà vu tant de fois si malheureusement invoquée, et l'on n'ose pas prétendre que les droits d'usufruit et d'usage sont, comme à Rome, des droits éminemment civils; on les accorde à l'étranger et sur ce point, abandonnant le système romain, on reconnaît par là même qu'il n'a pas lieu d'exister de nos jours. Quant aux servitudes réelles, le doute est encore moins possible que pour les servitudes personnelles, car ces servitudes ne sont qu'une partie de la propriété; ce n'est pas pour l'avantage du propriétaire, mais pour l'avantage et la commodité du fonds qu'elles sont créées, et la qualité du propriétaire ne saurait avoir aucune influence sur leur existence. Peu importe que l'on soit capable ou incapable, que l'on soit Français ou étranger : du moment que l'on a la propriété d'un immeuble, on a cette propriété telle qu'elle se comporte, avec les charges dont elle est grevée, avec les avantages dont elle jouit.

Le même motif qui vient de nous faire accorder à l'étranger les servitudes réelles, nous amène également à ne pas lui refuser les droits hypothécaires. L'hypothèque, en effet, n'est qu'un démembrement du droit de propriété, et elle est entièrement indépendante de la qualité du propriétaire; du moment que l'on reconnaît que l'étranger peut être propriétaire d'un immeuble, qu'il peut l'aliéner, on reconnaît par cela même qu'il peut l'hypothéquer, car, comme nous venons de le dire, l'hypothèque n'est qu'un démembrement qu'une aliénation partielle de son droit de propriété.

Arrivons maintenant à quelques points de détail qui, vu leur caractère particulier et jusqu'à un certain point arbitraire, auraient pu donner naissance à quelques difficultés, à quelques controverses, si le législateur n'avait eu soin de les prévoir, de les expliquer formellement. Un étranger peut-il être, en France, propriétaire d'une mine? L'affirmative semble, au premier abord, de toute évidence, car, en vertu du principe que la propriété du dessus emporte la propriété du dessous, on ne voit aucune raison de refuser ce droit à l'étranger; on ne voit pas l'utilité d'une loi leur concédant formellement cette faveur. Cette utilité existe, cependant, car une mine ne pouvant être exploitée qu'en vertu d'une concession du gouvernement, on aurait pu dire que la propriété d'une mine est une création du droit positif et qu'à ce titre l'étranger n'aurait pu y prétendre. C'est ce doute que la loi du 21 avril 1810 a eu l'intention de prévenir, et c'est dans ce but qu'elle a déclaré, dans son article 13, que tout étranger naturalisé ou non en France, agissant isolément ou en société, a le droit de demander et peut obtenir, s'il y a lieu, une concession de mines.

Nous avons déjà eu l'occasion de parler de la propriété littéraire et artistique; nous avons déjà vu que le législateur a formellement reconnu ce droit à l'étranger et qu'une loi du 19 juillet 1866 est venue consacrer et fixer les doctrines antérieurement émises sur ce sujet. La propriété industrielle reçoit également une protection toute spéciale de nos lois. L'étranger, aussi bien que le Français, a le monopole de l'invention qu'il a découverte, car la loi du 5 juillet 1844 lui reconnaît le droit de prendre des brevets d'invention. Sur ce point, cependant, notre législation n'est pas aussi large, aussi libérale qu'elle devrait l'être, et nous avons le regret de constater que le législateur n'a pas encore brisé toutes les entraves qui peuvent arrêter l'essor de l'industrie. La loi du 23-27 juin 1847, en effet, qui réglemente les marques de fabrique, n'accorde pas une égale protection à tous les étrangers: elle réserve cette protection aux étrangers ayant en France des établissements de commerce et d'industrie, et ne l'accorde aux autres qu'autant qu'il existe sur ce point des conventions avec leurs nations. Nous ne saurions assez déplorer une semblable distinction : la propriété industrielle mérite certes, à tous égards, une protection égale à celle que l'on accorde à la propriété littéraire, artistique; l'intérêt véritable de la France y est même vivement engagé et nous ne saurions faire assez de vœux pour que le législateur, qui déjà a pris sous sa protection les auteurs étrangers, vienne aussi garantir tous les industriels, les fabricants étrangers de toute atteinte, leur assurer une protection pleine et entière, sans qu'il y ait besoin de considérer si des traités, des conventions avec leurs nations, ont établi la réciprocité à notre égard.

Après avoir constaté que les étrangers jouissent en France de tous les droits réels reconnus par nos lois, après avoir éclairci les quelques difficultés auxquelles cette matière pouvait donner naissance, il nous reste à nous demander si les étrangers jouissent, à l'égal des Français, des différents modes d'acquisition de ces droits, s'ils peuvent acquérir à terme ou sous condition, s'ils bénéficient des modes d'extinction, des moyens de preuve établis par nos lois. Sur tous ces points, l'affirmative nous paraît évidente, car, du moment que le législateur reconnaît à l'étranger le droit de propriété, elle lui reconnaît implicitement cette propriété telle qu'elle se comporte dans nos lois avec ses différentes modalités, il lui accorde tous les modes de l'acquérir et l'admet par cela même au bénéfice des moyens les plus propres à en justifier l'existence. Nous dirons donc que l'étranger jouit de tous les modes d'acquisition de la propriété et de ses démembrements énumérés dans les articles 711 à 717, qu'il peut acquérir par occupation ce mode d'acquisition du droit des gens par excellence, par accession ce droit qui, bien que classé par la loi dans les causes légales d'acquisition, n'est en réalité que l'exercice ou l'extension du droit de propriété, par l'effet des conventions, par donation ou succession, par prescription.

Le Code, il est vrai, dans un malheureux oubli des principes libéraux et fraternels que la Constituante avait eu l'honneur de poser dans nos lois, avait refusé à l'étranger le droit d'acquérir par succession ou donation; mais comme nous avons déjà eu l'occasion de le dire, quinze années d'une triste et pénible expérience suffirent pour montrer les dangers du système de réciprocité établi par le Code et la nécessité de sortir d'une situation des plus critiques pour la France, contraignit le législateur de 1819 à faire par calcul ce que la Constituante avait fait par humanité. Les articles 726 et 912 du code civil, qui refusaient à l'étranger de recueillir en France soit une succession, soit un legs, soit une donation, furent donc abrogés, et l'étranger fut encore, sur ce point, entièrement assimilé aux nationaux. Cependant, la loi de 1819 ne détruisit pas entièrement le système de réciprocité établi par le Code; nous retrouvons encore une trace de ce système dans son article 2: mais cette disposition n'a rien d'arbitraire et d'injuste, car tout en étant aussi libéral que possible envers les nations, il faut que cette libéralité ne puisse porter atteinte aux intérêts des nationaux, et c'est dans ce but qu'est rédigé cet article 2; il est ainsi conçu : « Dans le cas de partage d'une « même succession entre des cohéritiers étrangers et fran-« çais, ceux-ci prélèveront, sur les biens situés en France, « une portion égale à la valeur des biens situés en pays « étranger dont ils seraient exclus, à quelque titre que ce « soit, en vertu des lois et coutumes locales. » L'hypothèse prévue par cet article est fort simple; le principe qui la régit ne l'est pas moins; cependant, la généralité et la concision de son texte ont fait naître plusieurs difficultés. On s'est demandé s'il y a lieu au prélèvement lorsque le Français est, d'après la loi étrangère, exclu de la succession, tandis qu'il y est appelé d'après la législation française; pour nous, il nous semble que l'affirmative n'est pas douteuse car, par la généralité de ses termes, l'article 2 comprend aussi bien l'exclusion totale que l'exclusion particielle, et quand même cet article ne s'exprimerait que sur l'exclusion particielle, il n'en faudrait pas moins appliquer, selon nous, la même règle à l'exclusion totale, car il y a là un *a fortiori* dont on ne saurait nier l'évidence. On s'est demandé encore s'il y avait lieu de faire un prélèvement en faveur du cohéritier français, dans le cas où l'exclusion proviendrait non plus de la loi étrangère, mais de la volonté même du *de cujus* qui aurait fait soit une donation, soit un testament parfaitement valable d'après ses lois, mais nul d'après notre législation; ici encore nous admettons l'affirmative, car l'expression dont se sert l'article 2, à quelque titre que ce soit, s'applique évidemment aussi bien au cas où l'exclusion provient de la loi, qu'au cas où elle provient du fait du *de cujus*. On s'est demandé enfin si les effets mobiliers que le *de cujus* a en France, peuvent être soumis au prélèvement; la question nous paraît des plus délicates; cependant, nous croyons que le prélèvement pourra se faire sur les effets mobiliers qui se trouvent en France. La loi de 1819 ne le dit pas, il est vrai, d'une manière explicite, mais on se l'explique facilement : on sait d'abord, en effet, que le législateur qui considère la propriété mobilière comme une *vilis possessio* prend rarement la peine de faire à son égard des disposition spéciales; et ensuite son silence ici a un motif des plus rationnels. Rien n'est plus facile, en effet, que de dissimuler, de faire transporter d'un lieu dans un autre, les effets mobiliers, et il aurait été à craindre que la disposition prise par le législateur dans le cas qui nous occupe, ne pût souvent être appliquée, et c'est dans cette crainte, sans doute, que le législateur a préféré ne pas préciser et se servir d'une formule générale embrassant tous les objets, la propriété immobilière aussi bien que la propriété mobilière.

Il est bien entendu, du reste, que la loi de 1819, en

autorisant le prélèvement dont elle parle dans son article 2, ne prévoit que le cas d'un partage entre cohéritiers
français et étrangers, et il est de toute évidence que cette
disposition ne serait pas applicable au cas où tous les
héritiers seraient étrangers, pas plus que s'ils étaient tous
Français.

Nous avons, il y a quelques instants, placé la prescription parmi les modes d'acquisition accordés à l'étranger;
tous les auteurs ne sont point, cependant, de cet avis, et
quelques-uns, s'appuyant sur ce qu'à Rome l'*usucapio* était
interdite aux pérégrins, décident que la prescription est
un droit éminemment civil, et qu'à ce titre l'étranger ne
saurait y prétendre. Mais cette opinion n'est pas sérieuse et
ne peut supporter le moindre examen. Qui ne voit, en
effet, la différence capitale existant, sur ce point, entre
nos lois et les dispositions romaines? Qui ne voit que si,
à Rome, le pérégrin ne pouvait usucaper, cela provenait
uniquement de ce qu'il ne pouvait avoir le *dominium in
jure Quiritium*, et, par cela même, les moyens de l'acquérir, et que, du moment que notre législation n'a pas
conservé l'ancien principe romain, du moment qu'elle a
reconnu le droit de propriété à l'étranger, c'est qu'elle
lui a, par cela même, accordé tous les moyens de l'acquérir et par conséquent la prescription? Du reste, quel
est le but de la prescription? Ce n'est pas seulement de
venir au secours de ceux qui ont perdu tout moyen de
prouver leur acquisition ou leur libération, c'est encore, et
surtout, de maintenir et de faire respecter le bon ordre et
la paix publique, de ne pas laisser la propriété dans une
incertitude toujours dangereuse ; tel est le but véritable de
la prescription : elle est donc d'intérêt général, en quelque
sorte d'ordre public, et, à ce titre, l'étranger aussi bien que
le Français doit la subir, ainsi qu'en profiter. Nous n'insisterons pas davantage sur ce point ni sur les autres modes
d'acquisition et les moyens de preuves, car aucune diffi-

culté sérieuse ne saurait s'élever sur ces matières; l'étran
ger y est entièrement assimilé aux nationaux, et nous
arriverons de suite aux droits personnels, aux obligations.

Droits personnels. — Nous ne trouvons point dans notre
Code de dispositions spéciales reconnaissant d'une manière
formelle à l'étranger l'avantage des droits personnels tels
qu'ils sont régis par nos lois; mais les articles 14, 15, 16,
établissant qu'un étranger peut être traduit et traduire devant nos tribunaux pour les obligations contractées par lui
soit en France, soit à l'étranger, avec des Français, reconnaissent explicitement, par cela même, qu'il peut être
créancier ou débiteur d'un Français en vertu, soit d'un
contrat ou d'un quasi-contrat, soit d'un délit ou d'un quasi-
délit. Nul doute que l'étranger puisse vendre et acheter,
louer, échanger, emprunter, donner et recevoir un mandat, entrer dans toute société, qu'elle soit de finances, de
commerce ou d'industrie; le législateur a eu même le soin
de prévoir, sur ce dernier point, un cas qui aurait pu
donner lieu à quelque difficulté. Nous voulons parler de
la loi du 16 janvier 1818 qui, dans son article 3, autorise
les étrangers à acquérir des actions de la Banque; on aurait pu, en effet, se demander, en présence du caractère
tout particulier de cette institution, tenant en quelque sorte
du gouvernement, si l'étranger ne devait pas en être exclu;
la loi de 1818 est venue prévenir ce doute.

En résumé, nous venons de dire que l'étranger était
capable, activement et passivement, de toutes les obligations reconnues par notre Code; mais s'il est capable de
ces obligations principales, il doit l'être également de toutes
les obligations subsidiaires qui ne font que les garantir ou
en assurer le payement. Nous dirons donc que l'étranger
peut être créancier et débiteur solidaire, qu'il peut consentir et recevoir une caution, un gage, une antichrèse,

une hypothèque, car du moment que l'on accorde la créance à l'étranger, il serait dérisoire de lui refuser les moyens qui la rendent efficace, qui en garantissent l'exécution, et c'est ce qui nous ferait encore lui reconnaître le droit de se prévaloir des divers priviléges établis par nos lois, car ces priviléges sont inhérents à la créance, en sont une qualité.

CHAPITRE IV.

Chaque nation ne relevant que d'elle-même, étant indépendante, souveraine, sur toute l'étendue de son territoire,
pourrait, en droit absolu, contraindre tous ceux se trouvant sur ce territoire à se soumettre aux lois qu'elle a
établies, pourrait ne leur donner l'accès de ses tribunaux,
leur accorder la justice, qu'autant que celle-ci serait rendue
d'après les lois qui régissent toutes les choses situées sur son
territoire, toutes les personnes qui y habitent. Mais c'est là
un principe trop absolu dont l'égoïsme ne saurait que nuire
à l'État qui prétendrait l'appliquer dans toute sa rigueur;
les besoins du commerce et de l'industrie, la facilité des
communications, les progrès de la civilisation y exigent de
larges et de nombreux tempéraments. Aussi, toutes les
nations civilisées se sont-elles entendues, dans un intérêt
commun, à accorder chez elles un effet plus ou moins
étendu aux lois étrangères, à respecter, à faire respecter,
dans les limites de leur souveraineté, des lois qu'elles n'ont
pas faites, à permettre, à accorder même, dans une certaine mesure, l'application par leurs tribunaux respectifs,
des lois étrangères. Ces concessions réciproques du reste,
qu'elles soient expresses, qu'elles soient tacites, loin de
porter atteinte en aucune manière à l'indépendance, à la
souveraineté des nations qui les ont faites, ne font, au
contraire, que proclamer, qu'étendre davantage cette

indépendance, cette souveraineté, puisqu'elles leur pro-
curent dans une certaine limite, pour leurs nationaux,
l'application de leurs lois personnelles partout où ils se
trouvent.

Toutes les nations, d'ailleurs, sont loin de suivre à cet
égard une règle, un usage uniformes, et la plus grande va-
riété existe dans les législations des différents peuples sur
la question de savoir dans quelles matières et avec quelles
restrictions doivent être appliquées les lois étrangères. Un
point, cependant, qui paraît commun à la France et à la
plupart des autres nations, est la division fondamentale des
lois en lois personnelles et en lois réelles. Toutes les législations, en effet, considérant l'homme au point de vue
des droits privés, sont nécessairement amenées à le considérer sous deux points de vue différents : par rapport à
sa personne, par rapport à ses biens; et de là cette distinction des lois dont nous venons de parler, en lois personnelles, qui régissent l'état et la capacité des personnes,
et en lois réelles, qui règlent la disposition des biens, ainsi
que leurs modes d'acquisition, de conservation et de
transmission. Précisons le caractère de ces deux espèces
de lois : il en ressortira d'une manière claire et évidente
la limite dans laquelle chaque nation peut appliquer dans
son territoire les lois des autres pays.

Chaque homme a un état, une condition, qui constitue
sa personne civile, et cet état, cette condition, c'est la loi
personnelle de son pays qui la lui donne à l'instant de sa
naissance; elle est pour lui, selon l'expression de M. Guizot,
primitive et fatale : il l'a reçue malgré lui et il la gardera
malgré sa volonté; elle le suivra dans toutes ses pérégrina-
tions, dans tous ses voyages, partout où il se trouvera; et
tant qu'il n'aura pas abdiqué sa nationalité, la loi personnelle de son pays sera toujours souveraine pour lui, elle
seule sera toujours l'unique règle de sa capacité. Cette
règle, il est vrai, lorsqu'il réside au milieu des nations

étrangères, se trouve, en droit absolu, privée de toute sanction qui en assure l'obéissance ; mais quoiqu'elle n'ait plus
à son service aucune force coercitive, elle n'en existe pas
moins, car le droit est distinct de cette force. En résumé, le
caractère particulier des lois personnelles est de prendre
l'individu à sa naissance, de le suivre partout où il va et de
ne l'abandonner qu'à sa mort. Mais de ce caractère, de ce
que chaque pays prétend suivre ses nationaux jusque dans
les régions les plus éloignées, les contraindre même, au
milieu des nations étrangères, à se soumettre aux lois qu'il
a établies sur l'état et la capacité des personnes, il en résulte nécessairement, par une juste réciprocité, que chacun
d'eux doit reconnaître sur son territoire l'existence des lois
personnelles des autres nations et que pour faire respecter
la souveraineté qu'il prétend exercer sur ses nationaux en
quelque lieu qu'ils se trouvent, il respecte également la
souveraineté des autres pays sur leurs nationaux qui résident sur son territoire. De là ce principe, que nous trouvons dans les législations de la plupart des peuples, que
l'état et la capacité des étrangers sont régis par leurs lois
personnelles en tant que ces lois ne portent point atteinte à
la souveraineté, au bon ordre du pays où ils se trouvent.

Les lois réelles ont, au contraire, un caractère tout opposé, et ce caractère exige qu'elles soient appliquées indistinctement à tous ceux qui se trouvent sur le territoire de
la nation qui les a établies. Les biens, en effet, dont les lois
réelles ont pour but de régler uniquement la disposition, les
modes de transmission, constituent dans leur ensemble le
domaine public de chaque nation. Or, ce domaine formant
un seul tout qui se trouve sous l'empire du souverain ou
de l'État, ne peut être soustrait, pour aucune de ses parties, à l'administration de ce souverain ; car la souveraineté est indivisible et elle cesserait de l'être si les portions
d'un même territoire pouvaient être régies par des lois qui
n'émaneraient pas du même souverain. De là ce principe,

résultant de l'essence même des choses, principe que nous trouvons universellement admis dans les divers États de l'Europe : on ne peut acquérir, transmettre, chez aucune nation, qu'en se soumettant aux lois réelles de cette nation, à ses modes d'acquisition, à ses modes de transmission.

Ces deux règles fondamentales, qui servent à déterminer les limites dans lesquelles chaque nation peut appliquer sur son territoire les lois étrangères et que nous venons de dire admises par toutes les nations civilisées, ne sont pas l'une et l'autre formellement écrites dans notre législation; la dernière seule a été établie d'une manière expresse dans l'article 3 de notre Code. Mais, quoique le législateur ne se soit pas formellement exprimé sur la première, il ne faut pas conclure qu'il ait voulu la rejeter, car, il ressort d'une manière évidente de la rédaction de ce même article 3, que cette règle était dans sa pensée. Cet article, en effet, est ainsi rédigé : « Les lois de police et de sûreté obligent tous « ceux qui habitent le territoire. Les immeubles, même « ceux possédés par des étrangers, sont régis par la loi fran- « çaise. Les lois concernant l'état et la capacité des per- « sonnes régissent les Français, même résidant en pays « étranger. » — N'est-il pas évident, en présence de l'antithèse existant entre le dernier alinéa, qui ne parle que des Français, et des deux premiers qui s'occupent à la fois des étrangers et des Français, n'est-il pas évident que les étrangers ne sont pas soumis à la loi française sur l'état et la capacité des personnes, et qu'ils sont régis sur ce point par leurs lois personnelles? D'ailleurs, est-il admissible que le législateur ait eu la prétention de régir, par la souveraineté française, les Français se trouvant même à l'étranger, sans reconnaître en France, par une juste réciprocité, la souveraineté des nations étrangères sur leurs nationaux. Enfin, aucun doute sur ce point ne saurait subsister quand on considère les travaux préparatoires de notre Code. — La seconde rédaction du titre préliminaire présentée au conseil d'État, était conçue en ces termes, pour ce qui concerne l'article 3 : « La loi oblige indistinctement ceux qui habi- « tent le territoire. » Cette rédaction fut vivement critiquée par M. Tronchet, qui fit supprimer le mot : indistinctement, précisément par le motif que « la rédaction du projet était « trop large, incompatible avec le principe qui veut que « l'étranger ne soit pas soumis aux lois civiles qui règlent « l'état des personnes. » En présence de semblables pa- roles, il est, je crois, impossible de nier la pensée du légis- lateur, et il est évident, bien que la loi ne s'en exprime pas formellement, que l'étranger est, quant à sa capacité et à son état, réglé par la loi de son pays. Du reste, il ne faut pas exagérer la portée de ce principe et croire que l'étran- ger puisse, en toute matière personnelle, invoquer l'ap- plication de la loi de son pays; il faut rapprocher ce prin- cipe de la règle posée dans le § 1 de l'article 3, car cette règle doit lui servir de limite. Il est incontestable, en effet, que l'étranger ne saurait invoquer son statut personnel pour faire quelque chose qui serait contraire à l'ordre public et aux bonnes mœurs. Nul doute, par exemple, qu'un étran- ger ne puisse en France, quoique la loi de son pays l'y au- torise, avoir des esclaves ou plusieurs femmes légitimes. Mais là s'arrêtent les restrictions que je porterai au prin- cipe que la loi personnelle de l'étranger le régit en France, et je n'admettrai pas, comme le font plusieurs auteurs, que l'on doive lui appliquer la loi française toutes les fois qu'il fait en France des conventions qui, d'après l'application de ses lois, pourraient porter préjudice aux Français; ainsi, dans le cas où un Français aurait fait un contrat avec un étranger incapable d'après sa loi personnelle, je n'admet- trais pas qu'il pût repousser la demande en nullité intentée par l'étranger et faire déclarer valable le contrat sous le prétexte qu'il a cru ce dernier capable comme étant ma- jeur d'après la loi française, tandis qu'il était encore mineur

d'après la loi de son pays. Notre national pourra en souffrir; c'est regrettable, il est vrai, mais c'était à lui de
s'informer avant de contracter, de prendre ses précautions, des renseignements : il est en faute de ne l'avoir
pas fait, qu'il en supporte les conséquences. Le principe
que le statut personnel de l'étranger le régit en France
est établi dans nos lois, sinon d'une manière formelle, du
moins d'une manière explicite, tout le monde le reconnaît :
il faut donc l'appliquer tel qu'il est, avec ses avantages et
ses inconvénients. La seule concession que nous pouvons
faire, est de reconnaître au Français le droit d'exiger l'application de sa loi propre toutes les fois que l'étranger, par
des manœuvres frauduleuses, est parvenu à le tromper sur
sa capacité, car, dans ce cas, le dol de l'étranger lui fait
perdre le bénéfice de sa loi, et il retombe sous le coup du
droit commun dé la France.

En ce qui concerne les lois réelles, nous avons déjà vu
que l'article 3 a décidé d'une manière expresse et formelle
que les immeubles situés en France, possédés par des étrangers, étaient régis par les lois françaises ; sur ce point
donc, aucun doute, aucune difficulté n'est possible ; mais
les lois réelles ne s'occupent pas seulement des immeubles,
elles régissent tous les biens, par conséquent les meubles
aussi bien que les immeubles, et en présence du silence de
la loi, on peut se demander s'il faut, quant aux étrangers,
leur appliquer le régime établi dans l'article 3, les régir d'a-
près la loi française. Un point sur lequel on est généralement d'accord, est que les meubles, considérés individuellement, doivent être régis par la loi de notre pays ; qu'en
ce qui regarde la revendication, les priviléges, le gage, les
voies d'exécution, ils tombent dans le domaine de la loi
réelle; mais la controverse est des plus vives lorsqu'on les
considère comme universalité. Un grand nombre d'auteurs
rejettent sur ce point le système adopté pour les immeubles
et soutiennent que les meubles, considérés sous ce rapport,

ne doivent pas être régis par la loi de leur situation. Ils s'appuient, pour soutenir leur opinion, sur le silence du Code; du moment, disent-ils, que le législateur soumet les immeubles seuls à la loi française, c'est que, par *a contrario*, il a voulu que les meubles fussent régis par la loi personnelle de l'étranger; ce qui le prouve, ajoutent-ils, c'est la seconde rédaction de l'article 3; il était ainsi conçu : « La loi régit tous les immeubles, les biens meubles et la « personne du Français »; le législateur n'aurait pas pris le soin de faire cette antithèse, s'il n'avait eu l'intention de spécifier que les meubles et la personne de l'étranger restaient soumis à la loi de son pays. Enfin, disent ces mêmes auteurs, les meubles n'ont pas de situation particulière; ils sont censés suivre la personne de leur propriétaire, *ossibus personæ inherent;* par conséquent, c'est le statut personnel qu'il faut leur appliquer. Je ne saurais admettre ce système, car il me semble que, sans manquer à la logique, on ne saurait ne pas appliquer aux meubles le principe que le législateur a formellement établi pour les immeubles. Pour quel motif, en effet, tous les immeubles situés en France sont-ils régis par la loi française ? Tout le monde le reconnaît, c'est uniquement parce qu'on ne saurait admettre, sans porter atteinte à l'indépendance, à la souveraineté de la nation, qu'une loi étrangère pût venir régler les modes d'acquisition de la propriété; or, ce motif existe aussi bien pour les meubles que pour les immeubles : l'un comme l'autre font partie du domaine de la nation, forment un seul tout sous l'empire du souverain et ne sauraient, ni l'un ni l'autre, être soustraits à cette souveraineté. Lorsque plus de quatre cents coutumes différentes régissaient la France, lorsque chaque province, chaque localité, avait sa loi particulière, on a pu poser sans inconvénient la règle : *mobilia ossibus personæ inherent,* car, ne s'appliquant qu'à des Français, cette règle ne portait aucune atteinte à l'autorité du roi de France; mais aujourd'hui cette règle n'existe plus pour les nationaux et l'on ne saurait la faire revivre pour les étrangers, car le principe qui lui servait de fondement ne saurait leur être applicable, ce serait porter atteinte à la souveraineté de la nation. L'argument tiré de notre ancien droit n'a donc aucune valeur dans notre législation. Le Code, il est vrai, n'a pas abrogé d'une manière formelle la règle : *mobilia personæ ossibus inherent,* mais ce silence ne prouve rien, car il était en quelque sorte imposé au législateur par l'extrême mobilité des meubles; n'ayant aucun moyen pour assurer l'exécution des dispositions qu'il aurait prises, le législateur a préféré garder le silence plutôt que d'édicter des règles qui, le plus souvent, auraient été illusoires.

En résumé, on peut dire en principe que le statut personnel qui régit l'étranger en France est celui de son pays, tandis que c'est le statut réel de la France qui régit les biens français de l'étranger, que c'est à ces deux règles fondamentales qu'il faut toujours se reporter lorsqu'on veut connaître par quelles lois sont régis les droits accordés à l'étranger.

Ces deux principes paraissent, au premier abord, d'une simplicité extrême et, cependant, rien n'est plus embarrassant que leur application, elle est d'une difficulté désespérante. Il n'y a pas, en effet, de ligne de démarcation précise et nettement déterminée entre le statut réel et le statut personnel, car la loi ne s'occupe pas spécialement et séparément des biens et des personnes, elle ne s'occupe des biens que par rapport aux personnes et ne traite des personnes et des droits qu'elles peuvent avoir, qu'en traitant le plus souvent en même temps des biens qui font l'objet de ces droits. Cependant, la même loi ne saurait être à la fois personnelle et réelle, elle rentre dans l'une ou l'autre de ces deux catégories. En présence de ces dispositions qui semblent réunir à la fois les deux caractères du statut personnel et du statut réel, comment reconnaître leur nature

propre, comment, au milieu des deux objets qui la composent, démêler d'une manière certaine celui qui prédomine? à quels signes se reporter pour trouver le caractère dominant, essentiel; de chacun des deux statuts? Faut-il dire avec d'Aguesseau : « Le véritable principe dans cette ma-
« tière est qu'il faut distinguer si le statut a directement les
« biens pour objet, ou leur affectation à certaines personnes,
« et leur conservation dans les familles, en sorte que ce ne
« soit pas l'intérêt de la personne dont on examine les
« droits ou les dispositions, mais l'intérêt d'un autre dont
« il s'agit d'assurer la propriété ou les droits réels, qui ait
« donné lieu de faire la loi, ou si, au contraire, toute l'at-
« tention de la loi s'est portée vers la personne, pour déci-
« der en général de son habileté ou de sa capacité absolue,
« comme lorsqu'il s'agit des qualités de majeur ou de mi-
« neur, de père ou de fils, légitime ou illégitime, d'habile
« ou inhabile à contracter pour des causes personnelles ;
« dans le premier cas, le statut est réel, dans le second il
« est personnel. » Cette doctrine, quoiqu'elle ait été admise par un assez grand nombre d'auteurs anciens et modernes, ne nous satisfait pas complétement ; elle nous paraît peu conforme à l'esprit de la loi et au sens vulgaire des mots : statut personnel, et statut réel, et nous ne saurions l'adopter, car elle nous conduirait, si nous l'appliquions dans toute sa rigueur, à des conséquences que la logique et le bon sens ne sauraient admettre. Nous croyons plutôt, avec Merlin, que, pour découvrir le caractère particulier de chaque loi, il faut s'attacher à son objet principal, direct, immédiat, et oublier ses effets. Si l'objet principal, direct, immédiat de la loi, est de régler l'état de la personne, le statut est personnel, les effets par rapport aux biens ne sont plus que les conséquences éloignées de la personnalité. Au contraire, si l'objet principal, direct, immédiat de la loi, est de régler la qualité, la nature des biens, la manière d'en disposer, le statut est réel, les effets par rapport aux

personnes ne sont plus que des conséquences éloignées de la réalité. Cette théorie, nous l'avouons, n'est point infaillible, elle offre encore bien des inconvénients et il faut souvent toute la subtilité, toute la clairvoyance de Merlin pour pouvoir, à coup sûr, démêler dans la loi son objet principal et immédiat; cependant, comme c'est elle qui nous paraît encore la plus exacte, c'est elle que nous allons nous efforcer de suivre pour reconnaître le différent caractère des droits qui sont accordés à l'étranger, pour savoir s'ils rentrent dans le statut personnel ou dans le statut réel, si on doit les régir par la loi de son pays ou par la loi française.

S'il est un point où la distinction entre le statut réel et le statut personnel ne saurait donner naissance à aucune difficulté, c'est incontestablement le droit de mariage; ce droit, en effet, s'occupant uniquement de l'état de la personne, rentre évidemment dans le statut personnel. Nous dirons donc que l'étranger qui veut se marier en France, soit avec une Française, soit avec une étrangère, doit être régi, pour ce qui regarde sa capacité, par la loi de son pays; c'est cette loi qui devra être considérée pour savoir s'il a atteint l'âge à partir duquel il est permis de se marier, s'il est nécessaire qu'il obtienne le consentement de certaines personnes pour la validité de son mariage, pour connaître quelles sont les personnes dont le consentement est ainsi requis, enfin pour apprécier quels sont les empêchements, les prohibitions qui peuvent exister à ce mariage. Le principe est donc : lorsqu'un étranger se marie en France, qu'il doit réunir toutes les qualités et conditions requises par sa loi personnelle. Mais ce principe, quoique simple en apparence, peut amener dans son application des difficultés très-grandes, très-délicates; il se peut, en effet, que la loi de l'étranger soit plus large, plus étendue que la nôtre, que ses prohibitions soient moins nombreuses, qu'elle considère comme valable un mariage qui, d'après nos lois, serait radicalement nul; dans ces cas, faut-il admettre que l'officier de l'état civil puisse passer outre ou refuser de célébrer un mariage que nos lois ne reconnaissent pas? Pour nous, la solution de ces questions ne saurait guère nous embarrasser, car, en vertu de la règle fondamentale que nous avons déjà eu l'occasion d'établir en parlant du statut personnel, nous dirons que la loi de l'étranger cesse de lui être applicable en France, du moment qu'elle tend à reconnaître chez nous un état que nos lois considèrent comme contraire à l'ordre public ou aux bonnes mœurs. Le mariage d'un étranger porterait-il atteinte à l'ordre public, aux bonnes mœurs, l'officier de l'état civil doit se refuser à le célébrer, bien que la loi de l'étranger admette un semblable mariage. Ce mariage, au contraire, n'affecte-t-il en rien notre ordre public, les bonnes mœurs, l'officier de l'état civil est tenu de le célébrer, bien que la loi française n'admette pas un cas semblable.

Avec cette règle, toutes les difficultés de la matière disparaissent; mais prenons quelques exemples : un étranger qui est déjà marié peut-il se remarier en France? Évidemment non; et bien que la loi de l'étranger admette la polygamie, elle ne saurait être tolérée en France, car nos lois ne considèrent pas seulement la polygamie comme contraire à l'ordre public, elles la considèrent encore comme un crime, et elles la punissent comme tel : l'article 147 de notre Code civil régira donc les étrangers comme les Français. Nous admettons la même solution dans le cas d'un mariage entre père et fille, grand-père et petite-fille, en un mot entre tous parents en ligne directe : un tel inceste ferait horreur, comme disait M. de Portalis, et si une loi peut le prendre sous sa sauvegarde, jamais la France ne pourra l'admettre sur son sol. Mais un étranger pourra-t-il en France épouser sa nièce, sa belle-sœur? Sur ce point, nous ferons une distinction, nous distinguerons si la femme est Française ou étrangère. Dans le premier cas, évidem-

ment le mariage ne peut avoir lieu qu'avec l'autorisation
du gouvernement, car la femme, étant Française jusqu'à
son mariage, se trouve régie par la loi de son pays; dans
le second cas, au contraire, nous croyons que l'officier de
l'état civil ne peut se refuser à célébrer le mariage : il n'a,
en effet, rien de contraire à l'ordre public, et si la loi l'admet lorsque le gouvernement donne son autorisation, à
plus forte raison on doit l'admettre lorsque la loi de l'étrangère ne s'y oppose pas; cette loi est pour lui ce que l'autorisation du gouvernement est pour la femme française.

Enfin, se présente ici une question tant de fois débattue
et encore aujourd'hui si controversée : un étranger, divorcé
d'après les lois de son pays, peut-il, en France, contracter
une nouvelle union du vivant de son conjoint? La jurisprudence et un assez grand nombre d'auteurs ne l'admettent
pas et soutiennent qu'un semblable mariage ne saurait
être possible en France. Le divorce, disent-ils, n'est pas
considéré dans nos lois comme un moyen de dissolution du
mariage; il ne saurait faire que l'étranger ne soit marié en
réalité et, d'après notre Code, on ne saurait contracter un
second mariage avant la dissolution du premier. En admettant, même, qu'en fait, l'étranger soit libre de contracter
de nouveaux liens, on ne saurait lui faire l'application de
sa loi personnelle, car cette loi est contraire à l'ordre public, puisque le divorce a été aboli en France comme contraire à la religion, à la morale et a l'intérêt de la société.
Enfin, ajoutent-ils, la capacité de l'étranger ne saurait, en
aucun cas, relever le Français des empêchements dirimants
et des prohibitions de la loi française.

Ce système ne nous paraît pas exact; il nous semble
plein d'anomalies, de dangers et d'inconvénients, et les
arguments que l'on met en avant pour le soutenir sont bien
peu solides lorsqu'on veut les examiner, les scruter avec
attention. Sans doute le divorce n'est pas considéré dans
nos lois comme un moyen de dissolution, mais notre légis-

lation n'a rien à faire dans la question; en fait, le mariage de l'étranger n'existe plus, puisque, selon la loi de son pays, il a été déclaré dissous, et la France ne saurait avoir la prétention de corriger la législation étrangère, de faire ressusciter un contrat qui a cessé d'exister, de punir l'étranger de ce qu'il s'est soumis aux lois de son pays. A quelle conséquence, du reste, arriverait-on? A diviser ce qui est le plus indivisible : l'état d'une personne; à faire que cet étranger soit, tout à la fois, célibataire et époux. Que fait-on alors du principe que l'on a posé en tête de cette matière comme règle fondamentale? Que fait-on du principe que la loi de l'étranger régit, même en France, son état, sa capacité? Mais, dit-on, le divorce porte atteinte à l'ordre public. Il ne saurait entrer dans notre esprit de faire l'apologie du divorce; mais, comme on le prétend, si cette institution était vraiment contraire à la morale, à la religion, à l'intérêt de la société, comment serait-elle encore admise chez un grand nombre de peuples de l'Europe? Comment aurait-elle pu subsister pendant vingt-cinq ans dans nos lois? et comment, depuis l'époque où elle a été supprimée, les représentants de la France auraient-ils osé en redemander, à trois reprises différentes, le rétablissement? Je n'ai certes pas la pensée d'attaquer le principe d'indissolubilité du mariage, que le législateur a consacré dans nos lois, de regretter l'abolition du divorce en France, car je trouve que cette institution a plus d'inconvénients que d'avantages, mais je ne saurais jamais admettre qu'elle blessât l'ordre public; car je ne vois pas quels risques, quels dangers, courent la pureté de nos mœurs, la sainteté du mariage, à permettre qu'un individu qui, légalement, n'est plus marié, qui est en quelque sorte veuf, puisse convoler à de nouvelles noces. Je ne vois rien là-dedans, je le répète, qui porte atteinte à la morale.

Les auteurs, d'ailleurs, que nous combattons, nous en donnent eux-mêmes une preuve irrécusable : admettraientils, en effet, qu'un Français qui, sous l'empire du Code, avant la loi de 1816, s'est divorcé, puisse se remarier du vivant de son conjoint, si ce mariage portait quelque atteinte à la morale? Cette concession que ces auteurs ont été forcés de faire, ne détruit-elle pas en entier tout leur système? Mais eux qui parlent de morale, qui, sous ce prétexte, refusent à l'étranger divorcé le droit de se remarier en France, ne voient-ils pas qu'ils arrivent à une immortalité bien plus grande, bien plus choquante? car, dans leur système, ils tendent à faire considérer comme bigame l'individu divorcé qui s'est marié dans son pays, à faire considérer ses enfants comme illégitimes, comme bâtards.

Ces auteurs n'en insistent pas moins et disent encore que la capacité de l'étranger ne peut relever le Français des empêchements dirimants et des prohibitions de la loi française. Il est évident qu'un étranger ne saurait venir épouser sa sœur française, qu'il ne saurait contracter en France plusieurs mariages, bien que sa loi le lui permît, et j'admets parfaitement le principe que ces auteurs mettent en avant; mais il n'y a pas, que je sache, de dispositions dans nos codes qui mettent le divorce comme un empêchement, une prohibition au mariage; l'article 147 dit, il est vrai, qu'on ne peut contracter un second mariage avant la dissolution du premier; mais le premier mariage est dissous et doit être réputé comme tel par tout le monde, puisque la loi de l'étranger reconnaît le divorce comme moyen de dissolution. L'époux divorcé n'a donc plus de femme et il se trouve dans les termes de nos lois. Nous n'insisterons pas davantage, nous croyons avoir suffisamment prouvé que les arguments que l'on donne à l'appui de ce système ne sont concluants en aucune manière et, appliquant logiquement la règle que nous avons posée, nous dirons que la loi de l'étranger régissant son état et sa capacité en France, tant que son application ne porte aucune atteinte à l'ordre public, doit le régir dans ce cas, qu'il peut, quoique divorcé, contracter, du vivant de son conjoint, une nouvelle union en France, puisque cette union ne porte aucune atteinte à l'ordre public.

Du moment que l'on admet que c'est la loi de l'étranger qui régit son mariage en France, on est nécessairement amené à reconnaître que c'est cette même loi qui doit régler toutes les conséquences du mariage, c'est-à-dire toutes les obligations qui naissent du mariage, les droits et les devoirs respectifs des époux; c'est cette loi qui déterminera le moment précis où commencera l'incapacité de la femme mariée, quelle sera son étendue, dans quels cas et comment la femme pourra en être relevée; c'est cette loi seule qui devra être appliquée, qu'elle restreigne ou qu'elle étende la capacité de la femme telle que l'ont déterminée nos lois : ainsi, la loi espagnole défend formellement à la femme d'intercéder soit pour son mari, soit pour autrui; la même prohibition lui sera appliquée en France. En sens inverse, certaines législations permettent à la femme de faire le commerce avec la seule autorisation de la justice : cette simple autorisation devra donc lui suffire en France. Il est bien évident, du reste, que la loi étrangère cesserait d'être applicable sur notre territoire, même en cette matière, si elle était contraire à l'ordre public et aux bonnes mœurs; mais faut-il dire avec plusieurs auteurs, qu'elle ne devrait pas encore être appliquée dans le cas où elle pourrait nuire aux intérêts de nos nationaux? Nous avons déjà eu l'occasion de dire qu'il ne nous paraît pas rationnel et juste d'apporter une semblable restriction au principe que le statut personnel régit l'étranger; c'est un point que nous avons, nous l'espérons du moins, suffisamment démontré; nous ne reviendrons donc pas sur les arguments que nous avons exposés pour soutenir cette opinion, et, comme précédemment, nous ferons ici la seule concession que nous avons cru qu'il soit possible de faire : nous reconnaîtrons seulement que ce principe disparaît quand la femme a, par des moyens frauduleux, caché son incapacité; nous admettrons que, bien qu'incapable d'après sa loi personnelle, elle serait valablement obligée en France, si elle avait dissimulé les obstacles apportés à la validité de son obligation par les lois de son pays.

En réalité, le mariage en France de l'étranger, considéré comme union de deux personnes acceptant les droits et les devoirs d'époux, ne peut donc présenter aucune difficulté sérieuse et réelle; mais il n'en est pas de même du mariage considéré comme association de deux personnes quant à leurs biens, comme contrat réglant les intérêts pécuniaires de chacune d'elles. Doit-on, en effet, considérer les conventions matrimoniales comme faisant partie du statut personnel ou du statut réel? Faut-il leur appliquer la loi du lieu dans lequel le contrat a été passé ou la loi personnelle des époux? Faut-il les régir par la loi de la situation des biens ou par celle du domicile conjugal? — Toutes ces questions sont fort délicates et fort controversées; nous allons les étudier avec le plus grand soin. Tout d'abord, il nous semble évident qu'il ne saurait y avoir le moindre doute pour le cas où l'étranger a fait un contrat, car l'article 1387 de notre Code, qui établit la règle : « que la loi ne régit « l'association conjugale, quant aux biens, qu'à défaut de « conventions spéciales, que les époux peuvent les faire « comme ils le jugent à propos, pourvu qu'elles ne soient « pas contraires aux bonnes mœurs », s'applique aussi bien aux étrangers qu'aux nationaux, et du moment que l'étranger a pris le soin de faire un contrat de mariage, c'est ce contrat qui doit servir de loi pour le règlement de ses intérêts pécuniaires. On fait cependant une objection pour ce qui concerne le régime dotal; on a prétendu que l'étranger ne pouvait prendre ce régime que tel qu'il se trouvait établi dans nos lois, qu'il ne pouvait y apporter des tempéraments admis par sa loi personnelle; se fondant sur ce que l'inaliénabilité du fonds dotal est une règle du droit réel, on a soutenu que c'est la loi française qui doit régir tout ce qui est relatif à ce système pour ce qui regarde les biens situés en France. Nous ne saurions admettre cette restriction apportée à la règle établie dans l'article 1387, car le principe sur lequel elle repose ne nous paraît pas exact; est-il vrai, en effet, que l'inaliénabilité du fonds dotal soit une règle du statut réel? — N'est-elle pas plutôt une règle du statut personnel? Car, quel est le but principal, direct, immédiat de la loi, lorsqu'elle prohibe en thèse générale l'aliénation du fonds dotal? Ce n'est pas de régler le mode d'acquisition, de transmission de ces biens, c'est d'assurer la conservation, la restitution de ces biens, afin de protéger la femme contre sa propre faiblesse, contre les séductions de son mari, c'est uniquement de venir au secours de la femme, de la défendre, de la protéger: or, je le demande, n'est-ce pas là le caractère dominant, essentiel, du statut personnel? — L'objection tombe donc d'elle-même, puisqu'elle n'a pas de fondement, et nous dirons que sous quelque régime que se soit marié l'étranger, le contrat qu'il a fait doit servir de règle et que, pour les points qu'il n'aurait point spécifiés dans ce contrat, c'est la loi de son pays qui doit être appliquée.

Mais si l'étranger n'a point fait de contrat de mariage et si la loi de son pays ne reconnaît pas comme régime légal le régime de la communauté, faudra-t-il décider qu'il sera régi par sa loi personnelle ou qu'il sera soumis au droit commun de la France? En d'autres termes le régime de la communauté légale appartient-il au statut personnel ou fait-il partie du statut réel? La question n'est pas nouvelle et divisait déjà nos anciens auteurs: d'Argentrée et Pothier étaient d'avis que la loi qui établit une convention matrimoniale, à défaut de convention expresse faite par les parties, était un statut réel; mais cette doctrine ne prévalut pas, et Dumoulin fit reconnaître par notre ancienne jurisprudence, que le régime de la communauté légale rentrait dans le statut personnel. Lequel de ces deux systèmes est passé dans notre législation? Nous croyons pouvoir dire, quoique la Cour de cassation ne soit pas de cet avis, que c'est le système de Dumoulin qui est passé dans lois. Notre législation en effet, en établissant un régime légal pour le cas où les époux n'en auraient pas accepté un d'une manière expresse, n'a pas pour objet de réglementer la propriété ni sa dévolution, qui sont les caractères particuliers du statut réel, mais de déterminer les effets du mariage quant aux biens des époux, ce qui, de toute évidence, est le caractère distinct du statut personnel. Notre Code, d'ailleurs, n'impose pas la communauté aux époux ; il établit seulement que les parties qui se marient sans contrat sont réputées consentir tacitement accepter le régime de la communauté comme régime de leurs intérêts pécuniaires, qu'elles consentent, lorsqu'elles n'entrent dans aucun détail, à ce que le principe qu'elles admettent soit, quant à ses effets, déterminé par la loi. Et, du moment que le système de la communauté légale n'est pas imposé par la loi, qu'il n'est que le résultat de la volonté tacite des parties, n'est-il pas raisonnable de penser que l'étranger qui se marie en France sans faire de contrat, consent tacitement à se soumettre au régime établi par sa loi personnelle ? Pour nous, ce point paraît indiscutable, et du moment que la communauté légale n'est pas une règle du statut réel, nous devons nécessairement conclure que l'étranger qui, se mariant en France, garde le silence sur la manière dont il entend que soient réglementés ses intérêts pécuniaires, est régi par la loi de son pays.

Après avoir déterminé de quelle manière sont réglées les conventions matrimoniales des étrangers qui se marient en France, nous devons naturellement nous demander s'ils ne jouissent pas des dispositions que nos lois ont dû prendre pour garantir la conservation, la restitution de la dot apportée par la femme, si les femmes étrangères ont, comme les Françaises, une hypothèque légale sur les immeubles que leurs maris possèdent en France. La question est des plus délicates et des plus controversées, nous ne saurions l'étudier avec trop de soin. Deux opinions extrêmes sont, sur ce point, en présence : la première refuse à la femme étrangère le bénéfice de l'hypothèque légale, parce que l'hypothèque est une concession du droit civil exclusivement introduite en faveur des nationaux et qui, par suite, ne peut profiter à des étrangers. Cette décision n'est que la conséquence du principe qui refuse aux étrangers la jouissance et l'exercice des droits civils auxquels une disposition spéciale ne leur a pas attribué la participation ; nous avons montré l'inexactitude de ce système, nous n'insisterons donc pas sur ce qui n'est que sa conséquence. La seconde opinion extrême émise sur cette question, ne reconnaît pas de différence, quant à l'hypothèque, entre le Français et l'étranger qui possèdent des immeubles en France et décide, par conséquent, que la femme de l'étranger peut revendiquer, pour l'exercice de son hypothèque légale sur des immeubles français appartenant à son mari étranger, le bénéfice de la loi française. Ce système invoque pour principal argument l'article 3 du Code Napoléon, qui place sous l'empire de nos lois tous les immeubles situés en France ; mais ce système ne nous paraît pas plus fondé que le précédent et nous le repoussons, car il nous paraît reposer sur une confusion manifeste entre les lois qui régissent les biens et celles qui déterminent la condition des personnes.

Pour nous, qui admettons comme principe fondamental que les étrangers jouissent en France de tous les droits civils qui ne leur sont pas refusés d'une manière expresse, nous devrions reconnaître au profit de la femme étrangère l'existence d'une hypothèque légale grevant, dans tous les cas, les immeubles de son mari situés en France ; mais les principes du statut réel et du statut personnel que nous avons exposés il y a quelques instants, nous forcent ici à restreindre l'application de notre règle générale. L'hypothèque légale, en effet, par son origine même, se trouve placée sous l'empire du statut personnel régissant l'état de la femme mariée; car cette loi qui accorde l'hypothèque n'est autre que celle qui organise la famille, qui règle la situation respective des époux, qui dit à la femme : Si votre mari a sur vos biens un pouvoir étendu, si je l'institue chef et administrateur d'une communauté sur laquelle vous avez des droits à prétendre, je vous accorde en retour des garanties qui rétabliront la balance entre vous, qui assureront la conservation de votre patrimoine; je vous confère sur les immeubles de votre mari une hypothèque légale, je l'oblige à vous fournir un cautionnement, je vous place sous la surveillance d'une autorité tutélaire confiée à tel ou tel magistrat. Les dispositions qui garantissent les droits de la femme se présenteront, sans doute, sous bien des modes différents, mais qu'importe ? En est-il moins vrai que c'est une loi unique qui établit l'incapacité en même temps que la mesure protectrice destinée à faire respecter les droits de l'incapable ? Et cette loi doit être évidemment la loi personnelle de la femme, la loi de la nation à laquelle elle appartient, abstraction faite des biens sur lesquels la garantie édictée s'exercera par voie de conséquence.

L'article 3 de notre Code ne saurait donc s'appliquer en cette matière; il ne saurait, en effet, exercer son empire que s'il s'agissait d'un droit immobilier existant indépendamment de toute question d'état et de capacité; or, dans le cas de l'hypothèque légale, la loi a évidemment pour but direct et immédiat l'incapacité de la femme; elle rentre donc dans le statut personnel. Cependant, il ne faut pas exagérer outre mesure la portée de notre système, car, si nous nous référons à la loi personnelle de la femme étrangère, c'est uniquement pour savoir si la législation régissant son état assure, par une hypothèque, le recouvrement de ses créances; mais dès que ce premier point sera vérifié, dès que nous aurons reconnu la possibilité d'appliquer le principe de l'hypothèque légale; c'est notre loi que nous considérerons, c'est elle qui reprendra toute sa puissance, qui régira toutes les questions de détail et de réglementation, qui déterminera l'étendue et la durée de cette garantie; en un mot, l'article 3 reprendra toute son autorité, autorité que nous avons dû refuser tant que nous nous sommes trouvé en présence d'une question d'état exerçant sur la naissance du droit hypothécaire, une influence commandée par les principes des statuts.

On a fait à notre système une objection dont nous ne cherchons pas à dissimuler l'importance. Le Code, a-t-on dit, accorde à la femme mariée une hypothèque occulte; en présence d'une publicité qui fait le fond même de notre législation en matière d'hypothèque, cette dispense d'inscription constitue une faveur tout exceptionnelle, dont l'application doit être restreinte dans des limites étroites : elle expose les tiers à un danger contre lequel le législateur doit les prémunir. De cette double considération ressortent les deux conséquences suivantes : d'une part, on conçoit que le bénéfice de l'hypothèque légale puisse être accordé aux femmes françaises; c'est un droit exorbitant; néanmoins le législateur pouvait l'édicter au profit de ses nationaux, mais il n'avait pas la même raison d'étendre à des femmes étrangères, à des intérêts qu'il n'était pas obligé de sauvegarder, un privilège aussi important; du moins, si telle avait été son intention, il aurait dû s'en expliquer formellement. D'autre part, en ce qui concerne les femmes françaises, l'inconvénient de l'hypothèque occulte est grandement atténué par la notoriété du mariage et par les précautions prises par la loi pour que cette hypothèque soit rendue publique. Mais quel moyen pourraient avoir les tiers traitant avec un étranger, de savoir s'il est marié et si ses biens sont, à quelque titre, grevés d'une hypothèque légale? La première partie de l'objection nous touche peu; du moment, en effet, que nous posons en principe que les étrangers jouissent de tous les droits qui ne leur ont pas été expressément refusés, nous ne comprenons pas de distinction entre tels et tels de ces droits, nous n'admettons pas qu'il soit besoin d'une disposition formelle pour leur conférer un bénéfice reconnu par la législation de notre pays. Nous éprouvons plus de difficultés à répondre d'une manière satisfaisante à l'argument tiré de l'intérêt des tiers ; néanmoins, s'il fallait considérer la publicité du mariage comme une condition *sine qua non* de l'hypothèque légale, nous dirions avec M. Valette, que ce point de départ pourrait nous conduire à des conséquences inadmissibles : « En « effet, beaucoup de mariages de Français sont tout à fait « ignorés en France parce que les époux se sont mariés à « l'étranger, peut-être même, sans avoir fait en France de « publications ou parce que, mariés en France, ils n'y ont « aucune possession d'état. » Et cependant, malgré ce défaut de publicité ou cette publicité insuffisante, personne ne refuserait d'attacher une hypothèque légale à ces unions légitimement formées. D'ailleurs, il résulte des articles de notre Code relatifs à l'hypothèque de la femme, que le législateur a voulu édicter une disposition générale et indépendante des considérations de fait auxquelles on prétendrait la subordonner. Les tiers pourront se trouver lésés ; mais, encore une fois, l'intérêt du tiers constitue un argument à opposer au principe même de l'hypothèque légale ; ce principe étant admis, la circonstance qu'en fait le mariage a été ignoré de ceux qui ont traité avec les époux ne sera pas un obstacle à ce qu'on se prévale contre eux d'une hypothèque dont la base essentielle n'est pas la publicité. Aussi maintiendrons-nous la règle que nous avons établie, et nous dirons en résumé que la femme étrangère a, sur les biens de son mari situés en France, une hypothèque, toutes les fois que la loi de son pays lui accorde cette garantie et, d'autre part, que ce sont les dispositions spéciales de nos lois qui déterminent l'étendue et la durée de cette garantie.

Nous venons de voir que c'est la loi personnelle de l'étranger qui régit en principe son mariage, aussi bien quant à ses effets relatifs aux personnes, qu'à ceux relatifs à leurs biens : c'est encore cette loi qui régira tout ce qui a rapport à la paternité, à la filiation ; c'est elle seule qui décidera dans quels cas l'étranger sera père légitime ou naturel, qui devra servir de règle pour résoudre la question de la légitimité de l'enfant, pour déterminer les conditions nécessaires pour la reconnaissance, la légitimation de l'enfant naturel, pour apprécier, en un mot toutes les obligations auxquelles donnent naissance les rapports de paternité et de filiation. Sur tous ces points, la loi étrangère est souveraine, l'étranger ne saurait s'y soustraire : un Anglais, par exemple, à qui sa loi ne reconnaît pas le bénéfice de la légitimation par le mariage subséquent, ne pourrait profiter de la faveur accordée par nos lois et légitimer un enfant naturel qu'il aurait eu en France. Mais, si la loi étrangère est souveraine même en France, dans tous ces cas c'est toujours sous la restriction qu'elle ne porte aucune atteinte à l'ordre public tel qu'il est établi par nos lois ; et à cet égard on peut se demander si la recherche de la paternité naturelle peut être admise en France, lorsque la loi étrangère, par exemple la loi de Brunswick, admet cette recherche. Un arrêt de la cour de Paris, en date du 2 août 1866, semble même, dans ce cas, admettre l'application du statut étranger ; mais n'est-ce pas aller bien loin ? Quant à nous, nous ne croyons pas que l'on doive suivre une semblable doctrine, car l'article 340, en prohibant d'une façon absolue la recherche de la paternité, a eu pour but d'empêcher tout scandale : elle est donc une mesure d'ordre public, et, à ce titre, elle doit s'appliquer aux étrangers aussi bien qu'aux nationaux.

Ce n'est pas seulement la filiation légitime et naturelle qui doivent être régies par le statut de l'étranger, c'est encore la filiation fictive, la filiation résultant de l'adoption ;

c'est ce statut qu'il faudra considérer uniquement pour savoir si les conditions, les qualités requises pour adopter sont remplies, c'est encore lui qui réglera toutes les obligations prenant naissance dans ce contrat. Du reste, il se peut que, sur ce point, la loi étrangère et la loi française viennent en concours et soient appliquées l'une et l'autre ; qu'on suppose, en effet, qu'un étranger adopte un Français : chacun d'eux devra évidemment réunir les conditions requises par sa loi particulière.

La puissance paternelle affectant la capacité de l'enfant, constituant pour lui, suivant l'expression de Merlin, une condition véritable, fait partie évidemment du statut personnel ; cependant un doute peut s'élever lorsqu'on ne la considère plus en elle-même, mais au point de vue des effets qu'elle peut produire : par exemple, l'usufruit légal n'a-t-il pas plutôt le caractère du statut réel, et doit-on accorder au père étranger cet usufruit sur les biens que ses enfants possèdent en France parce que nos lois reconnaissent cet usufruit ? La question était vivement débattue dans notre ancien droit, et aujourd'hui encore deux opinions extrêmes se trouvent en présence : les uns, ne voyant dans l'usufruit légal que la conséquence, que l'accessoire de la puissance paternelle, prétendent, en vertu de la règle : « *Accesorium sequitur principale* », que la loi étrangère doit être seule considérée. Les autres, au contraire, ne voyant dans l'usufruit légal qu'un effet purement réel, qui n'a aucun rapport avec la nature du principe qui domine la puissance paternelle, soutiennent qu'on doit s'attacher uniquement à la loi de la situation des biens. Ces deux opinions nous apparaissent trop absolues l'une et l'autre, et nous suivrons ici un système analogue à celui que nous avons exposé à propos de l'hypothèque de la femme mariée. L'usufruit légal, en effet, a, comme le dit M. Demante, pour caractère essentiel et dominant d'être inhérent à la puissance paternelle, d'être l'un des éléments de son organisation ; il fait donc partie

du statut personnel, et c'est à la loi étrangère qu'il faut
s'attacher pour savoir s'il y a lieu, en faveur du père, à
l'usufruit légal sur les biens situés en France. Mais une fois
que ce premier point aura été vérifié, que l'on aura reconnu
la possibilité d'appliquer le principe de l'usufruit légal,
toutes les questions de détail et de réglementation tombe-
ront sous l'empire de notre Code, et les lois françaises dé-
termineront seules l'étendue de cette disposition de faveur.

Nous ne dirons que quelques mots de la minorité, de
l'émancipation et de la tutelle; ces matières, déterminant
la capacité ou l'incapacité des personnes, rentrent évidemment dans le statut personnel et la loi étrangère, tant qu'elle
respecte l'ordre public, doit être souveraine pour ce qui
regarde l'âge auquel sera fixée la majorité, pour apprécier
les incapacités qui, jusqu'à ce jour, frapperont les mineurs,
pour régler les conditions requises pour l'émancipation, pour
déterminer quelles personnes peuvent être tuteurs et quels
sont les pouvoirs que confère la tutelle. Aucune difficulté
n'est possible pour toutes ces matières, mais devrons-nous
admettre l'application du même principe pour l'interdiction et l'absence? L'interdiction et l'absence tiennent incontestablement à l'état de la personne et font partie, à ce titre,
du statut personnel, un doute peut cependant s'élever sur
l'application de ce statut en cette matière. L'interdiction et
l'absence, en effet, ne sont pas prononcées directement par
la loi; elles ne sont que la constatation, par un tribunal,
d'un fait auquel, lorsqu'il est reconnu, la loi attache certaines incapacités; elles ne sont que les effets d'un jugement; or, les jugements rendus par les tribunaux étrangers
ne sauraient avoir aucune autorité en France, et par conséquent, l'état d'interdit ou d'absent ne saurait être légalement reconnu sur notre sol. Faut-il admettre une semblable
opinion? Nous ne le croyons pas, car l'idée qui lui sert de
fondement ne nous paraît pas exacte; l'incapacité de l'interdit et de l'absent a certainement pour point de départ le

jugement étranger qui a constaté cet état d'incapacité et d'absence ; mais cet état, ce n'est pas le tribunal qui en investit la personne, c'est la loi elle-même ; le tribunal ne fait que constater un fait, et du moment que ce fait est reconnu, son rôle est terminé, l'état de la personne est réglé par la loi elle-même. L'autorité des jugements étrangers en France n'a donc rien à faire dans la question, et du moment que c'est la loi qui régit l'état de l'interdit et de l'absent, cette loi doit servir de règle en France aussi bien qu'à l'étranger. Sans doute l'application de cette loi pourra avoir quelques dangers, car aucune publicité n'ayant existé en France pour faire connaître l'état, l'incapacité de l'étranger, nos nationaux pourront être exposés à être lésés ; — mais ce danger n'existe-t-il pas aussi bien dans notre législation ? Le mode de publicité établi par nos lois est-il si parfait que les tiers ne puissent courir aucun risque ? Un jugement prononçant une interdiction a été publié dix jours après qu'il a été prononcé ; on est rigoureusement dans le délai fixé par la loi, et tout contrat fait par l'interdit depuis le jugement jusqu'à ce jour sera déclaré nul, bien que le tiers avec lequel l'interdit aura contracté ait été dans l'impossibilité de connaître son état. Le danger provenant du défaut de publicité ne saurait donc être une raison suffisante pour refuser à l'étranger interdit le droit de se prévaloir des incapacités établies par sa loi personnelle : c'est cette loi qui doit régir tout ce qui est relatif à son interdiction.

A la suite de la minorité et de l'interdiction, vient naturellement se placer la question : si le mineur et l'interdit étrangers ont une hypothèque sur les biens que leurs tuteurs peuvent posséder en France ? Le principe qui sert de fondement à cette hypothèque légale étant identique à celui qui sert de base à l'hypothèque de la femme mariée, nous suivrons ici exactement le même système, et en renvoyant, pour connaître les arguments à l'appui de ce système, à ce que nous avons écrit sur l'hypothèque de la femme mariée, nous dirons, sans entrer dans d'autres détails, que le mineur et l'interdit étranger ont une hypothèque légale sur les biens de leur tuteur situés en France, toutes les fois que leur loi personnelle leur accorde cette garantie, mais que cette garantie accordée par leurs lois doit être, quant à son étendue et à sa durée, régie par les dispositions spéciales de notre Code.

Après avoir énuméré les droits concernant les personnes, après avoir vu que ces droits dont les étrangers ont la jouissance et l'exercice, sont régis en principe par leurs lois personnelles, nous arrivons maintenant aux droits concernant les biens, les diverses modifications de la propriété, et nous allons nous demander par quelles lois doivent être régis, dans leur application à l'égard des étrangers, les divers droits qui peuvent grever les biens mobiliers et immobiliers, les divers modes d'acquisition, de conservation, de transmission de la propriété et de ses démembrements.

Ici nous trouvons un principe entièrement opposé à celui que nous venons de suivre dans toutes les questions précédentes; ici, en effet, ce n'est plus la loi étrangère qui doit régir les droits accordés à l'étranger, c'est uniquement la loi française; car on ne saurait, sans porter la plus grave atteinte à l'indépendance, à la souveraineté de notre nation, permettre qu'une loi étrangère puisse régir la moindre parcelle de notre territoire. L'étranger aura bien, en France, la jouissance et l'exercice du droit de propriété et de tous ses démembrements, mais il n'aura cette propriété que telle qu'elle se comporte dans nos lois, avec le sens et l'étendue que notre Code lui a donné, sans qu'il puisse, en aucune façon, se prévaloir de sa loi personnelle, invoquer les facultés que cette loi peut donner au propriétaire, et prétendre grever notre sol de droits que nos lois ne reconnaissent point. En conséquence, c'est la loi française, rien que la loi française qu'il faudra consulter pour

savoir, même à l'égard des étrangers, dans quelle classe on
doit ranger les biens, pour déterminer, limiter les divers
droits que l'on peut avoir sur ses biens, pour réglementer
leurs différents modes d'acquisition, de conservation et de
transmission; car toutes les lois territoriales, toutes les
lois, en un mot, qui font partie du statut réel, sont intimement liées à l'ordre public et l'ordre public, qui ne saurait admettre qu'aucune partie de notre territoire porte le
joug, l'empreinte d'une loi étrangère, soit grevée de droits
que notre organisation sociale réprouve, ne saurait admettre davantage qu'aucune parcelle de notre sol puisse être
acquise, conservée, transmise par des modes que nos institutions ne reconnaissent pas. Ainsi, l'étranger ne pourra
acquérir en France par l'occupation, par l'accession, par la
prescription, que dans les cas et suivant les conditions établies par la loi. En ce qui regarde la prescription, par
exemple, bien que la loi de l'étranger lui accorde ce mode
d'acquisition pour une possession ayant duré 6 ans, il ne
devra pas moins, pour pouvoir prescrire en France, avoir
une possession qui aura continué pendant 10, 20 ou 30 ans,
suivant les distinctions établies dans notre Code.

Mais que déciderons-nous quant à l'acquisition par succession *ab intestat?* Appliquerons-nous la loi étrangère ou
la loi française pour sa dévolution et son partage? Quelques
auteurs soutiennent que c'est uniquement la loi du domicile qui doit régir la dévolution de ces successions. « Le
« droit de succession, disent-ils, est une relation juridique
« personnelle, en ce sens qu'elle détermine le passage,
« d'une personne à une autre, d'un ensemble de droits
« soit actifs, soit passifs, abstraction faite de la nature
« particulière de chacun de ces droits »; elle fait donc partie du statut personnel. D'autre part, l'étranger qui, en
principe, n'est soumis qu'à une loi, celle de son pays, a dû
penser que sa succession serait dévolue par cette loi; on
doit supposer, du moins, que telle est sa pensée, car autre-

ment il aurait pris soin de régler sa succession par un testament; ce serait donc frustrer son attente, que régler la dévolution de ses biens par une loi autre que celle de son pays. Nous ne croyons pas qu'il faille accepter cette opinion, car la loi qui régit la succession *ab intestat* fait évidemment partie du statut réel; elle est en quelque sorte une loi politique, une loi d'ordre public, elle est intimement liée à l'organisation politique sociale de l'État et on ne saurait, sans porter atteinte à cette organisation, permettre qu'une loi étrangère vînt opérer la dévolution, le partage des biens qui se trouvent sur notre sol, l'ordre, le rang, dans lesquels sont appelés ceux qui doivent recueillir ces biens et rétablir, peut-être, ces droits d'aînesse et de masculinité que nos institutions, nos mœurs, réprouvent, et qui ont été bannis de notre sol à tout jamais. La volonté présumée du défunt ne sera peut-être pas exécutée, mais en présence de l'intérêt social et politique de l'État, ce motif ne nous paraît pas suffisant pour déroger à la règle de l'article 3. Nous dirons donc que toute succession laissée en France par un étranger devra être dévolue d'après la loi française, sans avoir égard à la nationalité des parents laissés par le *de cujus*, que c'est uniquement les dispositions de notre Code qu'il faudra consulter pour déterminer l'ordre et le rang de ceux qui seront appelés à la succession et que la loi personnelle de l'étranger ne saurait régler que les rares questions de capacité se rattachant à cette matière.

Si nous envisageons maintenant le mode d'acquisition par dispositions testamentaires et entre-vifs, nous voyons que ces dispositions peuvent être envisagées à trois points de vue différents : au point de vue de la capacité requise chez les parties, au point de vue des conditions exigées pour la validité de l'acte, au point de vue de la substance, de l'effet même de la disposition. Prenons chacun de ses points de vue séparément et demandons-nous par quelle loi ils doivent être réglés. Tout d'abord, il est évident, en ce qui concerne la capacité exigée chez les parties, que cette capacité doit être uniquement réglée par leurs lois personnelles; que, par exemple, un Espagnol, à qui sa loi ne permet de tester qu'à vingt-cinq ans accomplis, ne peut en France faire un testament valable avant d'avoir atteint cet âge. Il y a là une véritable condition de capacité, c'est donc la loi étrangère qui doit être appliquée; toutefois, j'apporterai une restriction à ce principe et je n'admettrai pas que l'on puisse opposer en France une capacité ou une incapacité relative qui, par une exception établie par la loi, vienne troubler l'état de la personne au lieu de le constituer, car cette capacité, ou cette incapacité, n'étant pas faite en vue de la personne, doit rentrer dans le statut réel et ne saurait s'appliquer en dehors du territoire de la nation qui l'a établie dans ses lois. Ainsi, je n'admettrai pas en France l'application de la loi étrangère qui défendrait au mari de faire une disposition testamentaire en faveur de sa femme; et si le mari avait fait une semblable disposition, je la considérerais comme parfaitement valable pour tous les biens que l'étranger aurait laissés en France.

En ce qui concerne, au contraire, les conditions requises pour la validité de l'acte de disposition, nous ne saurions appliquer la loi personnelle des partis, car il est évident que c'est la loi du lieu de la passation de l'acte qui doit être souveraine pour tout ce qui regarde les formalités nécessaires à la perfection de cet acte; c'est un point, du reste, sur lequel nous reviendrons avec quelques détails lorsque nous étudierons la règle : *locus regit actum ;* et nous nous bornerons pour ce moment à constater le fait. — Enfin, en ce qui concerne l'objet et les effets de la disposition testamentaire ou entre-vifs, il faut établir en principe que c'est la loi de la situation des biens qui doit être uniquement consultée, car les lois régissant cette matière ont le même caractère que celles sur les successions *ab instestat ;* comme elles, elles ont pour but principal et essentiel la transmission des biens, leur conservation dans la famille du disposant;. comme elles donc elles doivent faire partie du statut réel. Ainsi, lorsqu'un immeuble situé en France sera l'objet, soit d'un testament, soit d'une donation faits par un étranger, ce sera uniquement à la loi française qu'il faudra s'attacher pour connaître les restrictions apportées à la faculté de disposer, les conditions que l'étranger aura pu apposer aux libéralités qu'il a faites, les effets de ces conditions, les causes, les effets des révocations de ces libéralités. Ce sera la loi française qui sera seule à consulter pour tout ce qui regarde la réserve, la quotité disponible, le quantième des libéralités que l'on peut faire aux enfants naturels, les incapacités de recevoir dont sont frappés les médecins, les ministres du culte, en un mot toutes les autres restrictions apportées à la libre disposition des biens. Toutefois, nous apporterons un tempérament, une restriction au principe que nous venons d'établir, et, pour tout ce qui regarde l'interprétation de la volonté des parties, l'explication des termes ambigus, obscurs, dont ils ont pu se servir, nous croyons qu'il faut consulter leur loi personnelle, car il est juste de supposer que c'est à cette loi qu'elles ont voulu s'en référer, et, du moment que la souveraineté de la France n'en est atteinte en aucune façon, il n'existe plus de raisons pour frustrer leur attente.

Nous venons de voir que pour les testaments et les donations, trois lois différentes peuvent se trouver en conflit et venir s'appliquer concurremment : la loi de la situation des biens pour tout ce qui a rapport à leur acquisition, la loi de la passation de l'acte pour ce qui regarde les formalités nécessaires à la validité de l'acte, la loi étrangère pour ce qui concerne la capacité des parties; un conflit analogue se présente en ce qui touche les contrats, et nous allons avoir lieu de faire encore ici les mêmes distinctions que nous venons de suivre dans la matière des dispositions testamentaires et entre-vifs. Tout d'abord, mettons de côté un point qui ne saurait offrir de difficultés : nous voulons parler de la capacité nécessaire pour contracter; il est incontestable que chaque partie est soumise à cet égard à la loi personnelle, que cette loi doit être appliquée dans tous les cas, quand bien même son application pourrait porter quelque préjudice à nos nationaux, car, comme nous avons eu déjà l'occasion de le dire, nous ne saurions apporter au principe que la loi de l'étranger le suit en tout pays pour ce qui regarde son état et sa capacité, une restriction qui, en réalité, serait la destruction de ce principe, et, comme précédemment, nous admettrons seulement que l'étranger ne pourra se prévaloir de sa loi lorsque, par des moyens détournés ou frauduleux, il sera parvenu à cacher les incapacités dont il était frappé.

Maintenant, si nous envisageons les contrats en eux-mêmes, nous voyons qu'ils peuvent se présenter sous trois points de vue différents : comme source d'obligations, comme causes d'aliénation, comme modes d'exécution; devrons-nous appliquer la même loi à ce que nous appellerons les trois parties du contrat? Considéré comme source d'obligations, le contrat n'est que la manifestation de la volonté des parties, et c'est cette volonté ainsi manifestée qui doit servir de règle unique pour déterminer et préciser les obligations auxquelles ce contrat donne naissance; c'est cette volonté seule qui doit servir de loi entre les parties, toujours bien entendu pourvu qu'elle ne porte aucune atteinte à l'ordre public et aux bonnes mœurs du pays dans lequel ces obligations doivent produire leurs effets. Rien donc de plus simple, lorsque les parties ont pris le soin de manifester d'une manière claire et précise leur volonté, de déterminer les obligations auxquelles elles veulent donner naissance, de limiter leurs effets; mais si elles ont gardé le silence, si elles ont exprimé leur volonté d'une manière inexacte et incomplète, à quelles lois devrons-nous nous reporter pour suppléer à ce silence, pour corriger cette inexactitude? Sera-ce

à la loi du pays où l'obligation s'est formée? Sera-ce à la loi
des parties? — Pour nous, il nous semble que cette difficulté doit se résumer en une pure question d'interprétation
de la volonté des parties; qu'il faudra suivre la loi que les
parties ont eu sans doute en vue au moment où elles contractaient : ainsi, entre deux étrangers de nationalité différente, entre un étranger et un Français, nous nous en réfé-
rerons à la loi française pour suppléer à ce silence des
parties, car il est raisonnable de présumer que c'est cette
loi qu'elles avaient en vue au moment où elles contractaient;
qu'ayant pris en France des renseignements sur l'acte qu'ils
allaient faire, c'est à la loi française qu'elles s'en référaient
pour en déterminer la valeur, pour en préciser la portée;
mais si l'obligation a été contractée par deux personnes appartenant à la même nation, soumises aux mêmes lois, nous
ne saurions alors leur appliquer la loi française, car, bien
que l'acte ait été fait en France, il est hors de doute que
les parties n'ont considéré que leurs lois personnelles et
ont entendu régir leurs obligations par la loi de leurs do-
ciles.

Les principes que nous venons d'exposer ne sauraient
être applicables aux contrats considérés comme cause d'aliénation, car, à ce point de vue, le contrat n'est plus laissé à
la libre volonté des parties, et il ne s'agit plus ici d'une question, d'interprétation de cette volonté. En cette matière, c'est
uniquement la loi de la situation des biens qui doit être
considérée, cette loi seule est souveraine pour tout ce qui
regarde leur aliénation; ainsi, nul doute, lorsqu'il s'agit de
la donation ou de la vente d'un immeuble situé en France,
que la propriété ne sera transférée que conformément aux
principes établis dans notre Code, que les parties devront se
soumettre aux prescriptions écrites dans la loi du 23 mars
1855 et que la propriété ne sera transférée, à l'égard des
tiers, qu'à partir de la transcription de l'acte de donation
ou de l'acte de vente.

Si nous considérons maintenant les contrats au point de vue de leur mode d'exécution, nous voyons que les parties n'ont, en cette matière, aucun pouvoir, que l'exécution forcée d'une obligation est l'œuvre de la puissance publique, que chaque nation est souveraine pour donner à un créancier l'appui et le secours de sa puissance, afin de contraindre son débiteur à exécuter son obligation; nous devons donc en conclure qu'un créancier étranger ne pourra faire exécuter son contrat en France, ne pourra triompher de la mauvaise volonté de son débiteur qu'en recourant aux voies d'exécution établies dans nos lois.

Il ne nous reste plus, pour terminer tout ce qui regarde les contrats, qu'à dire quelques mots des différents modes d'extinction des obligations; le principe, du reste, en cette matière, nous semble fort simple : il découle tout naturellement de tout ce que nous avons déjà eu l'occasion de dire, et il nous paraît évident que c'est la loi du lieu de la passation de l'acte qui doit être seule consultée, en tant, du moins, que cette loi n'a rien de contraire à l'ordre public du pays où l'obligation doit être exécutée. Prenons un exemple, pour bien faire ressortir cette restriction qui, dans certains cas, peut avoir une singulière importance : une convention est faite en Angleterre entre un Anglais et un Français; cette convention est exécutée en France; par quelle loi devra être régie la prescription de cette obligation? En principe, il faudrait dire qu'elle doit être régie par la loi du lieu de la passation de l'acte, c'est-à-dire par la loi anglaise; que, bien que, selon notre Code, le droit du créancier soit prescrit soit par six mois, soit par un an, il pourra être exercé pendant un délai plus grand et même toujours, si la loi anglaise fixe un délai plus long ou si elle déclare ce droit imprescriptible. Telle est la règle; mais ici cette règle ne saurait s'appliquer; elle doit céder devant une considération supérieure, elle doit être restreinte par le principe d'ordre public; la prescription, en effet, n'a pas été établie uniquement dans nos lois dans l'intérêt particulier des parties afin de leur servir de preuve de leur libération, elle a été principalement et surtout établie dans l'intérêt de la société, dans un but d'ordre public, et les étrangers doivent, sur ce point, se soumettre aux dispositions de nos lois. Nous dirons donc que, du moment qu'une prescription sera opposée en France même à l'égard d'une convention faite à l'étranger, ce sera la loi française qui devra être consultée; que la prescription sera accomplie par le fait seul de l'expiration des délais établis par nos lois, quand bien même la loi du lieu de la passation de l'acte fixerait des délais différents, ou même déclarerait le droit imprescriptible.

Jusqu'ici, nous n'avons considéré dans les droits accordés aux étrangers, que ces droits en eux-mêmes, que les règles qui les régissent quant au fond; il nous faut voir maintenant quelles sont les lois qu'il faut suivre quant à leur forme, quelles sont les règles qui déterminent les conditions, les formalités qui sont nécessaires à la validité des actes. Tout d'abord, il faut bien distinguer les différentes formalités dont un acte peut être susceptible; ces formalités, en effet, peuvent être intrinsèques, habilitantes, extrinsèques ou instrumentaires. Nous ne saurions trop insister sur ces différences, car les mêmes règles ne s'appliquent pas à l'une et à l'autre, et si l'article 4 du projet primitif consacrant la règle « *locus regit actum* » n'a pas été maintenu dans notre Code, c'est principalement par l'erreur dans laquelle sont tombés nos législateurs pour n'avoir point su faire ces distinctions.

On appelle intrinsèques toutes les formalités qui concernent la capacité, le consentement des personnes, l'objet de l'acte ou du contrat; ces formalités ne sont que des dépendances du statut personnel et, à ce titre, c'est la loi du domicile de l'étranger qui les régit en tous lieux. Cette loi devra également déterminer et régler toutes les formalités que l'on désigne sous le nom d'habilitantes, car ces

— 251 —

formalités, comme l'autorisation du mari, celle du tuteur, l'assistance du curateur, se rattachent à la capacité de la personne et font partie du statut personnel. Une règle tout opposée régit les formalités extrinsèques ou instrumentaires : la forme de l'acte, en effet, les solennités qui l'entourent, ne touchent en rien, n'ont aucun rapport avec la capacité des parties; elles se rattachent, au contraire, d'une manière intime, au statut réel, et c'est la loi du lieu où l'acte est passé qui doit, en principe, leur être appliqué, quelle que soit la nationalité des parties ou la situation des biens. Ce principe, cette règle : « *locus regit actum* », que son utilité pratique a fait admettre par toutes les législations, ne s'est pas établie sans effort et sans lutte; Burgundus l'admettait pour les contrats, mais la rejetait pour les testaments. Cujas, lui-même, voulait que l'on suivît la loi du domicile du testateur, et aujourd'hui encore quelques auteurs allemands soutiennent ce même système; mais, comme je le disais, cette règle est tellement conforme à l'intérêt de toutes les nations que, malgré ces quelques controverses, on peut dire qu'elle existe chez tous les peuples.

Nous ne trouvons pas le principe : « *locus regit actum* », formulé d'une manière expresse dans nos lois; il avait été formellement consacré par l'article 4 du projet primitif du Code, mais le Tribunat, par une malheureuse confusion de la forme même de l'acte et des conditions nécessaires à la validité de l'acte, le critiqua vivement, trouva la disposition vague et dangereuse et le conseil d'État ne la reproduisit pas dans le projet définitif du Code. Mais, quoique cette règle ne soit pas formulée d'une manière expresse dans nos lois, elle n'en existe pas moins et nous la trouvons consacrée dans notre Code, du moins d'une manière implicite, dans les articles 47, 170 et 999.

Les étrangers peuvent donc faire, dans le lieu où ils se trouvent, un acte parfaitement valable, en se conformant aux formalités qui, dans ce lieu, sont les conditions de validité de cet acte; mais si ce droit, si cette faveur leur est accordée, peuvent-ils ne pas en profiter, peuvent-ils passer l'acte dans les formes consacrées par leurs lois personnelles? En d'autres termes, la règle : « *locus regit actum* » est-elle facultative ou impérative? Il faut, sur ce point, faire une distinction; il est évident que, pour tout ce qui regarde la procédure devant nos tribunaux, l'instruction de l'affaire, la mise à exécution de la sentence, que l'étranger sera contraint à se soumettre aux formes établies par nos lois, que la règle : « *locus regit actum* » est impérative en cette matière; mais, pour tous les autres actes, pour les testaments, par exemple, cette règle ne saurait plus être imposée à l'étranger, elle est purement facultative, c'est une faveur dont il est libre de ne pas profiter. Le Code lui-même a consacré, dans son article 999, cette restriction à la règle : « *locus regit actum* »; dans cet article, il est vrai, il ne parle expressément que du Français; mais, du moment qu'il établit le principe que le Français peut, en pays étranger, tester valablement d'après la loi française, quand même la loi de ce pays ne le permet pas, on doit, par une juste réciprocité, reconnaître la validité du testament fait en France par un étranger en observant les lois de son pays.

Sur tous ces points, il ne saurait s'élever de difficulté sérieuse; mais, où la question peut devenir embarrassante, c'est à propos des actes qui ne sont valables en France qu'autant qu'ils sont faits dans la forme authentique. Devrons-nous dire qu'une donation, par exemple, faite à l'étranger, ne pourra être valable chez nous qu'autant qu'elle aura été faite en la forme authentique et que cette authenticité ne pourra résulter que de la réception de l'acte par deux notaires ou par un notaire et deux témoins? Un point sur lequel on est généralement d'accord, est que l'acte revêtu des formalités, des solennités exigées pour son

authenticité par les lois de la nation où il est passé, est
réputé authentique dans tous les pays, est considéré partout
comme faisant preuve complète. Mais ne faut-il pas aller
plus loin? Ne pourrait-on admettre la validité d'une donation faite sous seing privé dans un pays qui, dans sa législation, considérerait comme valable une donation faite dans
de semblables conditions? Pour notre part, nous ne serions
pas éloigné de le penser, et bien que nous reconnaissions
que l'authenticité de l'acte de donation n'est pas seulement
une formalité extrinsèque de ce contrat, qu'elle en est un
des éléments constitutifs, nous n'en croyons pas moins pouvoir admettre la validité de la donation faite sous seing privé
dans un pays qui l'admet; car obliger un étranger à faire
dans son pays une donation devant un officier public, dans
la forme authentique, lorsque sa loi l'autorise à le faire sous
seing privé, ce serait lui enlever la faveur qui lui a été accordée par la loi du 14 juillet 1819, ce serait prohiber les donations de biens français faites en pays étranger. Il se peut,
en effet, que, dans ce pays, il ne se trouve pas d'officiers
publics, ou, s'il en existe, qu'ils se refusent à recevoir un
acte qui ne rentre pas dans leurs attributions, puisque la
loi de leur pays établit qu'il doit se faire en la forme sous
seing privé. D'ailleurs, du moment que l'on admet, comme
le font la plupart des auteurs, que le Français peut faire
valablement sous seing privé, conformément aux lois du
pays où il se trouve, des actes qui, d'après nos lois, ne peuvent être faits que dans la forme authentique, on est contraint, par une juste réciprocité, de reconnaître la même
faveur aux étrangers et d'admettre, par exemple, la validité de la donation sous seing privé passée conformément
aux lois du pays où elle a été faite. Toutefois, nous apporterons à cette faveur la même restriction que les auteurs
apportent à la faveur accordée aux Français; il se peut, en
effet, que l'étranger ait voulu frauder notre loi, qu'il ait été
dans un pays reconnaissant la forme sous seing privé, uni-

quement pour se dispenser de la forme authentique. Dans ce cas, sa mauvaise foi ne saurait réussir et, comme la règle : *locus regit actum* n'a pas été expressément formulée dans nos lois, que les tribunaux ont, à cet égard, un pouvoir absolu et discrétionnaire, nous pensons que cette donation ainsi faite pourra, par eux, être déclarée nulle en France.

CHAPITRE V

La justice n'a pas de nationalité; elle appartient au monde entier; elle ne fait point de distinction de personnes, tous sont égaux devant elle, et c'est avec un bandeau sur les yeux qu'on nous la représente siégeant dans son temple ouvert à tous ceux qui viennent l'implorer. Il semblerait donc que tous les peuples, quelque divisés qu'ils puissent être par leurs intérêts, leurs haines, leurs jalousies, dussent déposer aux pieds de la justice ces intérêts opposés, oublier ces haines, ces jalousies, pour se souvenir qu'ils sont tous des hommes, pour reconnaître entre eux une égalité absolue, pour établir dans leurs rapports mutuels une mutuelle compétence. Mais ce n'est là qu'un vœu noble et généreux que la philosophie peut faire et qui, malheureusement, ne pourra jamais se réaliser, car les nations sont et doivent naturellement être égoïstes, chercher par tous les moyens à soutenir, à protéger leurs nationaux. Quelque regrettable que soit cette pensée, il faut bien cependant reconnaître qu'elle n'en est pas moins fondée, car si l'humanité exige que tout homme trouve justice en tout pays, l'intérêt bien entendu de chaque nation exige aussi que cette justice soit restreinte dans certaines limites et qu'en cette matière ses lois établissent à l'égard des étrangers des règles empreintes d'une certaine méfiance. Notre législation que, certes, on ne peut accuser d'égoïsme, que nous avons montrée si libérale, si pleine de faveurs à l'égard des étrangers, n'a pas cru devoir se soustraire sur ce point aux idées jusqu'alors émises en cette matière et a pris soin, tout en accordant aux étrangers l'entrée de nos tribunaux, en leur assurant la faveur de notre justice, de prendre des mesures pour protéger les intérêts de nos nationaux.

Le principe qui domine toute cette matière est que les engagements contractés par les Français ou envers eux en quelque lieu que ce puisse être, sont garantis par la loi française et que le Français a toujours le droit d'exiger que les difficultés auxquelles peuvent donner naissance les engagements qu'il a pris ou que l'on a pris envers lui, soient toujours tranchées par ses juges naturels. L'article 14 permet de traduire devant les tribunaux de France, l'étranger même non résidant dans notre pays, pour les obligations par lui contractées en pays étranger envers des Français, et, par une juste réciprocité, l'article 15 autorise l'étranger à citer devant nos tribunaux, le Français qui aura pris vis-à-vis de lui des engagements même en pays étranger.

Telles sont les deux dispositions fondamentales en cette matière. Faut-il les critiquer? Peut-on reprocher à notre législateur d'avoir autorisé le Français demandeur à faire valoir, devant un tribunal français, l'obligation contractée envers lui en pays étranger, d'avoir contraint l'étranger à venir se soumettre à la justice de nos tribunaux? Nous ne le croyons pas, car s'il est un devoir pour le législateur, c'est de protéger le national partout où il se trouve, de l'entourer en tous lieux d'une garantie puissante et efficace. Or, en présence de la nécessité dangereuse où le Français se serait trouvé d'aller plaider devant le tribunal du domicile de l'étranger, d'aller demander la justice à une nation peut-être mal disposée, peut-être ennemie, quel secours le législateur pouvait-il lui accorder, si ce n'est lui offrir dans ses tribunaux et devant ses juges naturels, un asile sûr et certain? Quant à la règle consacrée dans l'article 15 de notre Code, on saurait encore moins la critiquer que celle établie dans l'article 14, car, bien qu'elle déroge au principe général: *Actor sequitur forum rei*, on ne saurait qu'approuver les motifs qui l'ont fait édicter. Le Français, tout d'abord, ne saurait s'en plaindre, puisqu'il y trouve l'avantage de comparaître devant la justice de son pays, l'assurance d'être jugé par ses juges naturels. L'étranger lui-même y a un intérêt bien évident ; que gagnerait-il, en effet, à obtenir dans son pays un jugement qui, la plupart du temps, ne pourrait être exécuté ? N'a-t-il pas tout intérêt à s'adresser aux tribunaux de la France, où sont situés les biens de la partie qu'il poursuit, à obtenir directement un jugement français qui sera exécuté sans retard ? Du reste, il ne faut pas croire que nos législateurs, en édictant ces dispositions, n'aient été poussés que par un sentiment d'égoïsme national, qu'ils n'aient considéré que les avantages, les intérêts des Français ; ils ont eu un but plus noble, plus élevé, car, comme on l'a fait remarquer avec tant de justesse, ils ont voulu entretenir, par la foi mutuelle des peuples, ces relations que des communications rapides et l'essor d'un commerce croissant ouvrent et ouvriront de plus en plus devant eux.

Nos législateurs, du reste, n'ont dérogé à la maxime : *Actor sequitur forum rei,* qu'autant que l'intérêt du Français, les besoins du commerce l'exigeaient. Dès que ces considérations n'existent plus, ils rentrent dans l'application de la règle, et notre Code, en gardant le silence le plus absolu sur les contestations entre étrangers, prouve bien d'une manière évidente qu'on n'a voulu porter aucune atteinte au principe de l'indépendance des États, que la France n'a pas la prétention de soustraire des étrangers à leurs tribunaux naturels. Ce silence de notre Code, d'ailleurs, quelque sage, quelque raisonnable qu'il puisse être, n'en est pas moins des plus embarrassants et donne naissance à des difficultés les plus sérieuses. En présence, en effet, de ce défaut absolu de textes, pouvons-nous admettre qu'un tribunal français sera valablement saisi par le consentement commun de deux étrangers ? Que l'un d'eux pourra contraindre l'autre à comparaître? que ce tribunal sera forcé de prononcer sur la contestation? Quelques auteurs l'ont soutenu avec la plus vive et la plus noble ardeur; ils se sont efforcés de prouver que le droit d'agir en justice est un droit naturel, un droit commun à tous les hommes, et que, du moment que l'on accordait des droits à l'étranger, on ne pouvait laisser entre ses mains ces droits sans sanction, on devait lui donner les moyens de les faire respecter; que nos lois, disent-ils, reconnaissant à l'étranger le droit de contraindre le Français à comparaître devant la justice, lui reconnaissaient par cela implicitement le droit de citer devant nos tribunaux tous ceux qui auraient violé leurs droits, et que, si elles ne s'en expliquaient pas d'une manière formelle, c'est que, ne s'occupant pas des droits des étrangers entre eux, elles ne pouvaient établir aucune sanction. Est-il admissible, ajoutent ces mêmes auteurs, que, dans une nation civilisée, des étrangers puissent se trouver placés comme en dehors de la société, qu'il n'y ait pas de lois qui puissent leur être applicables, de juges qui puissent faire respecter leurs droits? On ne saurait trop applaudir à des pensées aussi nobles, aussi élevées, on ne saurait faire trop de vœux pour les voir consacrées dans les législations de tous les peuples. Mais malheureusement, il faut le reconnaître, la civilisation n'est pas encore assez avancée pour que de semblables pensées puissent encore se réaliser, et il faudra bien des années avant qu'un pas aussi grand puisse être fait dans l'unité du droit public international.

La jurisprudence et la plupart des auteurs n'admettent pas ce système, s'appuyant sur le silence absolu de nos lois pour ce qui regarde les contestations entre étrangers; ils établissent qu'un étranger ne pourra contraindre un autre étranger à comparaître devant les tribunaux français et que si l'un et l'autre sont d'accord pour soumettre leur différend à ces tribunaux, ceux-ci ne sont point obligés de juger et peuvent, sans déni de justice, se déclarer incompétents. Ce système du reste, bien que regrettable au point de vue philosophique, n'en est pas moins fondé en droit et en logique. Tout d'abord, un étranger a-t-il en France le droit absolu d'agir en justice ? Nous ne le croyons pas, et les articles 14, 15, 16, que l'on oppose, dans le système précédent, à l'appui de l'opinion que l'on soutient, nous semblent plutôt confirmer le système de la jurisprudence. Ces articles, en effet, loin d'établir des règles générales pour donner l'accès de nos tribunaux aux étrangers, ne sont que des exceptions au droit commun faites en faveur des Français, des dérogations établies uniquement pour venir au secours de nos nationaux ; ils semblent poser le principe que la justice est nationale et réservée aux Français. A quels dangers d'ailleurs ne serait-on pas exposé dans le système précédent avec toutes les divergences existant dans les législations des différents peuples ? Comment, si les étrangers avaient le droit d'exiger la justice de nos tribunaux, comment les juges, qui seraient obligés de statuer d'après les lois personnelles de ces étrangers, pourraient-ils être les interprètes justes et éclairés d'une législation qu'ils ne connaissent qu'imparfaitement, dont ils n'ont pas la pratique, dont ils ignorent les subtilités ? Les étrangers, en comparaissant devant nos tribunaux, ne sauraient-ils profiter de cette ignorance de nos juges, et ne serait-ce point prêter la main à leur fraude, que de leur donner les moyens de violer ainsi les lois de leur pays ? Enfin, il y a dans cette question une considération devant laquelle tout doit céder : nous voulons parler de la dignité de la justice française, et cette dignité serait singulièrement compromise si nos juges, par une erreur bien pardonnable, ayant mal interprété la législation étrangère, avaient rendu une sentence qui serait censurée par les tribunaux étrangers chargés de lui donner force exécutoire. Nous dirons donc, en présence de raisons aussi sérieuses, aussi importantes que celles que nous venons d'exposer, qu'un étranger ne saurait imposer à un autre étranger l'obligation de soumettre leur différend à la justice française, et quand bien même ils seraient d'accord sur ce point, que nos tribunaux peuvent se déclarer incompétents. Ces règles, cependant, ne doivent pas être prises d'une manière trop absolue, et nous verrons bientôt qu'il y a lieu, suivant les circonstances, d'y apporter des restrictions importantes.

Après ces observations générales sur les principes régissant la condition des étrangers en France au point de vue de l'administration de la justice, étudions ces principes dans leurs détails, voyons les difficultés auxquelles leur application peut donner naissance. Dans une première section, nous allons voir les contestations entre Français et étrangers, et dans une seconde, les contestations des étrangers entre eux.

SECTION PREMIÈRE.

DES CONTESTATIONS ENTRE FRANÇAIS ET ÉTRANGERS.

Le principe qui domine toute cette matière est que les tribunaux français sont compétents pour toutes les contestations qui s'élèvent entre Français et étrangers; peu importe que l'action soit réelle, ou personnelle, ou mixte; peu importe que l'obligation qui donne naissance à l'action ait été contractée en France ou à l'étranger; peu importe que l'étranger soit demandeur ou défendeur : dans tous les cas les tribunaux français sont compétents. Cependant, comme les règles ne sont pas les mêmes suivant que l'étranger est demandeur ou défendeur, que des formalités différentes sont exigées dans ces deux hypothèses, nous traiterons séparément les deux cas.

§ 1er.

L'article 15 de notre Code, qui reconnaît à l'étranger le droit de traduire son débiteur français devant les tribunaux de la France, est ainsi conçu : « Un Français pourra être « traduit devant un tribunal de France, pour des obliga- « tions par lui contractées en pays étranger, même avec un « étranger. » Ce qui ressort tout d'abord de ce texte, c'est que, tout en établissant la maxime : *Actor sequitur forum rei*, cet article ne prétend pas annihiler complétement la valeur de la règle : *Locus regit actum*, et l'expression : *pourra être*, montre bien d'une manière évidente que la loi n'a pas entendu déclarer que le tribunal français serait seul compétent ; c'est une pure faveur qu'elle accorde à son national, c'est une protection dont elle veut l'entourer ; mais celui-ci est toujours libre de ne pas l'accepter, et s'il a confiance dans l'impartialité des tribunaux étrangers, il a toujours la faculté de consentir à soumettre son différend à leur justice.

D'autre part, faut-il prendre à la lettre ce mot : *contrac- tées*, que nous voyons dans ce même article ? Faut-il dire que l'étranger ne pourra poursuivre devant nos tribunaux que l'exécution des obligations contractées envers lui par un Français, qu'il ne jouira pas de cette même faveur pour les obligations résultant de quasi-contrats, de délits et de quasi-délits ? Évidemment non ; car, du moment que la loi lui reconnaît cette faveur pour les obligations résultant d'une convention faite de son consentement et avec son concours, elle lui accorde, par a *fortiori*, cette même faveur pour les obligations qui sont nées sans convention, sans qu'il ait pu les prévoir ni les empêcher. Le mot : *contractées*, qui se trouve dans le texte, ne doit donc pas être pris avec trop d'importance ; il arrive, en effet, à chaque instant, dans notre Code, qu'il soit employé pour désigner non-seulement des obligations nées de contrats, mais encore des obligations formées sans convention, et sans nul doute, c'est dans ce sens qu'il faut l'entendre dans l'article qui nous occupe.

Nous croyons donc pouvoir dire, établir en règle générale, que l'étranger peut saisir les tribunaux de France afin de se faire rendre justice contre un Français, dans tous les cas, en toute matière, dans le cas d'un contrat aussi bien que dans le cas d'un quasi-contrat, d'un délit, d'un quasi-délit. Mais, tout en accordant un semblable droit aux étrangers, le législateur a su prendre de sages précautions pour qu'il ne pût porter aucune atteinte aux intérêts des nationaux. Par une prévoyance aussi naturelle que raisonnable, il a su restreindre ce droit dans de justes limites; il a su entourer son exercice de conditions spéciales et exceptionnelles qui mettent les Français à l'abri des dangers auxquels pouvait les exposer une semblable faveur mise entre les mains d'étrangers.

Cette faculté, en effet, que l'on accordait aux étrangers de citer nos nationaux devant les tribunaux, pouvait avoir de graves inconvénients, des dangers sérieux; on s'exposait à voir l'étranger intenter légèrement des procès, aux conséquences desquels il aurait été facile de se soustraire, à faire des poursuites vexatoires contre un Français pour se venger de lui et se soustraire par un prompt départ, par la fuite, à la peine de sa témérité, de sa mauvaise foi. Comment, en effet, le Français attaqué aurait-il pu, lorsqu'il aurait fait établir que la demande formée contre lui était sans fondement, se faire rembourser les frais du procès qui sont la peine du plaideur téméraire? Comment aurait-il pu se faire payer, comme réparation du préjudice qui lui a été causé, les dommages-intérêts qui seraient le juste châtiment de celui qui, de mauvaise foi, l'a forcé à comparaître devant les tribunaux? Il ne peut saisir ses biens à l'étranger et il se trouve devant lui sans garantie, sans force et sans secours. C'est pour obvier à ce danger, qui aurait sans cesse menacé nos nationaux, que le législateur a permis au Français assigné par un étranger de refuser tout débat avec lui jusqu'à ce qu'il ait présenté une personne solvable qui s'engage à payer, s'il ne le fait lui-même, tous les frais, ainsi que les dommages-intérêts qui pourront résulter du procès, en un mot, à fournir la *cautio judicatum solvi*.

Ainsi, si l'étranger est admis, en principe, à actionner son débiteur français devant nos tribunaux, l'exercice de ce droit est subordonné à la condition qu'il sera contraint, sur la demande de l'interpellé, à fournir une caution qui garantisse que le débat qu'il engage n'est pas sans fondement. Maintenant, quelle est l'étendue de cette garantie, de cette caution? Pour les frais du procès, il ne saurait y avoir de difficultés; mais il n'en est pas de même des dommages-intérêts. Nous trouvons, en effet, sur ce point, dans nos lois, deux dispositions qui ne sont pas d'accord. L'article 16, qui régit spécialement cette matière, est ainsi conçu : « En toutes matières autres que celles de commerce, « l'étranger qui sera demandeur sera tenu de donner cau- « tion pour le payement des frais et des dommages-intérêts « *résultant du procès...* » L'article 166 du Code de procédure porte, au contraire, que les étrangers demandeurs seront tenus de fournir caution, de payer les frais et dommages-intérêts *auxquels ils pourraient être condamnés*. Laquelle de ces deux rédactions faut-il accepter? Faut-il dire, avec l'article 16 du Code civil, que la caution ne comprend que les dommages-intérêts résultant directement du procès, que ceux alloués au défendeur comme réparation du préjudice qui lui a été causé, comme peine des injures ou vexations auxquelles il a été soumis dans le cours de l'instance? Ou devrons-nous admettre, avec l'article 166 du Code de procédure civile, que la caution comprendra non-seulement les dommages-intérêts résultant directement du procès, mais encore toutes les autres condamnations que pourra subir l'étranger, aussi bien les dommages-intérêts résultant du procès, que ceux provenant d'une cause antérieure? Évidemment, c'est à la disposition de l'article 16 du Code civil que nous devons nous en tenir, car, en permettant au Français d'exiger cette caution, la loi n'a d'autre but que de le garantir du préjudice que peut lui causer le débat; elle ne s'occupe en aucune façon des faits qui ont pu se passer antérieurement ou en dehors du procès actuel; la caution ne saurait donc comprendre que les dommages-intérêts qui sont la réparation du préjudice occasionné par le débat.

Nous venons de voir que le principal fondement, le motif, le but essentiel de cette mesure de défiance prise à l'égard des étrangers était d'assurer le payement des frais et des dommages-intérêts auxquels l'étranger pouvait être condamné et surtout d'empêcher les étrangers de se jeter à la légère dans les procès, de venir sans raison attaquer, ébranler la fortune, le crédit de nos nationaux, sans qu'on puisse les punir de leur témérité et de leur mauvaise foi. Mais il ne faut pas exagérer cette défiance, et les motifs qui l'ont inspirée au législateur doivent nous servir de règles pour la restreindre dans de justes limites. Cette restriction, en effet, faite à la faveur accordée à l'étranger, ne saurait plus exister dans le cas où celui-ci justifierait qu'il a en France des immeubles suffisants pour répondre des indemnités qui pourront être allouées au défendeur. Dans ce cas, le danger auquel était exposé le Français n'existe plus, les immeubles de l'étranger répondent de lui, et notre national a toujours la certitude d'être payé, car, quand bien même l'étranger profiterait de la possibilité de vendre ces immeubles, il ne pourrait le faire qu'à la hâte, c'est-à-dire dans de détestables conditions, et notre national, en s'appuyant sur l'article 1167, n'en aurait pas moins toujours la faculté de faire annuler cette aliénation et la certitude d'être payé sur le prix de la vente qu'il pourrait en faire faire en justice. Ainsi donc, l'étranger ayant des immeubles en France est dispensé de fournir caution; mais, on le comprend, il faut que l'existence de ces possessions soit prouvée, qu'il soit justifié qu'elles sont suffisantes pour répondre des sommes qu'il pourra être tenu de payer. Cette preuve, cette justification, c'est devant le tribunal qui doit statuer sur le procès, qu'elle doit être faite; c'est lui qui est maître absolu pour constater leur existence, leur valeur, pour déterminer la somme jusqu'à concurrence de laquelle l'intérêt du Français devra être sauvegardé. Quant aux conséquences de cette constatation ainsi faite en justice, faudra-t-il dire, comme le soutiennent quelques auteurs, qu'elle aura pour effet d'affecter ces biens par hypothèque au droit éventuel du Français? Nous ne le croyons pas, car l'article 16 du Code civil déclare d'une manière formelle que, dans ce cas, l'étranger est dispensé de fournir la *cautio judicatum solvi*, et ce serait violer cet article que d'admettre que la constatation faite par la justice de l'existence et de la valeur des immeubles de l'étranger en France puisse affecter ces immeubles d'une hypothèque. Admettre cette hypothèque, ce ne serait que rétablir, sous un autre nom, une garantie dont la loi prétend dispenser l'étranger dans ce cas. Pour nous, nous croyons que la justification faite en justice par l'étranger d'immeubles suffisants pour sauvegarder l'intérêt du Français, n'est qu'une simple constatation ordonnée par la loi, que l'accomplissement d'une condition à laquelle est subordonnée la dispense, pour l'étranger, de fournir la *cautio judicatum solvi*. Cependant, comme en cette matière les tribunaux ont un pouvoir discrétionnaire absolu, nous admettons volontiers, avec M. Demante, que le tribunal pourra décider, s'il trouve que les immeubles de l'étranger ne sont pas suffisants pour sauvegarder l'intérêt de notre national, qu'ils seront grevés d'une hypothèque pour donner toute sûreté au défendeur; mais, dans ce cas, le tribunal devra le préciser d'une manière formelle.

Tout ce que nous venons de dire touchant le cas où l'étranger a, en France, des immeubles pour répondre de sa bonne foi, nous le dirons également du cas où, n'ayant pas d'immeubles sur notre territoire, il consigne une somme, donne un gage ou un nantissement que le tribunal aura considéré comme suffisant pour garantir l'intérêt du Français. Dans ce cas, en effet, il ne saurait plus y avoir aucun danger pour nos nationaux, et la *cautio judicatum solvi* n'aurait plus aucune raison d'être. Il en est de même encore, et l'étranger n'est pas tenu de fournir caution, lorsqu'il existe des traités entre notre nation et la sienne qui lui reconnaissent cette faveur, ou bien encore lorsqu'il a obtenu du gouvernement français l'autorisation de fixer son domicile en France.

Enfin, en matière commerciale, dans toutes les affaires qui sont de la compétence des tribunaux de commerce, l'étranger est également dispensé de fournir la *cautio judicatum solvi*. On a prétendu trouver la raison de cette exception dans la rapidité qu'exigent ces affaires et dans la modicité des frais qu'elles entraînent. Mais cette raison, qui a dû sans doute influencer nos législateurs, n'est pas suffisante, car les affaires de justice de paix, les affaires qui doivent être jugées sommairement, exigent une aussi grande rapidité, ne demandent pas plus de frais, et pourtant l'étranger n'en est pas moins, pour ce qui les regarde, tenu à fournir la *cautio judicatum solvi*. Ce n'est donc pas seulement dans cette raison qu'il faut voir le motif de cette exception; la vérité est que le commerce n'a pas de nation et que nos nationaux auraient plus à souffrir qu'à gagner à cette garantie que l'on exigerait des étrangers : ceux-ci, en effet, effrayés d'une obligation qui peut être fort gênante, ne consentiraient qu'à traiter au comptant, et de là des entraves, des obstacles incessants pour notre commerce.

Maintenant que nous connaissons avec exactitude quels sont le fondement, le motif de cette mesure de défiance que l'on a été obligé de prendre à l'égard des étrangers, que nous avons déterminé l'étendue de la caution que l'on exige d'eux, et que nous avons énuméré les cas où ils ne sont pas, par exception, tenus de la fournir, il nous est facile de voir quelles sont les personnes qui peuvent être tenues de la donner. L'article 16, du reste, ne peut laisser aucun doute à cet égard : l'étranger demandeur, seul, peut être tenu de fournir cette caution; mais peu importe qu'il soit demandeur principal ou intervenant; dans tous les cas il est tenu de la fournir, si le Français défendeur a soin de l'exiger. L'étranger défendeur est donc affranchi de cette nécessité; mais d'où vient cette faveur? Il est souvent, a-t-on dit, très-difficile à un étranger de trouver une personne solvable qui veuille bien répondre de lui et s'engager à payer, s'il ne le fait lui-même, les frais et dommages-intérêts résultant du procès; ce serait là souvent pour lui un obstacle fort grand à sa défense, et comme la défense est de droit naturel, il serait injuste de lui imposer cette obligation. Tel est le motif que l'on donne généralement de cette faveur accordée à l'étranger défendeur. Et il faut bien le reconnaître, c'est le motif qui a inspiré un arrêt du 13 février 1851 consacrant cette doctrine, et nul doute qu'il a dû également influencer les rédacteurs de notre Code. Mais, je l'avoue, cette raison ne me satisfait guère, et, m'appuyant sur les motifs qui ont fait établir la *cautio judicatum solvi* à l'égard des étrangers, je préférerais dire que si le défendeur étranger n'en est pas tenu, c'est qu'elle avait été principalement établie pour mettre un frein à l'humeur processive, pour empêcher les étrangers de s'engager trop légèrement dans les procès, de venir sans fondement troubler nos nationaux; et, du moment que l'étranger ne fait que se défendre, ces dangers n'existant pas, la caution serait sans motif. Quoi qu'il en soit, l'étranger défendeur est toujours dispensé de fournir la *cautio judicatum solvi;* il n'est même pas tenu de la donner dans le cas où il est demandeur en appel, après avoir succombé comme défendeur en première instance, car ce n'est pas une nouvelle affaire qu'il intente, ce n'est que la suite de sa défense. Toutefois il n'en serait pas de même s'il attaquait le jugement prononcé contre lui par la voie de la cassation ou de la requête civile, car le jugement ayant passé en force de chose jugée, il serait vraiment demandeur dans une nouvelle affaire.

En résumé, l'étranger demandeur est donc seul tenu de fournir la *cautio judicatum solvi;* mais, qu'on le remarque bien, ce n'est là qu'une faveur, qu'un secours que le législateur, dans sa sage prévoyance, a cru devoir donner au Français, et, comme on est toujours libre de ne pas se servir des moyens de secours et de protection que la loi peut donner, le Français cité à comparaître devant la justice par un étranger, pourra, s'il a confiance dans la solvabilité, dans la bonne foi de ce dernier, renoncer à cette faveur. Cette renonciation pourra même être tacite, et elle aura lieu par le seul fait que le Français n'aura pas demandé la caution *in limine litis,* car, comme le disait le Tribunat dans ses observations, il serait contraire à toutes les règles de justice et de bienséance, qu'après qu'un étranger a plaidé longtemps devant un tribunal, on vînt lui faire l'injure de lui demander une caution pour éloigner le jugement. Ce n'est même pas seulement *in limine litis* que le Français demandeur devra exiger la caution, c'est encore avant toute autre exception, avant même les exceptions de nullité et d'incompétence. C'est, du moins, ce qui nous paraît ressortir d'une manière évidente de la discussion relative à l'article 166 du Code de procédure civile. Le Tribunat, en effet, avait demandé que cet article fût ainsi conçu : « Tout étranger.... avant toute exception autre

« que celle de renvoi ou de nullité. » Les mots : *Avant toute exception*, qui ne se trouvaient pas dans le projet primitif, furent acceptés et passèrent dans la rédaction définitive, mais tout le reste fut rejeté; il est donc bien évident que l'exception de la caution doit passer la première, même avant les exceptions de nullité et d'incompétence. Il n'y a, du reste, là, rien que de fort naturel et de fort logique : le droit, en effet, accordé au Français d'exiger la caution de l'étranger, a pour but de lui assurer le recouvrement de tous les frais auxquels l'aura entraîné le procès ainsi que les moyens, les défenses qu'il aura dû employer pour repousser la demande; or, les exceptions de nullité et d'incompétence sont des défenses, et, avant de les employer, il est logique que le Français soit d'abord tenu d'opposer l'exception de la caution, qui est destinée à lui assurer le recouvrement des frais qu'auront causés les exceptions de nullité et d'incompétence. Le but que se proposait la loi serait manqué si le Français, avant d'avoir la certitude de rentrer dans ses déboursés, était tenu de se jeter dans les frais de procédure considérables que pourrait occasionner la discussion d'une question de nullité ou d'incompétence.

§ 2.

En principe, un Français ne devrait pas avoir le droit de traduire devant nos tribunaux l'étranger qui a contracté avec lui, car, s'il est en droit public une règle qui soit fondamentale, c'est celle qui établit que l'on ne peut enlever qui que ce soit à ses juges naturels. Tel n'a pas été cependant le sentiment de nos législateurs en cette matière, et, comme nous avons déjà eu occasion de le voir, poussés par leur désir d'entourer en tous lieux les Français d'une protection puissante et efficace, ils n'ont pas craint, pour arriver à ce but, d'apporter la plus grave atteinte au principe : que les juridictions sont territoriales. Du reste, cette dérogation à la règle : *Actor sequitur forum rei*, n'a pas été admise dans nos lois sans de grandes contestations, car si, dans le projet primitif du Code, elle existait déjà, c'était avec une distinction qui la restreignait d'une singulière façon. Ce projet était ainsi conçu : « L'étranger, même non « résidant en France, peut être cité devant les tribunaux « français pour l'exécution des obligations par lui contrac- « tées en France avec un Français; et s'il est trouvé en « France, il pourra être traduit devant les tribunaux de « France, même pour les obligations par lui contractées en « pays étranger envers des Français. » La première partie de l'article, qui n'était en réalité que l'application de la règle : *Locus regit actum*, passa sans la moindre difficulté, mais la discussion commença vive et acharnée sur la seconde, et elle ne fut terminée que par une conférence du conseil d'État et du Tribunat, où il fut décidé que l'on supprimerait dans l'article les mots : *S'il est trouvé en France*. La dérogation à la règle : *Actor sequitur forum rei*, avait donc triomphé et nos législateurs n'avaient pas craint de porter atteinte à un principe auquel notre ancien droit lui-même, malgré toutes ses rigueurs à l'égard des étrangers, n'avait pas osé toucher? Faut-il le reprocher à nos législateurs? Sans doute, cette dérogation est regrettable; mais qu'on se souvienne quelle était la situation de l'Europe au moment où nos législateurs rédigeaient notre Code, et l'on comprendra alors le sentiment qui les a amenés, on les excusera même. Depuis une dizaine d'années, la France était en luttes continuelles avec l'Europe coalisée, et si depuis quelque temps elle jouissait de la paix, bientôt encore elle allait être obligée de reprendre les armes pour résister à toutes les nations qui, dans leur haine et leur jalousie, allaient encore une fois se réunir pour tenter sa perte. Dans de semblables conditions, que pouvait faire le législateur? Pouvait-il compter sur l'impartialité des tribunaux étrangers, pouvait-il espérer que le Français pourrait trouver justice devant des juges qui le haïssaient? Ne devait-il point l'accompagner en tous lieux de son secours, de son pouvoir, lui donner une protection puissante et lui assurer justice au moins dans sa nation? Je le répète, la décision que dut prendre le législateur est des plus regrettables, et nous ne saurions faire trop de vœux pour voir disparaître de nos lois une disposition qui met en suspicion l'impartialité de la justice des nations étrangères, que notre civilisation réprouve. Mais, convenons-en, cette disposition était en quelque sorte imposée à notre législateur par la force même des choses, par la situation qui était faite à la France.

Quel que soit, du reste, le motif qui a inspiré à nos législateurs la règle établie dans l'article 14 de notre Code civil, que ce motif soit bon ou non, peu importe, la règle n'en est pas moins formelle et, dans tous les cas, le Français aura le droit de poursuivre l'étranger devant nos tribunaux, que celui-ci ait contracté envers lui soit en France, soit à l'étranger, qu'il se trouve ou non sur notre territoire. Et ce ne sera pas seulement pour les obligations que l'étranger aura contractées envers lui, que le Français jouira de cette faveur; car, bien que l'article 14 ne parle que d'obligations contractées, il est évident que l'esprit de la loi, ainsi que les principes du droit, nous obligent à prendre ces termes dans leur sens le plus large, le plus étendu, à les étendre à toutes obligations résultant non-seulement des contrats, mais encore des quasi-contrats, des délits et des quasi-délits. Pour ce qui regarde les obligations nées de délits ou de quasi-délits, aucune difficulté ne saurait s'élever, le fait nous paraît incontestable; il n'en est pas de même des obligations nées de quasi-contrats, par exemple, pour le cas où un Français aurait géré à l'étranger les affaires de l'étranger et l'aurait ainsi obligé envers lui. Quelques auteurs soutiennent que dans ce cas les tribunaux français ne sauraient être compétents, car, disent-ils, lorsqu'un étranger contracte avec un Français, par ce fait il consent tacitement à se soumettre à la juridiction française ; de même encore, lorsqu'il est obligé vis-à-vis de lui par un délit ou un quasi-délit ; ce fait, qu'il soit volontaire ou involontaire, par cela seul qu'il est délictueux, l'engage forcément avec toutes conséquences ; mais, lorsque l'obligation résulte d'un fait auquel le Français a seul donné naissance, auquel l'étranger n'est intervenu en aucune façon et n'a même peut-être pas connu, comment pourrait-il être réputé avoir consenti accepter la juridiction française ? A quel titre pourrait-on le contraindre à se soumettre à une juridiction qui n'est pas la sienne ? Tout cela est fort juste, nous en convenons, mais l'article 14 n'en est pas moins formel ; dans ce cas comme dans les autres, le Français est créancier, il y a obligation et, par conséquent, les tribunaux de France sont compétents.

Du reste, il ne faut pas entendre la règle établie dans l'article 14 d'une manière trop absolue et l'étendre au delà de ses termes : ainsi, nous ne saurions l'appliquer dans le cas où un Français se serait rendu propriétaire d'une créance qu'un étranger avait sur un autre étranger. Dans ce cas, en effet, il ne s'agit plus d'une obligation contractée avec un Français ; on se trouve en dehors des termes de l'article 14, et le Français cessionnaire ne saurait avoir plus de droits que le cédant. Toutefois, ce tempérament ne saurait être admis pour une obligation négociable ou au porteur, car cette obligation est, en quelque sorte, dans le commerce ; en la souscrivant l'étranger a accepté d'avance toutes les cessions qui pourraient en être faites, ainsi que les conséquences qui pourraient en résulter.

La règle établie dans l'article 14 n'est pas une règle impérative pour le Français, ce n'est qu'une faveur, qu'un secours que le législateur a cru devoir lui accorder ; mais il est toujours libre d'y renoncer, il a toujours la faculté d'en revenir au droit commun s'il y a intérêt, et, il faut bien le dire, cet intérêt existera dans la plupart des cas, car si l'étranger n'a pas de biens en France, quel avantage le Français aura-t-il à obtenir de nos tribunaux un jugement qui ne sera pas exécutoire sur les biens de l'étranger situés dans son pays? N'a-t-il pas tout intérêt à saisir de suite les tribunaux de son débiteur? La renonciation que le Français peut faire de son droit à contraindre son débiteur étranger à comparaître devant nos tribunaux peut être expresse ou tacite; elle est expresse lorsqu'elle est signifiée dans l'acte qui constate le contrat et, dans ce cas, ce contrat faisant loi entre les parties, nos tribunaux doivent se déclarer incompétents. Quant à la renonciation tacite, elle résulte du seul fait que le Français a commencé les poursuites devant les tribunaux étrangers; par cela seul qu'il a cité l'étranger devant les juges de son domicile, il renonce au privilége qui lui est accordé par nos lois, il s'en rapporte à la justice étrangère, il acquiesce d'avance à sa décision et, lorsque cette décision est prononcée, il doit la respecter, il doit s'y soumettre. Du moment, en effet, qu'au lieu de profiter de la faveur que lui accordaient nos lois, il a préféré s'adresser aux tribunaux étrangers, il ne peut plus revenir sur l'option qu'il a faite, et, quoique trompé dans ses espérances, il ne saurait soumettre une nouvelle fois l'affaire à ses propres juges. On ne saurait, sans manquer à toutes les règles de l'équité, lui permettre de traîner ainsi l'étranger de tribunal en tribunal; après l'avoir fait passer par tous les degrés de juridiction dans son pays, de remettre de nouveau l'affaire en question devant nos juges. Ce serait porter la plus grave atteinte au respect des justices étrangères, et si nous voulons que les décisions de la justice française soient respectées à l'étranger, commençons par respecter les décisions des justices étrangères. Quelques auteurs, cependant, et même quelques cours d'appel, font sur ce point une distinction:

ils admettent que lorsque le Français a été, par quelques circonstances, en quelque sorte contraint par nécessité à s'adresser à la justice étrangère, comme, par exemple, lorsque son débiteur n'a aucun bien en France, ils admettent que son option n'a pas été libre, qu'elle lui a été imposée, et qu'à ce titre elle ne saurait impliquer de sa part une renonciation au bénéfice de l'article 14. Partant de ce principe, ils lui reconnaissent, dans ce cas, le droit de porter l'affaire devant les tribunaux français et repoussent l'exception de litispendance que l'étranger pourrait opposer. Nous ne saurions suivre cette opinion, car l'admettre, ce n'est plus interpréter la loi, c'est la faire, c'est se livrer à l'arbitraire le plus absolu. Sur quel texte, en effet, se fonder pour accorder aux tribunaux un pouvoir aussi absolu en ces matières, à quel titre ces tribunaux statueraient-ils sur une distinction dont nous ne trouvons aucune trace dans nos lois? Mais cette distinction elle-même existe-t-elle réellement? Le point de départ qui lui sert de fondement est-il exact? Évidemment non; jamais on ne pourra nous faire admettre que le Français qui poursuit l'étranger, son débiteur, devant les tribunaux de son pays, y soit contraint par la nécessité; il a toujours la faculté d'user de la faveur établie dans l'article 14. Rien, si ce n'est sa volonté, ne peut lui faire perdre ce privilége, et, s'il n'en use point, il le fait toujours librement, c'est qu'il y trouve un intérêt quelconque. En résumé, nous dirons que toutes les fois que le Français saisit le tribunal étranger, il est déchu du privilége de l'article 14 et qu'il ne pourra jamais, s'il est trompé dans ses espérances, en rappeler de la justice étrangère à la justice française.

La règle établie dans l'article 14 n'est donc point impérative, elle est entièrement facultative, et le Français pourra toujours ou la suivre ou y renoncer, suivant ses intérêts; mais, s'il la suit, devant quel tribunal devra-t-il assigner son débiteur étranger? comment lui fera-t-il son assignation? — Nous ne trouvons dans nos lois aucune disposition qui réponde d'une manière formelle à ces deux questions et nous ne pourrons les résoudre que par des analogies. Ces analogies, du reste, sont si évidentes, qu'aucun doute ne saurait exister à cet égard. Voyons en premier lieu devant quel tribunal le Français devra assigner son débiteur étranger. D'abord, pour ce qui regarde les actions réelles immobilières, il ne saurait y avoir la moindre difficulté; il est évident que ces actions devront être portées devant le tribunal de la situation de l'immeuble litigieux. Mais que faudra-t-il décider dans le cas d'une action purement personnelle ou d'une action réelle mobilière? — Point de difficultés encore si l'étranger réside en France, et si cette résidence est connue; dans ce cas, ce sera le tribunal de cette résidence qui sera compétent. Mais si cet étranger ne réside pas en France, ou bien qu'il y réside et que sa résidence n'est pas connue, quel sera le tribunal compétent? Quelques auteurs ont prétendu que le Français devait assigner son débiteur devant le tribunal du lieu où le contrat avait été passé, mais ce système ne nous paraît pas admissible, car il est en opposition avec tous les principes de notre droit qui, à aucune époque, n'a admis que le lieu de la passation d'un contrat puisse être attributif de juridiction; et puis enfin ce système ne serait applicable que dans le cas où le contrat aurait été passé en France, et il laisserait la question pleine et entière pour le cas où l'obligation aurait été contractée à l'étranger.

Nous n'admettrons pas davantage que le Français puisse, à son gré, assigner l'étranger devant le tribunal qu'il lui plairait de fixer, car ce serait là un droit exorbitant, que rien dans nos lois ne nous autorise à accorder aux Français et que la justice, aussi bien que les principes, repoussent à l'envi. Pour nous, toutes les fois que l'étranger n'aura pas de résidence en France ou que cette résidence sera inconnue, nous dirons que le tribunal du domicile du demandeur sera seul compétent. Dans nos lois, en effet, les principes qui servent à déterminer la compétence des tribunaux en matière personnelle, ont principalement pour but de faciliter et de rendre aussi économique que possible la solution des procès; ils tendent à ce que l'une et l'autre des parties ne soient pas tenues de se déplacer et reconnaissent pour compétent le tribunal de l'une de ces parties. Il est vrai que, par une faveur spéciale pour le défendeur, c'est le tribunal de son domicile qu'ils déclarent compétent; mais, du moment que, par une circonstance extraordinaire, cette règle ne peut être appliquée, n'est-ce pas rentrer dans l'esprit du principe que de déclarer compétent le tribunal du demandeur? De cette façon, du moins, on évite encore un double déplacement.

Pour ce qui est de la manière dont l'étranger qui n'a pas de résidence en France devra être assigné, nous ne trouvons pas non plus dans nos lois de dispositions expresses; mais comme entre ce cas et celui de l'étranger et du Français habitant à l'étranger il y a une analogie parfaite, nous appliquerons à ce cas ce que la loi a décidé pour ce dernier. Nous dirons donc que l'exploit d'ajournement devra être rédigé en deux copies, dont l'une sera affichée à la principale porte de l'auditoire du tribunal où la demande devra être portée, c'est-à-dire, s'il s'agit d'une action réelle immobilière, à la porte du tribunal de la situation de l'immeuble litigieux et, s'il s'agit d'une action personnelle, à la porte du tribunal du domicile du demandeur; et dont l'autre copie sera remise au procureur de la République qui visera l'original et enverra la copie au ministre des affaires étrangères, afin que celui-ci la fasse parvenir au domicile de l'étranger.

SECTION II.

DES CONTESTATIONS ENTRE ÉTRANGERS.

Dans les observations générales touchant la condition des étrangers devant les tribunaux français, observations que nous avons cru nécessaire de placer en tête de ce chapitre, nous avons vu que la jurisprudence, se fondant sur le silence absolu de nos lois pour tout ce qui regarde les contestations des étrangers entre eux, en avait conclu que la maxime : *Actor sequitur forum rei,* devait régir toute cette matière, et que, du moment que le Code n'y avait apporté aucune dérogation, comme il l'avait fait dans l'article 14, en faveur du Français, c'est que l'on était dans la règle générale et que la maxime que nous venons de citer s'appliquait dans toute son autorité. Nous avons vu qu'en principe l'étranger ne pouvait contraindre un autre étranger à comparaître devant nos tribunaux et, lors même que l'un et l'autre étaient d'accord pour saisir nos tribunaux, ceux-ci, sans crainte de déni de justice, pouvaient se déclarer incompétents; nous avons exposé avec assez d'étendue les arguments, les motifs, qui viennent soutenir et justifier de semblables décisions; nous ne reviendrons pas sur ces points et nous nous contenterons ici de voir les exceptions qui peuvent être apportées à ces principes.

Ces principes, en effet, ne doivent pas être entendus d'une manière trop absolue, car le législateur, en ne les formulant pas d'une manière expresse dans nos lois, semble avoir voulu les laisser à l'appréciation des tribunaux, afin que ceux-ci puissent, dans leur application, les restreindre dans ce qu'ils peuvent avoir de contraire à la philosophie, à cette idée que la justice n'a pas de nationalité et qu'elle se doit à tous les hommes. Il est même certains cas où ces principes cessent d'être applicables et où les tribunaux sont, de plein droit, compétents. Ainsi, il est évident que, dans toutes les contestations relatives à des immeubles situés en France, dans tous les cas où il s'agit d'une action réelle, les tribunaux français sont compétents entre étrangers, que même ceux-ci sont obligés d'y recourir et que, conformément à l'article 59 du Code de procédure, combiné avec l'article 3 du Code civil, ils sont tenus de soumettre leur différend au tribunal de la situation de l'immeuble en litige. Il en est de même également, dans tous les cas se rattachant d'une manière plus ou moins directe aux lois de police et de sûreté; nul doute, par exemple, qu'un étranger pourra valablement intenter devant nos tribunaux une action civile née d'un délit ou d'un quasi-délit commis en France sur ses biens ou sur sa personne par un autre étranger. Toutefois, dans ce cas, il devra intenter cette action en même temps et devant le même tribunal où il poursuit l'action criminelle, car, exercée séparément, elle ne serait plus qu'une action civile et soumise, à ce titre, au principe général.

De même encore nos tribunaux seront compétents entre étrangers sur toutes les questions relatives à des matières commerciales; car, comme nous l'avons déjà dit, en fait de commerce il n'y a pas de nation ou, pour mieux dire, il n'y a qu'une seule et unique nation, et c'est un devoir pour chaque État de le garantir et de le protéger. — Cette doctrine était déjà admise dans notre ancien droit, et la cour de cassation, en l'adoptant, n'a fait qu'étendre à tous les actes de commerce ce que l'ordonnance de 1673 n'avait établi que pour les marchés faits dans les foires.

Mais, en dehors de ces quelques cas que nous venons d'énumérer, les tribunaux sont souverains pour apprécier, pour décider s'ils doivent se déclarer compétents et retenir les causes qui leur sont déférées. Ils le font, du reste, presque toujours, lorsque l'une des parties a un domicile de fait en France, ou bien lorsque les parties ont fait élection de domicile en un lieu de notre territoire pour l'exécution de l'obligation qu'elles ont contractée. Nos tribunaux sont seuls souverains, comme nous venons de le dire, et à ce titre ils peuvent même, en s'appuyant sur l'article 3 de notre Code civil, ne pas tenir compte du principe de la personnalité des lois, et, si la sûreté des personnes et des bonnes mœurs l'exige, prendre dans ce sens des mesures conservatoires ou provisoires : ainsi, en cas de contestation entre époux étrangers, ils peuvent autoriser la femme à quitter le domicile conjugal et contraindre le mari à lui assurer des moyens d'existence ; ils peuvent encore connaître d'une réclamation d'aliments formée par une femme étrangère contre son mari.

Dans tous ces cas, dans tous ceux qui touchent d'une manière plus ou moins directe aux lois de police et de sûreté de l'État, les tribunaux peuvent, nous dirons même doivent se déclarer compétents dès que l'une des parties s'en réfère à eux ; mais dans tous les autres cas, comme nous avons déjà eu l'occasion de le dire, ils ne peuvent retenir la cause qui leur est déférée qu'autant que les deux parties sont d'accord pour saisir la justice française de leur différend. Toutefois, la jurisprudence admet, même dans ce cas, une limitation à la règle : *Actor sequitur forum rei*, et nous ne saurions trop l'approuver, car cette limitation est une garantie pour l'intérêt de toutes les nations. La jurisprudence, dis-je, veut, exige que l'étranger qui oppose à nos tribunaux le déclinatoire d'incompétence, prouve qu'il a un domicile à l'étranger, sans quoi elle décide que nos tribunaux peuvent, malgré lui, retenir l'affaire sur la demande de son adverse partie. Quoi de plus sage et de plus juste que cette décision qui donne l'assurance qu'il ne saurait y avoir, dans l'univers, des hommes qui, bravant toutes les juridictions, se joueraient de la justice de toutes les nations.

Il nous reste à examiner ici une des questions les plus délicates de toutes ces matières et qui, après avoir été pendant tant d'années l'objet des plus ardentes discussions, est encore aujourd'hui vivement controversée. Lorsque les tribunaux français seront compétents, ou qu'ils se seront déclarés tels, l'étranger demandeur pourra-t-il être contraint, sur la demande de l'étranger défendeur, à fournir la *cautio judicatum solvi?* L'opinion généralement admise est que l'étranger défendeur pourra demander et obtenir cette caution. On invoque à l'appui de ce système les précédents qui existaient dans notre ancien droit et entre autres un arrêt du parlement de Paris en date du 23 août 1571 qui décidait que l'étranger défendeur pouvait, à l'égal du Français, exiger que le demandeur étranger fournisse la *cautio judicatum solvi.* Nos législateurs, disent les auteurs qui soutiennent cette opinion, n'ont pas eu l'intention d'innover en cette matière et s'en sont référés aux errements jusqu'alors suivis; les articles 16 du Code civil et 166 du Code de procédure civile semblent en effet l'établir d'une manière évidente : « Tout étranger demandeur ... », dit l'article 16; « tous étrangers seront tenus, si le défendeur le requiert... », dit l'article 166. — En présence de termes aussi généraux, aussi absolus, est-il admissible que le Code ait voulu faire une distinction entre le défendeur français et le défendeur étranger? N'est-il pas évident qu'il ait voulu suivre la doctrine qui, jusqu'alors, était communément acceptée?

Tel est ce système avec les arguments principaux qu'il invoque à son appui; devrons-nous le suivre? Non, car il ne nous paraît ni logique, ni exact. Tout d'abord, l'argument historique sur lequel on insiste tant, ne saurait avoir toute la valeur que l'on prétend lui donner; car, si l'on suit les errements de notre ancienne jurisprudence sur ce point, il faudra dire avec elle que l'obligation de donner caution est réciproque entre les parties, que chacune d'elles peut demander à l'autre de fournir cette garantie. Personne, je le pense, n'osera admettre ce point, et, cependant, il le faudra, si l'on suit le système que nous attaquons, car c'est la conséquence forcée des règles de notre ancienne jurisprudence. Mais, dit-on, le Code est formel sur ce point : les articles 16 (*Code civil*) et 166 (*Code de procédure civile*) sont absolus et généraux dans leurs termes; ils ne distinguent pas la nationalité du défendeur; qu'il soit français ou étranger, peu importe; dans tous les cas, ils lui reconnaissent la faculté d'exiger la caution. Ces articles, il est vrai, sont conçus en termes généraux, mais ont-ils pour cela la portée que les auteurs soutiennent? Qui ne voit que, leur reconnaître cette portée, c'est commettre la plus singulière erreur qu'il soit possible de faire? Comment, tout le monde, et les auteurs que nous combattons tous les premiers, reconnaissent que notre législateur a gardé le silence le plus absolu pour tout ce qui regarde les contestations entre étrangers, qu'à tort ou à raison il n'a été pris en ces matières aucune décision, et après cela, ils viennent soutenir que notre législateur a pris soin de statuer à propos de ces contestations sur un cas particulier, sur un point de détail, sur la *cautio judicatum solvi!* Singulière manière de raisonner! De deux choses l'une : ou notre législateur a statué sur les contestations entre étrangers, ou il n'a pas statué sur ces contestations; s'il a statué, que l'on nous montre les règles qu'il a posées à cet égard et s'il ne l'a pas fait, que l'on ne vienne pas nous opposer des textes qui ne sauraient s'appliquer à cette matière.

Laissons donc de côté les textes; ni dans un sens, ni dans l'autre, ils ne sauraient avoir de valeur, et c'est en dehors d'eux, dans la logique seule, que nous pouvons trouver l'esprit de la loi qui doit nous aider à résoudre cette question. Quel a été le but du législateur en permettant au défendeur français d'exiger de l'étranger qui l'attaque, la *cautio judicatum solvi?* Ce but est évident : c'est garantir le Français, c'est le prémunir contre les dangers auxquels l'exposait la position de l'étranger; c'est rétablir par ce moyen l'équilibre entre leurs deux positions si différentes. L'étranger, en effet, n'a rien à craindre; assuré, autant qu'on peut l'être, de la solvabilité du Français qui ne saurait avoir la pensée de se soustraire à ses engagements par la fuite, il n'a rien à redouter, tandis que le Français, sans cette garantie, se trouverait sans cesse exposé à l'insolvabilité de l'étranger qui, par une prompte fuite, pourrait toujours laisser à sa charge les frais, souvent considérables, auxquels il l'aurait entraîné. Tels sont les motifs de cette garantie accordée aux Français. Ces motifs existent-ils pour l'étranger défendeur? Non; les deux parties se trouvent dans des conditions identiques, et il n'y a aucune raison pour accorder au défendeur étranger une garantie, une sûreté que lui-même ne présente à aucun titre. « Si le « défendeur français a droit à la caution », dit la cour de cassation, dans son arrêt du 15 avril 1842 « c'est qu'il offre « des garanties de solvabilité qu'on ne rencontre pas chez « son adversaire; mais quand les deux plaideurs sont étran- « gers, il n'y a pas lieu d'accorder à l'un une garantie qui, « pour l'autre, ne serait compensée par rien. » Nous dirons donc avec la cour de cassation, en nous appuyant sur l'esprit de la loi, que l'étranger défendeur n'aura jamais le droit d'exiger la *cautio judicatum solvi*.

CHAPITRE VI.

DE L'AUTORITÉ QU'AURONT EN FRANCE LES ACTES, LES JUGE-
MENTS, LES SENTENCES ARBITRALES PASSÉS OU RENDUS EN
PAYS ÉTRANGERS.

Nous avons vu, lorsque nous avons expliqué la règle :
Locus regit actum, que les actes passés à l'étranger dans
les formes usitées dans les pays où ils ont eu lieu, sont
valables en France et y produisent tous leurs effets comme
s'ils avaient été passés dans notre pays, d'après les formes
prescrites par nos lois. Toutefois, cette similitude entre les
deux cas est loin d'être identique et les actes passés à
l'étranger sont loin d'obtenir l'autorité des actes passés en
France. Ces actes, en effet, ne sauraient avoir aucune force
exécutoire sur toute l'étendue de notre territoire car le droit
de déclarer exécutoires des actes emportant obligations, le
droit de disposer de la force publique, est un attribut inhérent à la puissance souveraine de chaque nation et ce serait
porter la plus grave atteinte à cette puissance, que d'attribuer aux actes passés à l'étranger une autorité qu'elle seule
peut déférer. Ces principes, du reste, sont si simples et si
naturels qu'ils existent et ont existé de tout temps dans les
législations des différents peuples; ils étaient déjà formulés
dans notre ancien droit, et notre législateur n'a fait que
reproduire dans notre Code la disposition qui était déjà
écrite dans l'article 121 de l'ordonnance de 1629, en y
apportant, toutefois, cette restriction qu'il serait loisible de
déroger à ce principe par des lois spéciales ou par des traités.

Ainsi, en dehors des lois politiques et des traités, l'acte

authentique passé devant un officier public étranger, quoique réputé, en France, authentique, et faisant preuve complète de son contenu, n'aura aucune force exécutoire, il n'aura pas plus de valeur qu'un acte sous seing privé, et l'étranger qui voudra s'en servir, qui voudra contraindre le Français à exécuter l'obligation qu'il a contractée, devra s'adresser à la justice et obtenir un jugement. Tout cela peut paraître bien rigoureux ; mais, comme cette règle est en quelque sorte imposée par le principe de la souveraineté, de l'indépendance de chaque nation, on ne saurait la critiquer. Malheureusement notre législateur n'a pas su s'y arrêter et, dans un déplorable oubli des principes que lui-même venait d'établir, il y a joint une disposition reproduite de notre ancien droit et que l'on ne saurait comprendre dans notre législation actuelle ; nous voulons parler de la prohibition que fait notre Code, d'établir, par un acte passé à l'étranger, une hypothèque sur les biens français. Quoi, en effet, de plus irrationnel que cette prohibition qui confond la valeur intrinsèque d'un acte et la force exécutoire de cet acte, qui confond l'hypothèque et son exécution ? Qui ne voit que si la force exécutoire de l'hypothèque appartient à la puissance publique de l'État et ne peut provenir que de ceux à qui l'État a délégué une partie de cette puissance, la convention d'hypothèque, au contraire, n'est qu'un contrat qui prend naissance par le seul consentement des parties et qui, à ce titre, doit exister et produire ses effets dans tous les pays ? Cette convention, il est vrai, peut conduire à la saisie, à l'expropriation, mais, par elle-même, elle n'est pas un acte d'exécution et, ayant soin de subordonner cette saisie, cette expropriation, à l'obtention d'un jugement rendu par les tribunaux français, elle ne pouvait causer aucun danger, elle ne portait aucune atteinte à la puissance souveraine de l'État ; il fallait donc la reconnaître, il fallait lui accorder la force hypothécaire et lui refuser la force exécutoire.

Cette singulière erreur dans laquelle le législateur est tombé, s'explique, d'ailleurs, historiquement : dans notre ancien droit, l'hypothèque ne pouvait prendre naissance dans le consentement des parties, elle ne pouvait résulter que d'actes émanés de l'autorité publique, elle ne pouvait résulter que d'actes exécutoires ; eux seuls emportaient hypothèque, car le souverain, seul, pouvait affecter le sol de la France d'une hypothèque. Ces principes étant admis, il était logique d'en conclure que les actes publics reçus à l'étranger par un officier n'ayant reçu aucune autorité du souverain de la France ne pouvaient, à aucun titre, donner naissance à une hypothèque ; de là la disposition de l'ordonnance de 1629 : « Les contrats ou obligations reçus « ès royaumes et souverainetés étrangères, pour quelque « cause que ce soit, n'auront aucune hypothèque ni exécu- « tion en France, mais tiendront, les contrats, lieu de sim- « ples promesses. » C'était, comme on le voit, la confusion la plus complète entre l'hypothèque et son exécution ; les rédacteurs de notre Code eurent soin de ne pas tomber dans la même faute, mais, après avoir établi des principes entièrement opposés, par une inadvertance des plus regrettables, ils oublièrent, dans le cas qui nous occupe, les nouveaux principes qu'ils venaient de consacrer. Influencés par la tradition, égarés par une analogie trompeuse, ils conservèrent sur ce point les errements du passé ; après avoir détruit la cause, ils conservèrent l'effet. Nous ne saurions trop regretter une semblable contradiction, qui porte la plus grave atteinte au crédit de nos nationaux ; mais la loi est formelle, il faut nous soumettre.

Occupons-nous maintenant des jugements rendus par des tribunaux étrangers. Les motifs qui nous ont fait décider que les actes passés à l'étranger ne sauraient être exécutoires en France, existent encore ici, avec même plus de force s'il est possible, car le principe de l'indépendance, de la souveraineté de chaque nation, ne saurait admettre

que les jugements qui s'exécutent sur son territoire puissent s'exécuter en vertu d'une autre puissance que celle du souverain de cet État. C'est au nom du chef de l'État que toute justice est rendue ; lui seul peut donner la force exécutoire, lui seul peut donner des ordres à ses agents. Nous dirons donc, conformément aux articles 546 du Code de procédure civile et 2123 du Code civil, qu'en dehors des lois politiques et des traités, les jugements rendus à l'étranger ne pourront recevoir exécution en France qu'autant que celle-ci aura été ordonnée par les tribunaux français. Mais comment, à quelle condition cette force exécutoire sera-t-elle ordonnée par nos tribunaux ? Admettrons-nous qu'ils puissent, mettant à néant la sentence qui leur est soumise, procéder à de nouveaux débats et réviser au fond ? Ou bien, distinguant soigneusement la chose jugée avec l'exécution du jugement, dirons-nous que la chose jugée tire sa force d'elle-même, qu'en tous lieux elle est considérée comme l'expression de la vérité et que nos tribunaux ne sauraient y porter la moindre atteinte, que leur rôle consiste uniquement à donner la formule exécutoire au jugement qui leur est soumis ? Voici quelle était, sur ce point, la disposition de l'ordonnance de 1629 : « Les juge-
« ments rendus, contrats ou obligations reçus ès royaumes
« et souverainetés étrangères, pour quelque cause que ce
« soit, n'auront aucune hypothèque ni exécution en notre
« royaume. Ains tiendront les contrats lieu de simples
« promesses et nonobstant les jugements, nos sujets contre
« lesquels ils ont été rendus pourront, de nouveau, dé-
« battre leurs droits comme entiers par devant nos offi-
« ciers. » Ce qui frappe à première vue dans ce texte, c'est la distinction qu'il établit entre la force exécutoire et l'autorité de la chose jugée : pour ce qui est de la force exécutoire, il consacre le principe que l'autorité du souverain exige que les jugements ne s'exécutent, sur son territoire, qu'en vertu de sa puissance, et il consacre ce principe

aussi bien à l'égard de l'étranger que du Français; pour ce qui est, au contraire, de la force jugée, il fait une distinction : le Français n'est pas lié par la sentence rendue contre lui en pays étranger; il pourra la soumettre de nouveau à ses juges naturels; l'étranger, au contraire, ne peut méconnaître le jugement prononcé contre lui; ce jugement, comme disait Bourjon, passe pour opinion juste, il a la force de la chose jugée, et le condamné n'est point admis à en faire la critique.

Ainsi, dans notre ancienne jurisprudence, deux règles distinctes régissaient cette matière : l'une, générale et absolue, décidait qu'aucun jugement ne pourrait s'exécuter sans le concours de l'autorité souveraine; l'autre, restreinte dans son application, établissait une distinction capitale entre l'étranger et le Français : le premier était toujours lié par la sentence prononcée contre lui; le second, au contraire, avait toujours le droit de la soumettre, devant nos tribunaux, à un nouvel examen.

Telle est la doctrine de notre ancien droit. — Est-elle passée dans nos codes? Devons-nous encore l'appliquer aujourd'hui? Pour ce qui est de la force exécutoire des jugements, aucun doute ne saurait exister; les articles 546 du Code de procédure et 2123 du Code civil sont formels, ils ne font que reproduire la règle consacrée par l'ordonnance de 1629. Mais, que déciderons-nous pour ce qui concerne l'autorité de la chose jugée? Nous ne trouvons sur ce point aucune disposition dans nos lois. Devrons-nous dire, cependant, que la distinction établie dans l'ordonnance de 1629 doit être encore appliquée? Nous le croyons, car cette distinction avait toujours été regardée dans notre droit comme une règle fondamentale; elle avait été consacrée par les deux célèbres arrêts du parlement de Paris en 1777 et 1778; elle existait encore au moment de la rédaction de nos codes, et le silence absolu du législateur ne saurait que prouver que, loin d'innover sur ce point, il a eu l'intention de s'en référer aux règles qui avaient été suivies jusqu'alors et qui étaient encore en vigueur. Mais, dit-on, l'ordonnance de 1629 a été abrogée par l'article 1041 du Code de procédure, qui déclare abrogée l'ancienne législation. C'est là une erreur : l'article 1041 n'a abrogé, dans les anciennes lois, que les formes à suivre dans l'instruction des procès ; il n'a touché en rien aux règles sur la compétence de nos tribunaux et l'organisation judiciaire. Nos différents codes supposent, au contraire, constamment ces règles connues ; ils s'en rapportent aux anciennes lois, et dans le cas qui nous occupe, il est incontestable qu'il s'agit non d'une question de procédure, mais d'une question de compétence.

Ce système que nous venons d'exposer, quelque sage et quelque fondé qu'il nous paraisse, n'a point cependant été admis par la jurisprudence ; elle soutient que les tribunaux français ont, dans tous les cas, le droit de reviser au fond le jugement étranger, de lui substituer un jugement français qui, seul, sera exécutoire. Nous n'avons pas besoin de faire ressortir que tout ce système repose tout entier sur la confusion la plus complète entre la force exécutoire du jugement et la force de chose jugée ; c'est un point qui nous paraît si évident que nous ne prendrons pas la peine d'insister, pour arriver de suite à la réfutation du principal argument que l'on invoque à son appui.

Aux termes des articles 2123 et 546, dit la jurisprudence, le jugement ne peut être rendu exécutoire que par le tribunal tout entier ; or, s'il ne s'agissait que d'un simple visa à donner, d'une simple formule exécutoire à accorder, qu'était-il besoin de l'intervention d'un tribunal entier ? Le président du tribunal ne pouvait-il, à lui seul, comme dans le cas d'une sentence arbitrale, délivrer cette formule exécutoire ? Si le législateur exige que le jugement soit examiné par le tribunal entier, c'est qu'il a entendu qu'il soit examiné quant au fond. La réponse à ces arguments est des plus simples : si le législateur a cru devoir exiger l'intervention du tribunal entier et ne pas se contenter, comme dans le cas d'une sentence arbitrale, de la seule intervention du président, c'est qu'il peut y avoir, dans le cas qui nous occupe, des difficultés des plus sérieuses, des plus délicates et qu'il a cru que ce n'était pas trop de toutes les lumières d'un tribunal pour les trancher. Il ne suffit pas, en effet, d'attacher au jugement la force exécutoire, il faut encore, comme le dit avec tant de justesse M. Demangeat dans son ouvrage sur la condition des étrangers, examiner s'il a tous les caractères d'un véritable jugement, s'il a été rendu par des juges compétents, s'il n'est frappé de nullité, enfin s'il ne contient rien de contraire à notre ordre public, soit quant aux voies d'exécution, soit même quant au fond du *judicatum*. Ne sont-ce pas là, comme nous le disions à l'instant, des difficultés assez sérieuses pour expliquer que le législateur ait dû s'en rapporter à un tribunal entier, et non pas seulement aux lumières du président de ce tribunal?

Cet argument ne saurait donc avoir aucune valeur. A quoi, d'ailleurs, nous conduit le système de la jurisprudence? A la violation la plus complète de la loi. Les articles 2123 et 546, en effet, établissent de la manière la plus formelle que ce sera le jugement étranger qui devra être revêtu de la force exécutoire; or, remettre l'affaire en question, permettre aux tribunaux de la reviser quant au fond, ne sera-ce pas annuler le jugement étranger, lui substituer un jugement français qui, seul, sera exécuté? Ne sera-ce pas violer les articles 2123 et 546? Nous maintiendrons donc la doctrine que nous avons exposée d'abord et nous dirons que le Code, par son silence, s'en est rapporté aux errements existant déjà, à la juste et sage distinction établie par l'ordonnance de 1629.

Il ne nous reste plus qu'à nous demander quelle sera, en France, l'autorité des sentences arbitrales rendues en pays étranger, à quelles conditions ces sentences pourront être exécutoires en France. Il faut faire sur ce point une distinction; car si, dans notre législation, l'arbitrage n'est plus jamais que volontaire, il se peut que, dans les législations étrangères, il existe des cas où l'arbitrage soit forcé, et la solution, pour la question qui nous occupe, ne saurait être la même dans les deux hypothèses. Lorsque l'arbitrage est volontaire, lorsqu'un étranger et un Français se seront entendus pour soumettre leur différend à des arbitres, ce compromis n'est, en réalité, qu'un contrat, et nous devrons appliquer à la sentence arbitrale ainsi rendue, tout ce que nous avons dit sur les contrats passés à l'étranger. S'il y a eu, au contraire, arbitrage forcé, la sentence ayant été rendue par délégation de la justice, ne saurait plus tenir du contrat : elle est un véritable acte de juridiction, et, à ce titre, elle doit être assimilée aux jugements rendus à l'étranger; nous lui appliquerons donc, pour la force exécutoire dont elle pourra être revêtue en France, tout ce que nous avons dit des jugements rendus à l'étranger.

POSITIONS

DROIT ROMAIN.

I. Le *jus italicum* n'est pas un droit personnel, c'est un privilége accordé à un territoire, privilége qui a pour effet de rendre le sol de ce territoire susceptible du *dominium ex jure Quiritium*.

II. La constitution de Caracalla n'a pas concédé le *jus civitatis* aux Latins juniens, ni aux déditices, ni aux peuples qui, dans l'avenir, devaient être réunis à l'empire romain.

III. C'est la loi Junia Norbana, et non la loi Ælia Sentia, qui a introduit la classe des Latins juniens.

IV. Rome n'accordait le *jus civitatis* qu'aux villes qui consentaient à devenir *populi fundi*.

V. Les *latini coloniarii* ont toujours eu le *jus commercii*.

VI. L'enfant né de justes noces, mais désavoué par son père, suivait la condition de sa mère.

VII. La loi Mensia s'appliquait aux pérégrins proprement dits, aux Latins qui avaient obtenu le *jus latinitatis*, mais non aux affranchis latins, c'est-à-dire aux Latins juniens.

DROIT FRANÇAIS.

I. En dehors des traités, l'étranger, non admis à établir son domicile en France, jouit de tous les droits civils qui ne lui sont pas refusés par un texte formel de la loi.

II. L'étranger peut adopter en France et y être adopté.

III. La tutelle d'un Français peut être déférée à un étranger.

IV. Les meubles qu'un étranger possède en France sont régis par le statut réel.

V. L'étranger, incapable d'après sa loi personnelle, peut se faire restituer contre l'obligation qu'il a contractée avec un Français, à moins qu'il n'ait usé de moyens frauduleux pour cacher son incapacité à ce dernier.

VI. L'étranger jouit du bénéfice de la prescription.

VII. Le Français ne peut, après avoir traduit lui-même l'étranger devant les tribunaux étrangers, le traduire devant les tribunaux français.

VIII. Les tribunaux français saisis d'une contestation entre étrangers qui n'excipent pas de leur extranéité peuvent d'office se déclarer incompétents.

IX. Les tribunaux français auxquels l'on demande l'exécution d'un jugement rendu à l'étranger ne peuvent examiner le mérite intrinsèque de ce jugement qu'autant qu'il a été prononcé contre un Français.

DROIT CRIMINEL.

I. L'étranger qui se porte partie civile est tenu de fournir la caution *judicatum solvi*.

II. L'étranger qui a commis un délit en France ne peut plus, s'il a été jugé en pays étranger, être poursuivi en France pour le même fait.

PROCÉDURE CIVILE.

I. La caution *judicatum solvi* doit être demandée *in limine litis*, avant toute autre exception, même celle d'incompétence et de nullité d'exploit.

II. L'étranger défendeur ne peut exiger la caution *judicatum solvi* d'un autre étranger demandeur.

DROIT DES GENS.

I. La femme étrangère a hypothèque légale sur les biens de son mari situés en France, pourvu que ce droit lui soit accordé par sa loi personnelle.

II. L'étranger divorcé peut se remarier en France avec une Française.

HISTOIRE DU DROIT.

I. Le droit d'aubaine a une origine germanique.

II. Le système de la personnalité des lois n'existait pas en Germanie; il a pris naissance lors de la conquête des Gaules.

III. Sous la monarchie franque, le système de la personnalité des lois ne s'appliquait qu'aux peuples qui s'étaient établis dans la Gaule; tout individu ne pouvait choisir la loi sous laquelle il voulait vivre.

IV. La caution *judicatum solvi* a une origine germanique et non romaine.

Vu par le président de la thèse,

L. DE VALROGER.

Vu par le doyen de la Faculté,

G. COLMET-DAAGE.

Vu et permis d'imprimer,
Le vice-recteur de l'Académie de Paris,

A. MOURIER.

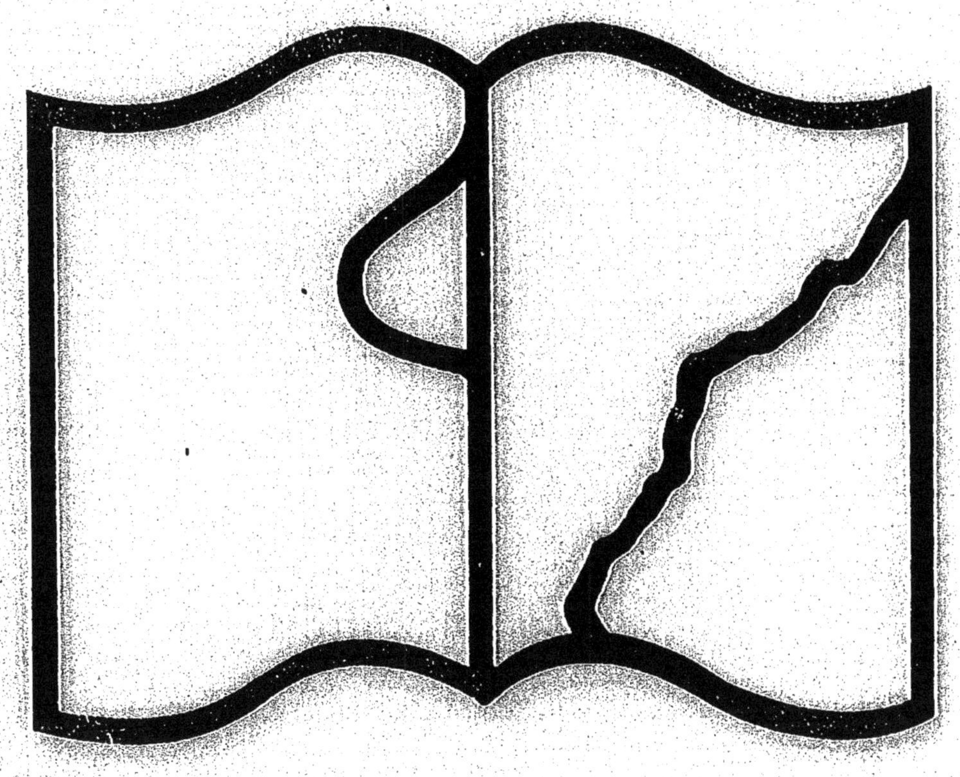

Texte détérioré — reliure défectueuse

NF Z 43-120-11

www.ingramcontent.com/pod-product-compliance
Ingram Content Group UK Ltd.
Pitfield, Milton Keynes, MK11 3LW, UK
UKHW020127130726
13696UKWH00001B/241